国家行政学院 MPA 系列教材

公共经济学

Public Economics

(新修订版)

韩　康　等著

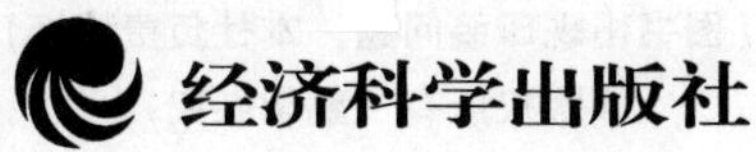

图书在版编目（CIP）数据

公共经济学／韩康等著．—新修订版．—北京：经济科学出版社，2010.6
（国家行政学院 MPA 系列教材）
ISBN 978-7-5058-9407-5

Ⅰ．公…　Ⅱ．韩…　Ⅲ．公共经济学－研究生－教材
Ⅳ．F062.6

中国版本图书馆 CIP 数据核字（2010）第 092066 号

责任编辑：张和群　夏　红
责任校对：王肖楠
版式设计：代小卫
技术编辑：董永亭

公共经济学
（新修订版）
韩　康　等著
经济科学出版社出版、发行　新华书店经销
社址：北京市海淀区阜成路甲 28 号　邮编：100142
总编部电话：88191217　发行部电话：88191540
网址：www.esp.com.cn
电子邮件：esp@esp.com.cn
北京中科印刷有限公司印刷
河北三佳集团装订厂装订
787×1092　16 开　19.5 印张　370000 字
2010 年 6 月第 1 版　2010 年 6 月第 1 次印刷
印数：0001—4000 册
ISBN 978-7-5058-9407-5　定价：36.00 元

contents 国家行政学院MPA系列教材

目 录

0

导言　公共经济学的来龙去脉

0.1　政府经济活动的扩张

在当今世界上，政府的经济活动及其影响几乎无所不在。

即使在高度崇尚市场经济制度和被教科书描绘为充分竞争形态的美国，根据本国学者自己的统计分析，有20%的劳动力是由政府雇佣的，大约30%的社会就业直接和间接同政府项目有关；90%的人就读于政府出资的公立学校；40%以上的医疗费由政府承担；15%的人居住的房屋，或者是联邦政府直接资助，或者由政府以抵押形式保险；10%的人完全依靠政府的食物供给生活。他们的最后结论是，实际上所有的美国人都会在人生的某一阶段接受政府的资金帮助。

公共经济学的理论和思想，就是在对政府经济现象的考察、研究中逐步形成和发展起来的。

100多年前，德国学者瓦格纳曾经提出过一个著名的“瓦格纳定理”。瓦格纳先生在对一些工业化国家做了考察分析之后预言：由政府执掌的国家公共部门在进入工业化以后，其数量和比例都会出现内在扩大趋势，公共支出将不断膨胀，而且这一趋势将在50~100年内发生作用。

“瓦格纳定理”后来被许多学者的研究所验证。美国经济学家萨缪尔森教授在对战后美国公共经济部门不断膨胀的历史研究后预言，在美国未来的岁月里，不论哪一个党执政，政府支出上升的趋势都会继续下去，并至少占GNP的25%。美国著名财政学家马斯格雷夫运用实证分析方法，对20世纪60年代英、美、德三国公共支出做了详尽考察，结果表明，西方工业国家公共部门的发展趋势同“瓦格纳定理”基本符合。公共支出占GNP的比例，英国从1890年的8.9%上升到1955年的36.6%（后来又上升到1987年的48.1%）；美国从1890年的7.1%上升到1962年的44.1%。后来，马斯格雷夫又在80年代中期对一些国家的公共支出的规模做了比较考察，在6个西方国家中，美国1980年度的公共支出占

GNP的比例最小，为36%，瑞典最高，为61.5%。最有意思的现象是，一些西方学者在对战后东、西方国家的社会福利开支作了比较研究后发现，不但西方市场经济国家的福利开支呈现膨胀趋势，社会主义国家的公共开支也在“瓦格纳定理”的轨道中默默行走，只是增长速度稍低于西方国家。

政府经济的规模比例如此之大，政府在经济生活中发挥的作用如此显要，而且根据大多数人的共识，在今后较长的历史发展时期中，“瓦格纳定理”恐怕也很难得到彻底改变。由此，这种重要的经济现象同人类社会发生的其他经济现象一样，当然也会成为人们进行经济学的理论思考和学术研究的对象。

0.2　公共经济学的发展起源

在经济学理论发展的很长时间里，公共经济学（public economics）或公共部门经济学（public sector economics），并不是经济学理论的一个独立分支学科。直到20世纪50年代中期之前，公共经济学作为一个专有的学术概念，还没有见之于重要的经济学著作及其经典论文中。

公共经济学理论的形成，如果从基本原理和方法的角度看，当然不能脱离西方主流经济学的发展历史和发展轨迹。应当看到，公共经济学并没有同西方主流经济学的基本原理和方法不同的东西。如果对有关微观经济学和宏观经济学的知识没有基本的了解，真正通晓公共经济学是会有点困难的。公共经济学作为一个相对独立的经济学科被人们所认识，它的最终形成，则是从现代财政学（public finance）的理论体系中逐步扩展、衍生和发展出来的。

作为具有学术标志性的事情，20世纪50年代末期，美国著名学者马斯格雷夫出版了堪称经典的《财政学原理：公共经济研究》一书，第一次引用了“公共经济学”的概念。1964年和1965年，他又以法文和英文分别出版了《公共经济学基础：国家经济理论概述》和《公共经济学》，直接把“公共经济学”列入书名。以此发端，大多数著名财政学家的著述，都开始把财政学改称为“公共经济学”或“公共部门经济学”。我们应该看到，在这里，学科名称的转变并非只是名词更新和文辞新解，而是在研究方法、研究领域和研究目标上都发生了深刻的变化。

财政学是在亚当·斯密的古典经济学的基础上发展起来的。财政学在充分肯定市场能够最优配置资源和政府应该最少干预经济活动的基本理念下，主要研究政府财政收支本身的问题，特别是研究同国家财政收入活动相关的一系列问题。公共经济学则不仅研究政府财政收支本身的问题，而且把研究的重心转向政府财

政收支活动对整个社会经济的影响，即财政收支活动对全部资源配置活动的效率和社会福利变化的影响。按照马斯格雷夫自己的说法，公共经济学就是研究政府所从事的经济活动的主要后果及其与社会目标的关系。

20 世纪 50 年代末期，公共经济学逐步从现代财政学的理论体系中逐步扩展、衍生和发展出来，成为一个相对独立的经济学分支，并逐步向着比较规范的理论体系发展。这个过程，并非只是一种通常意义上的理论学说的自身完善，而是有着深刻的历史发展背景和思想发展背景的。

现代经济学的奠基人亚当·斯密通过自己的研究论证，追求市场利润的强烈动机，驱使每个人在谋取自身利益的同时也必然因满足他人需求而为社会谋利，只有那些始终生产和销售质优价廉产品的厂商才能获得生存发展，由此而形成的自由市场竞争体制——看不见的手，是社会资源配置的最佳方式。亚当·斯密认为，在这个自然的经济过程中，政府的作用非常有限，其职责就是保卫国家安全、保护公民人身自由和维护某些公共设施三项基本内容，同社会经济本身的活动机制并不相干。

亚当·斯密的经济学思想经过后代学者的不断丰富、补充、完善和精细化加工，以新古典经济学理论体系的最终形成标志，长期成为西方经济学理论和学术思想的主流。

然而，在历史的发展中，现实的社会经济生活向精致的经济学理论提出了挑战。这种挑战实际上在马克思生活的时代已经开始，这就是以平均每 10 年左右爆发一次的周期性经济危机。尽管当时的主流经济学者们通过分析论证，把这种周期性危机的经济解释也纳入市场理论的体系框架内，但毕竟对起始于亚当·斯密描绘的市场经济理想画卷，开始被撕裂了，思想的质疑和怀疑开始发生了。在这里，最尖锐、最激烈的生活挑战，发生在 20 世纪 30 年代爆发的全球经济大萧条。这次大萧条给西方主要市场经济国家带来了长时间的灾难，失业率高达 30%、社会年产值减少了 30%，股市暴跌、银行破产、企业倒闭，经济增长倒退了 10 年，……一切在经济学教科书上经过精密论证的市场调节方式都不再管用了。这个时候，人们已经不需要用抽象思维的头脑，而仅仅凭饥饿难耐的肚子就能够知道，市场失灵了，在这个暴风雨来临的时候，市场真的彻底失灵了。

也许只有在这个时候，人们才会真正搞明白，原来市场经济的有效性，只是在完全严格的假定条件下才是成立的，这些严格的假设条件，也只有在规则严格的经济数理模型中才可能存在。在一个现实的世界中，市场失灵和市场失败决不是极其偶然的现象。正是由于这种市场失灵和市场失败，才成为政府介入社会经济活动的基本理由和原动力。30 年代大萧条之后，美国的“新政”计划成为政府挽救危机和补足市场缺陷的一个生动案例。尽管这个案例的细节和过程还有不同的说法与评价，但不可否认的是，它的巨大的历史示范效应至今还在发挥作用。

政府为弥补市场失灵而大量介入社会经济活动的结果，进一步加速形成了西方学者所称的“混合经济”体制。20年世纪的40～50年代，“混合经济”已经得到相当充分的发展。所谓混合经济，就是私人部门和公共部门在国民经济中共同发挥作用的经济，或者说是由市场和政府共同调节配置资源的经济。现在，由于混合经济的出现和发展，亚当·斯密的市场理念和市场经济思想已经被大大改变了。政府经济的作用——无论是政府大规模组织公共经济部门的活动，还是政府政策的广泛干预，都被人们习惯地视为正常的市场经济活动了。

然而，当政府组织公共经济部门的规模和政府总支出的规模如此巨大的时候，当政府对整个社会资源配置和社会福利增长产生的影响如此重要的时候，一个反论性的问题出现了，这就是政府失灵或政府失败。

大量的经济生活实例从另一方面向人们表明，无论是市场经济体制国家还是计划经济体制国家，政府大规模组织公共经济部门的活动和政府政策对经济的干预，尽管在熨平周期动荡和提高公民福利享受等方面取得了很多成绩，但也同时产生了很多新的问题和矛盾：政府大量投资公共部门的效率不高，决策失误和财政浪费经常发生；许多政策实施的效果并不理想，调节作用滞后，有的甚至根本无效：政府债务庞大，机构重叠、冗员充斥、行政低效、费用高昂；政府机构和人员的腐败屡屡发生、难以有效遏止，等等。

根据西方学者的研究，发现政府失灵或政府失败的原因非常复杂。例如，政府经济和政府干预很难避免在技术上经常犯错，信息的不完善和不对称状况，使政府极难准确地把握政策受众的现状和动态，政策的滞后效应同经济活动变量的吻合是非常不容易做到的；又如，任何政府的经济活动都要受到社会利益集团的影响，政府在完全不同的社会利益集团中寻求一种普遍认同的利益均衡，几乎是不可能的，实际上所有的政府干预都有利益集团的不同偏重，甚至许多政策都带有利益集团的明显偏好；再如，政府经济行为的动机也并不总是毫无可疑的，政府的寻租活动决不是偶然的个别现象，政府腐败的阴影在东、西方国家都随处可见。最后，公共部门的缺乏竞争和垄断权力，常常使这里成为一个资源配置效率最低的领域，等等。

从市场失灵和市场失败而引入政府经济的重要作用，又由政府失灵和市场失败而反思政府经济的问题和矛盾，这种极其复杂的社会经济现象，已经远远不是财政学的理论方法和体系框架可以解释清楚的了。要进行新的经济解释，就需要有新的理论方法和体系框架，公共经济学，就是在这样的背景情况下逐步创立、发展起来的。

0.3 公共经济学的研究对象

那么，公共经济学究竟要研究什么问题呢？或者说公共经济学的研究目标究竟是什么呢？

英国公共经济学家布朗和杰克逊教授曾经开出过一个具有代表性的研究单子。这个研究单子包括如下问题：

政府应履行哪些必要的经济职责？政府为公共支出进行的筹资是否导致了效率下降或削弱了增长潜力？一个社会经济应该如何界定政府公共支出的数量？哪些因素促使公共支出增长？政府公共支出和政府税收破坏了激励机制吗？政府行为使人们的生活过得更好还是更坏？在同一政府行为下有哪些人生活得更好以及哪些人生活得更差？政府为取得相同收入而进行的税收调整对市场经济主体有什么影响？

美国经济学家、1999 年诺贝尔经济学奖获得者斯蒂格利茨教授对公共经济学的研究领域进行了分类，他提出，公共经济学主要研究三个类别的问题。

（1）搞清公共部门从事哪些活动，以及这些活动是怎样组织的。公共部门和政府运行机制非常复杂，这就需要估计政府支出水平到底有多大，这些支出到底在干什么。同一项公共经济活动常常由不同的政府机构参与组织，其中组织方式是怎样进行的。

（2）尽可能地理解和预测政府经济活动的全部结果。政府政策的各种后果十分复杂而且极难预测。一种政策的后果和效率到底如何，肯定没有社会公众一致的认识，各种说法经常相互矛盾，这就需要解释为什么会对同一政府政策存在如此矛盾的分歧，阐明为什么解决这些重大难题决非易事的缘由。

（3）评价政府组织公共经济活动的各种政策。首先需要完善对政府公共经济活动的评价标准，因为不同的评价标准可以有完全不同的评价结论，然后需要对评价标准给予比较规范的说明。

布朗、杰克逊和斯蒂格利茨教授，都是构建公共经济学理论体系的重要代表人物，根据他们对公共经济学研究问题和研究目标的认识，我们可以知道，公共经济学所要研究的问题和目标，如果用最简洁的语言表述，就是对政府经济活动和政策进行评估与评价。

进一步分析，这种评估与评价又包括两种不同类型的问题。

第一种类型评估和评价的问题是，对政府经济活动和政策的后果进行评估和评价。在这里，不仅需要分析某一政府经济活动和政策的实际后果，还需要分析

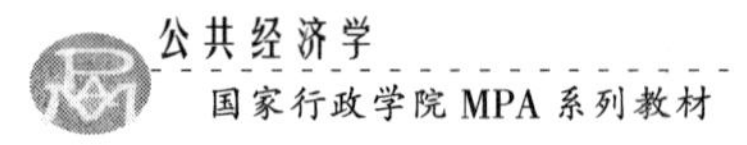

政治和经济的力量如何使这种政府经济活动和政策从计划到实施的整个过程。这种类型的评估和评价被称为公共经济学的实证研究。

以政府要增加烟草税为例。

公共经济学的实证研究关注的问题是：a. 烟草的价格将会上涨多少？b. 增加烟草税将会对烟草的市场需求产生什么影响？c. 不同收入水平的人群在烟草的花费上将发生什么变化？d. 增加烟草税将会对烟草业的利润、投资和企业股票行情产生什么影响？e. 增加税收对烟草的种植和香烟的生产会产生什么后果，由此可能对种植者和香烟生产者的实际收入有什么影响？f. 烟草税的提高在短期内会增加政府的财政收入，但由于同时增加了烟草业的经济成本又可能导致未来财政收入的减少，两者的增量将会发生什么样的变化？g. 烟草税的增加，究竟是中央政府的财政收益较多还是地方政府的财政收益较多？等等。

第二种类型评估和评价的问题是：对政府经济活动和政策的合理性问题进行评估和评价。这种类型的评估和评价被称为公共经济学的规范研究。

再以政府要增加烟草税为例。

公共经济学的规范研究关注的问题是：a. 政府增加烟草税的动机和目标是什么，如果是为了增加财政收入和减少烟草对国民健康的损害这两个目的，哪一个目标应该更为优先？b. 提高烟草税会增加政府的财政收入，但同时又给烟草业的资本收益带来损失，实际上是烟草产业收入向政府收入的转移，这种收入转移是合理的吗？c. 增加烟草税在短期内可以扩大政府财政收入，长期后则可能因产业成本负担增长和投资减少而影响财政收入，这种增税政策是明智的吗？d. 如果烟草业出现投资大幅下降导致大量失业，这种政策成本是否划算？e. 如果政府增加烟草税是以减少烟草对国民健康的损害为优先目标，那么这种方式真的有效吗？f. 即使以国民健康为政府的政策目标，那么同政府增加社会医疗保障和保险方面的投入，哪一个选择更为合适呢？g. 如果增加烟草税使中央政府的财政收入大幅度增长，地方政府的财政收入出现减少，这种政策是可取的吗？等等。

由上述分类可知，公共经济学的实证研究和规范研究，其所关注问题的根本区别在于，实证分析是对政府经济和政策行为实际发生过程和结果的评估、评价，是研究政府在干什么；规范分析则加入了价值判断的重要因素，并以价值判断来对什么是更为合理的政府经济活动和政策加以评估、评价和选择，是研究政府应当干什么。

应该看到，公共经济学的实证研究和规范研究是相互联系的研究整体。公共经济学的实证研究，强调对政府经济和政策进行评估、评价的客观性与真实性，是对政府经济和政策的客观、真实过程的研究；公共经济学的规范研究，强调对

政府经济和政策进行评估、评价的价值判断和价值标准，是对政府经济和政策的价值分析。实证研究是规范研究的客观、真实基础；规范研究则是实证研究的理性结论。两者相互联系，尽管在对同一问题的研究中，关注的重点问题可以有所不同。

政府的经济活动及其政策干预行为，最终会对社会资源配置方式产生重要影响。政府大量参与社会经济活动，使亚当·斯密描述和崇尚的自由市场竞争配置资源的经济形态发生了重要变化。

政府经济的介入可能对资源配置效率的提高产生积极作用，可能不同程度地提高资源配置的效率水平；反之，政府的介入也可能对资源配置效率产生消极作用，可能不同程度的损害资源配置效率水平。由此，公共经济学研究的核心问题最终可以归纳为，是对政府干预行为介入资源配置方式的各种影响进行评价和评估。

0.4　公共经济行为价值判断

公共经济学对政府经济活动及其政策行为影响、对资源配置方式的评价和评估，其最主要的价值取向和价值标准，就是对社会福利和公共利益的促进。

然而，要判断一个政府行为是否有利于促进社会福利和公共利益，或者相反，是一件非常困难、复杂的事情。

例如，你首先需要对“福利”和“社会福利”的概念加以界定。福利究竟是什么？福利必须能够加以计算并给出计量单位，进行价值化和货币化，才能够进行比较和分析。“福利”的一个最通行的解释，就是个人所得到物品的效用，可以用个人货币收入的效用来衡量，但一个人货币收入的增加常常会带来货币使用效用的减少，穷人在同一货币单位上的效用要比富人大得多，这是为什么呢？进一步而论，世界上真的有严格同一的福利标准吗？人们之间的偏好差异如此之大，对物品效用的满足感觉并不相同，在同一货币收入条件下，有人以较好的食品享用和较差的衣饰为最佳效用，有人则以较好的衣饰和较差的食品享用为最佳效用，这种复杂的福利内涵应该怎样进行描述和分析呢？如果个人福利取决于千差万别的个人偏好，那么社会福利又应当怎样进行计算和计量呢？社会福利是否应该把个人福利加总起来进行分析、计算？等等。

又如，政府经济活动的主观意图是为了弥补市场的失灵和失败，从而能比市场更好地增加社会福利总量和提高社会福利水平。但是，政府干预必定要对个人福利状况的变化产生非常不同的影响，一部分人的福利状况可能变好，另一部分人的福利状况可能变坏，而且变好和变坏的程度也会大不一样，这种情况应怎样加以分析呢？如果有这样一种情况，当某种政府经济活动使一部分人的处境变好的时候，并不使另一部分人的处境变坏，强调这种福利改进的原则和观念是可取的吗？如果当任何经济活动（例如政府政策）都不再能导致出现使一部分人的处境变好的时候，并不使另一部分人的处境变坏，由此达到的境界，是不是最好的和最有效率的资源配置状况呢？如果政府某一政策导致一部分人的利益和福利受到损失的时候，同时又采取措施让政策受益者给受损者以满意的补偿，这种行为会给社会福利总量带来什么样的变化呢？等等。

回答上述问题，我们就需要有一套适用的基本理论和分析工具。公共经济学主要依赖的理论基础和分析工具，就是在20世纪初期以来逐渐形成和成熟的“福利经济学”。福利经济学是研究社会福利问题的，它在探讨社会经济福利问题时，始终把价值判断作为基础，即对人类经济行为的“是非善恶”做出伦理方面的评价、评估。这种伦理方面的评价、评估，又同市场价格分析（例如市场均衡分析）的一般理论方法结合起来，就形成了特定的研究领域和研究体系。公共经济学把福利经济学体系中最主要的理论分析方法，特别是把关于“帕累托原理”的内容引入进来，以此作为基本价值体系对政府经济及其政策进行评估和评价。现代福利经济学和公共经济学的理论方法和分析工具，其发展的一个重要轨迹，就是在很大程度上（至少是在学术影响力上）是围绕“帕累托原理”为核心理论而展开的。具体讲，就是围绕“帕累托原理”的提出和对其不断进行改进、修正、质疑、批评、补充、发展而展开的。

当然，说公共经济学主要依赖的理论方法和分析工具，是福利经济学体系提供的东西，并不表明后者是唯一的理论方法和分析工具。随着对政府经济活动评估、评价问题的研究越来越深入，领域越来越扩展，仅仅依赖福利经济学提供的理论方法和分析工具，显然是不够用的。在公共经济学的发展过程中，已经直接融入了公共选择理论、宪法理论和官僚政治理论的分析方法，同时，公共经济学同伦理学、政治学、社会学的相关研究也不断相互结合，使其理论方法和分析工具不断趋于丰富和完善。

政府与市场、公共部门与私人部门，它们之间的相互联系、相互矛盾和相互均衡，也许是人类经济发展史上永无终结的论题。政府经济的重要作用并非像许多人主观想象的那样，是在市场自由竞争形态发展到再也无法自我控制的时候才充分表现出来的。事实上，在现代市场经济开始萌芽状态之时，政府就同这个“看不见的手”一起共同支配社会经济活动的命运了，政府和市场——“看得见的手”和“看不见的手”从来就没有真正分离过。无论自由主义的学者们至今还在怎样质疑、批判和否定政府经济的历史合理性，也无论这种用质疑、批判和

否定具有怎样深刻的哲学影响力，但一个越来越强大的政府和一个越来越扩张的公共经济部门，毕竟已经成为今天人类生活中的客观事实。

美国经济学家萨缪尔森教授有一句名言：市场是没有良心也没有理性的。这句话常常被一些人误解和误读，认为是对市场经济和市场制度的根本否定。其实，了解萨氏思想的人都知道，他的原意应该是，市场既是在人类现有智力水平和发展条件下唯一可用的经济制度，又是难改先天缺失的制度。那么，由谁来弥补市场的先天缺失呢？现实生活的答案只有一个，就是政府。由此，我们也可以进行同理性推论，依赖政府而弥补市场的先天缺失，也是在人类现有智力水平和发展条件下唯一可行的选择。如此一来，政府在市场经济活动中的基本功能就非常清楚了——弥补市场缺失的良心和理性。良心的含义，就是政府应该更能体现社会的公平和公正；理性的含义，则是政府应当能够更好地体现资源配置的效率原则。然而历史证明，政府并不是先天就能够起到弥补市场缺失的良心和理性的。政府要真正起到这样的作用，第一靠严格的制度约束，这是政治学所要研究解决的问题；第二靠政府行为理性水平的提高，这就是公共经济学所要研究解决的问题了。

第 1 章
公共经济

重点问题

1. 政府提供公共产品的不同选择
2. 政府行为的福利最大化评价
3. 政府介入市场经济的理由

案例 1.1　灯塔是谁建造的?

经济学史上，灯塔是一个经常引起学者热烈讨论的有趣话题。在欧洲一些气候多变、水流湍急、暗礁潜伏的港口，船只常常在夜晚遭受灭顶之灾，于是便出现了灯塔的光芒。很早就有经济学家提出，灯塔非私人建造，因为私人建造难以阻止其他船主免费享受灯塔效用，无法获得利润收益，收回成本，极不划算。这种公共产品只能由政府提供。然而，20 世纪 30 年代，在几乎所有人都认同这个近乎公理性的结论后，一位美国经济学家科斯提出，不对，灯塔可以私人建造。科斯用亲身调查证明，有许多灯塔并非政府提供，而是由私人船主自行组织筹资建造。科斯发现，像灯塔这样的公共产品，如果由政府建造，其组织税赋和监管等过程的费用（交易成本）可能很高，官僚主义的管理效率又通常很低，因此通过市场组织方式进行生产，成本更低、效果更好。科斯语出，举世皆惊。在一段时间里，许多人折服于科斯对灯塔的新解。但也有一些学者提出，科斯的解释只适用于一部分较小港口的较小灯塔，现代大港口的大灯塔肯定不行。因为提供后者这种超级公共产品，其组织管理过程非常复杂，国际港口还涉及国家贸易关系，其组织税赋和监管等活动的交易成本可能更高，因此，由政府提供是较好的选择。

科斯并没有对后者的说法提出反驳。

案例 1.2　中国的大政府合不合理?

中国现在的政府规模大不大?是一个涉及政府改革的重要理论与实践问题,争论很多。有的人用一些发达国家的情况比较,认为中国政府的规模并不大。但如果用经济学的成本分析方法比,就会得出另外的结论。以中、美两国的政府规模为例。2007 年,中国财政收入总量为 5.1 万亿元人民币,占全部城乡居民可支配收入的 47.7%、GDP 的 24.66%。同年,美国的财政收入 2.4 万亿美元,占民间可支配收入的 28.5%、GDP 的 13.33%。财政收入实际上是国民供养政府的一种成本。在中国,供养政府需要用将近 50% 的国民收入;在美国,则只需用四分之一多一点。由这种方法比较可知,改革开放 30 年后,中国确实有一个大政府。对此,主流的批评声浪一直不断,认为市场化改革的一个重要方向就是"大社会、小政府",大政府现状是明显背道而驰的。但也有人提出相反观点,认为现在中国的大政府是合理的。首先是符合瓦格纳定理,同时也符合政府在转轨时期需要承担大量公共服务事务的职能要求。有的学者干脆提出,现在中国就应当有一个大而强的政府。当然,大多数社会公众或许并不认同这样的说法。争论将长期持续下去。

1.1　公共经济和政府评价

以上两个案例,涉及公共经济学需要研究的一些最基本的问题。

1.1.1　公共经济和私人经济

在"灯塔是谁建造的"这个案例中,尽管学者们的最后结论不同,但都认定灯塔是一种区别于市场化的私人产品的东西。当公共产品不限于一个灯塔或少量产品,而成为一种规模巨大的经济活动时,公共经济和私人经济就成为现代市场经济体系中的两大不同部门了。这种公共部门的生产和消费，它的存在、发展和运行的机制机理，很难用一般市场竞争和市场价格原理加以说明，需要用另外的理论分析加以解释。

公共经济是一个历史的范畴。经济史的材料表明，公共经济的产生与发展同市场经济的产生与发展一样古老。如果完全按照历史序排列，公共经济应当是先于市场经济出现的。在人类有组织的社会经济活动开始之时，公共经济就产生了。在不同的人类社会经济形态中，公共经济都是存在的。在比较原始的社会经济形态中，公共经济始终是社会经济活动的主体，非公共经济的私人经济只是一种极其个别的补充。到了亚当·斯密的私人资本主义时代，情况发生了根本改变。公共经济的规模、地位及其价值理念，完全被私人经济的东西所取代。一个由私人经济统治社会生活（以及由此决定的全部上层建筑）的时代开始了。但是，非常有意思的是，即使在私人资本主义的蓬勃发展中，公共经济也没有退出历史舞台，而是始终和私人经济如同孪生兄弟一样长期共生共存。

在现代市场经济体制中，公共经济并不是强加于这个体制之外的东西，而是这个体制内生性的一个部分。在现代市场经济体制中，尽管市场生产、市场交易、市场竞争、市场分配支配着主导性的社会经济活动，但在另一些领域中，还存在着由另一种机制发生作用的经济活动——由一些利益共同者经过共同协商、共同投资、共同生产从而满足共同需求的经济活动，这就是公共经济。

1.1.2 公共产品与政府

“灯塔是谁建造的”这个案例最有价值的问题就是：公共产品是否需要由政府提供。经济学家科斯先生研究灯塔的案例，证明有些灯塔确非政府建造，从而最终引证出他的交易费用原理。这个原理简单说来有两个意思：第一，交易行为在市场询价、签订契约、组织生产等方面需要付出成本费用；第二，经济人为满足既定利益，是选择企业生产还是选择直接市场买卖，要比较交易费用的大小。在这里，科斯并没有回答大多数灯塔是谁建造的？请读者注意，那些认为大港口、大灯塔是由政府建造更为合理的观点看似简单，实则别有深意。因为，持此观点者正是引用交易费用原理的逻辑，来证明有许多产品由政府提供而不是市场提供（例如人们常见的各种社会公共设施），可能更容易达到交易费用最低。

第二个案例“中国的大政府合不合理”，看似争论发生在中国，发生在对中国政府规模大小的争论，实际上是一个世界性的理论与实践问题。一个国家的国民收入总量无论用什么方法计算，其总量都是一定的。在现代国家中，政府总是要以国家的名义和税收方式占用国民收入的一部分，日积月累，政府这部分收入常常会变得非常庞大。那么，应当怎样评价这种现象呢？特别是当政府用种种理由要求扩大这部分收入的时候——例如政府预算的大量增加，应当怎样评价其合理与否呢？如果回到第二个案例本身，究竟是大政府好还是小政府好，这其实是一个缺乏标准的评价问题，因为政府的规模并不是标准。那么标准是什么？评价政府职能和政府作用的标准，可以用政治学的语言、社会学的语言、历史学的语言等来进行评价。

在现有的社会科学认知条件下，所有对政府、政府职能和政府作用的评价体系中，经济学的评价方法是最有特色和最具广泛认同程度的。政治学和社会学都广泛引入经济学的分析方法。这里的主要原因是，经济学的分析不但对政府、政府职能和政府作用的评价设立了一个价值标准，而且把这种价值标准进行数量化分解和解析，演化为可以进行实际计算和实际比较的分析工具。只有在了解这种经济学的分析方法之后，对第二个案例才可能得到符合科学逻辑的结论。

由市场竞争机制支配的私人经济活动和社会公共需求机制支配的公共经济活动，究竟谁能更好地达到社会公正和资源配置效率最优呢？这是一个在理论和实践上长期争论的问题。所有想了解公共经济学原理的人，都必须对这个问题有所了解，否则就无法找到进入这个领域的理论起点。

1.2　福利最大化和帕累托最优

1.2.1　福利的含义

怎样判断私人经济活动和公共经济活动谁能更好地达到社会公正和资源配置效率最优？首先需要有一个基本判断标准。经济学把这个最基本的标准设定为福利最大化，即所有社会成员的福利最大化。在这个意义上，称为社会福利最大化也可以。

在论述福利问题的经济学经典著述中，福利一词的英文表述是 welfare，福利一词 welfare 又常常同幸福、福祉的概念表述 happiness 通用，所以也有中国学者把福利最大化译为福祉最大化，或者社会福祉最大化。

研究福利问题的经济学家提出，所谓人类社会的福利有两种类型，一种是精神性和文化性的福利，例如闲暇、愉悦、友谊、爱情，等等。这种福利状况是确实存在的，但问题在于很难对其进行准确衡量。比如你很难用量化标准说明某人或某些人得到的闲暇、愉悦、友谊、爱情究竟是多少。另一种福利是经济性、物质性的福利，即用货币收入满足自己需求的程度。这种福利是可以衡量、可以比较和利益计算的。经济学理论研究的福利就是这种福利。

这里应当说明，用经济学分析测量的福利肯定不是实际福利的全部。一方面，用货币收入满足的福利仅仅是人们享受福利的一部分。随着经济性、物质性福利的满足，精神性和文化性的福利将成为更加重要的福利享受。所以，用经济学测量的福利是有局限性的。另一方面也应看到，人们享受经济性、物质性福利是享受全部福利的基础条件，让一个无法用货币收入满足自己基本需求的人，去享受闲暇、愉悦、友谊、爱情等精神性和文化性的福利，是十分可笑的和不现实的。

1.2.2　社会福利判断与公平

许多经济学家提出了这样的问题：以肯定现有福利分配标准下为合理的分析判断可能是不对的，这是一种以分配现状不公平为条件，力求达到社会公平的逻辑。在这样的逻辑前提下，判断的标准仅仅是市场经济活动的效率和资源配置效率。在这样的逻辑前提下，社会财富大量聚集在少数人手里，社会贫富差别加剧，仍然可以达到形式上的帕累托最优条件。但是，这不是真正的帕累托最优。要达到真正的帕累托最优，就必须考虑所有社会成员对自己享受福利状况的判断，不但要考虑富人对自己享受福利状况的判断，也要考虑其他人包括穷人甚至流浪汉对自己享受福利状况的判断，社会福利最大化应该是所有人对自己享受福利状况判断的综合，这才是真正的帕累托最优。就是说，必须所有人对自己享受福利状况都做出满意的判断之后，帕累托最优才会起作用。这就必须考虑改善现有分配标准和分配现状的问题。这个问题的实质就是公平。

然而，另外的问题又出现了。什么才算公平呢？公平的准则是什么呢？在这里，经济学家们讲的是以对自己享受福利状况的判断为标准，而不同人主观价值判断之间肯定存在差异，例如不同收入阶层之间、富人穷人之间、不同利益集团之间，等等，各自对自己享受福利状况的判断必有差异，那么应该以谁的判断为公平的准则呢？这就出现了对公平的不同理解。对所有人福利判断的社会福利函数模型论证见附录1.1。

1.2.3　效率与公平问题

在经济学的理论分析上，公平是指人们对一定社会历史条件下，人与人之间利益关系的一种评价，评价的不同，导致了人们对公平的不同解释。

第一种解释，市场主导的观点。这种观点认为，市场为经济当事人提供了相同的参与自由竞争的机会，市场交易是自愿的，从而市场竞争性的结果就是公平的，在此基础上资源配置使那些有能力而且努力工作的人获得相应的报酬。这种公平强调的是竞争规则和过程的公平，它能够激发经济当事人的积极性，推动社会经济的发展。

第二种解释，经济学家罗尔斯的观点。他认为，如果社会的不公平能够给社会中的最弱者带来收益，那么社会公平程度会得到提高。因此，罗尔斯认为，最公平的配置就是使社会中最弱者的福利效用最大化。基于此，公平可以是平均的，也可以不是。假如通过赋予具有较高生产能力的人一定的收入，可以调动其积极性，从而使社会的产品更多，那么社会中最弱者的境况同样会变好。

第三种解释，平均主义的观点。这种观点认为，通过社会产品的平均化，每个社会成员都能够获得与他人均等的一份消费品。人们一般并不期望这种分配的发生，尤其是将平均主义引入到社会，它会将财富从生产能力较强的人手中转移到生产能力较弱的人那里，这种转移是不利于社会财富总量增加的。

第四种解释，平均主义改良的观点。这种观点认为，基数效用论使个人福利大小的衡量成为可能，于是，出现了考察个人效用水平总和的社会福利函数。这种社会福利函数中，社会赋予每个人的效用以同样的权数。平均主义变成其特例。由于个人效用的度量以及效用水平之间的比较存在着较大困难，所以，这种类型的社会福利函数难以得到承认。

上述从多个角度对公平所做出的解释，在一定程度上认为公平和效率之间存在着矛盾关系。如何理解公平和效率的矛盾关系，成为西方经济学中一直争论不休的焦点问题。例如，庇古认为，公平和效率同等重要，福利经济学不仅要研究资源配置（效率）问题，也要研究收入分配（公平）问题。卡尔多、希克斯等人认为，福利经济学只应研究资源配置问题。萨缪尔森等人则认为，不应将收入分配问题排除在福利经济学研究范围之外。奥肯认为，公平和效率之间是一种替代关系，不可兼得，当两者发生矛盾时，应妥协处理公平和效率的相互关系。

收入或财富的分配决定不同消费者获得消费商品数量的多少，影响所提供的劳动等要素，从而决定了个人效用水平的高低，进而对社会福利函数的构造产生影响。为此，需要依照不同的公平标准，对收入分配的不公平状况加以调节。因此，衡量社会不公平的程度是必要的。人们经常采用洛伦茨曲线和基尼系数作为衡量公平程度的工具。

1. 洛伦茨曲线

洛伦茨曲线是由美国统计学家洛伦茨于 1905 年提出的，它反映了随着收入水平的提高，收入累计的百分比与人口累计的百分比之间的对应关系。

如图 1－1 所示，横轴表示按收入由低到高而累计的人口在总人口中的比重，纵轴表示这些人口所拥有的收入累计的百分比。将两类百分比的各个对应点连接起来就是洛伦茨曲线 OEFM。例如，在 E 点，它所对应的人口在总人口中的比重为 20%，而这 20% 人口所拥有的收入在总收入中的比重为 5%；在 F 点，它所对应的人口在总人口中的比重为 80%，而这 80% 的人口所拥有的收入在总收入中的比重为 55%，换句话说，即整个社会中收入最高的 20% 人口占有社会总收入的比重为 45%。

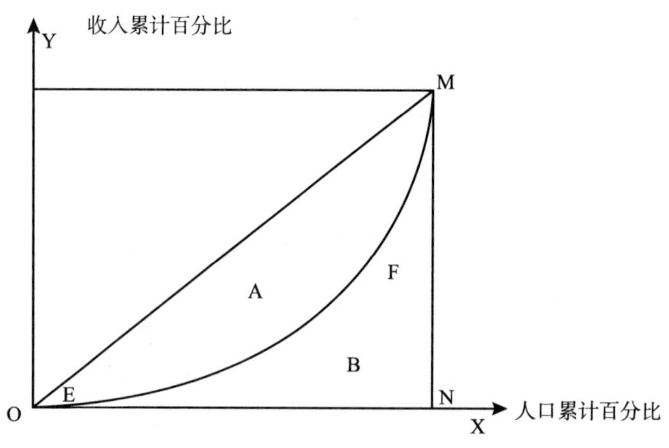

图 1－1　洛伦茨曲线

对角直线即 45°线 OM 为收入分配的绝对均等线。弧形曲线 OEFM 与 45°线 OM 越接近，收入分配越公平；反之，则分配越不公平。如果曲线 OEFM 与 ONM 重合，则表示社会的所有收入都集中在一个人手中，因而，ONM 被称为收入分配的绝对不均等线。一般而言，洛伦茨曲线 OEFM 处于 45°线 OM 和 ONM 之间。

洛伦茨曲线所显示出的收入分配不均等状况与社会福利函数具有一定联系。有西方学者曾证明，如果社会福利函数是凹的，且对称，有两条不相交的洛伦茨曲线，那么收入分配不均等的程度与社会福利函数显示的结果是一致的。

2. 基尼系数

运用洛伦茨曲线测度收入分配不均等程度具有一个严重缺陷，那就是出现两个不同的分配所对应的洛伦茨曲线，并且这两条曲线相交，那么难于对这两个分配的不均等程度差异做出比较。意大利统计学家于 1912 年提出了另外一种衡量工具——基尼系数。

假设洛伦茨曲线图中，OEFM 与绝对均等线 OM 之间的面积为 A，与绝对不均等线 ONM 之间的面积为 B，那么基尼系数 G = A/A + B。一般地，基尼系数 G 介于 0 和 1 之间。G 越接近 0，表示收入分配越均等，如果 G = 0，则表示收入分配绝对均等；G 越接近 1，表示收入分配越不均等，如果 G = 1，则表示收入分配绝对不均等。同洛伦茨曲线一样，根据基尼系数确定的收入分配不均等程度和社会福利函数显示的结果一致。

1.2.4　帕累托最优原理及意义

1. 帕累托最优原理

用经济学分析方法研究福利问题的学者很多，学派也有很多。在这里，一个影响最为广泛和使用最为普遍的，就是帕累托最优原理。

帕累托是意大利经济学家（1848～1923）。他的主要学术贡献是用经济分析方法论证在市场活动中达到社会福利最大化的途径。他提出了一个著名的社会福利最大化原则，也是一个社会福利最大化的模型，称为“帕累托最优原则”，也称为“帕累托最优原理”。“帕累托最优原则”被广泛用来分析达到或接近社会福利最大化途径的一个基本分析工具，在国际学术界非常通用。

帕累托最优原理通常被这样表述：（1）个人——不是别人——是他本人福利的最好判断者；（2）社会福利取决于组成社会成员的所有个人的福利，而不是取决于其他的东西；（3）如果有一个人的福利状况得到改进后，其他人的福利状况没有受到损失，就可以表明整个社会福利状况在改进。

帕累托最优原理也可以这样说明：在一定的分配标准下，如果改变现状能够使每个人的福利都增加，那么，这种改变就有利；如果使每个人的福利都减少，则这种改变就不利；如果使一部分人的福利增加而使另外一部分人的福利减少，从社会整体来看，也不能认为这种改变有利。由此在社会发展、变革中，当有人的福利状况变好而没有任何人的福利状况变坏时，即实现了社会福利最大化状态。

没有受过现代经济学理论训练的中国读者，对这样的表述是比较陌生的。但没有关系，我们把这个原理做过解释之后就会发现，帕累托最优原理所要讲述的道理并不特别复杂。这里的主要观点就是两条：（1）帕累托最优是讲社会公平和市场效率相互统一的一种状态，这种状态是从福利角度进行分析判断的，即如果能够达到所有人的福利状况得到改善后而没有任何人的福利状况受到损失，这样的社会资源配置效率就是最合理的。（2）帕累托最优原则还有一个重要意义就是，所谓社会福利最大化，说到底就是所有社会成员利益得失的平衡或均衡，或者说，是所有社会成员福利增长的平衡，只有达到这个社会利益和福利增长的平衡，才能实现社会福利最大化。

2. 中国的改革发展与帕累托最优分析的方法论借鉴

在中国改革开放和市场经济发展的最初一段时间里，很多改革政策都几乎做到了“帕累托最优”。这时候，改革的一个重要特点是，虽然也有城乡差别和地区发展区别，但在长期计划分配体制下，国民收入水平普遍很低。由此，一些最重要的改革政策，例如农村土地经营承包制改革，使几乎所有人的福利状况都得到了改善，而没有人的福利状况变坏。这个时候，中国的改革方向和改革政策常常是有高度社会共识的。但是随着改革开放和市场经济发展的深入，情况发生了变化，社会收入阶层迅速分化，不同社会利益集团的边界逐步显性化。现在，几乎政府的每一个政策，都无法满足改革最初阶段“帕累托最优”状态了。例如，个人所得税起征点、环境污染惩罚政策、社会保障政策，等等，都会出现使一部分人的福利水平变好而肯定影响另一些人的福利水平下降。这种情况下，借鉴“帕累托最优原则”的分析工具和分析方法，注意用“社会利益平衡和福利增长均衡”的尺度来完善和调整政府的改革政策，至少作为政府改革政策的一个主要参照系，具有积极的借鉴意义。

1.2.5 帕累托最优的市场实现

帕累托最优，即社会福利最大化，告诉我们的是一种效率和公平最优的社会经济状态。那么，怎样才能实现帕累托最优，即社会福利最大化呢？经济学家们在这个问题上进行了长期持续的争论。对这种争论是非曲直的认识，要依赖读者自己的判断。

自由主义学派的经济学家们坚持认为，实现帕累托最优，即社会福利最大化的充分必要条件，只有一个，就是市场自由和充分竞争。一切让市场经济和市场机制来解决问题，政府离开市场自由、离开市场经济和市场机制所做的任何事情，都对实现“帕累托最优”即社会福利最大化不利。政府最合理的行为就是回到亚当·斯密的“守夜人职能”上去。自由主义学派的经济学家们运用精细的数量分析方法，对此进行了大量论证。关于达到帕累托最优必须满足充分市场竞争条件的数量分析，请见附录1.2。

反对自由主义的经济学家们则持相反的论点。他们提出，达到帕累托最优必须满足的充分市场竞争状态，是一种理论假设的完全竞争市场或充分竞争市场。这种理论假设的完全竞争市场或充分竞争市场，必须具备一系列同样是理论假定的市场条件，例如，市场上有大量的买者和卖者，其数量之大使得每一个买者或卖者都是既定价格的接受者，无人能影响价格；又如，所有卖者所提供的产品和所有买者所购买的产品都具有同质性；再如，所要市场要素都能充分自由流动；再有，所有的市场交易活动都没有费用成本，等等。很显然，这是一种理论模型意义的市场形态，是一种可能永远也无法达到的理想市场形态。大量的研究表明，在完全竞争市场或充分竞争市场条件下，通过市场机制实现帕累托最优，即社会福利最大化是可能的，这种可能性的数理模型论证也是合理的。但在现实经济生活中，只有非常个别的市场领域具有完全竞争市场形态的若干特点（通常认为是证券市场），其他市场领域都完全没有表现出完全竞争市场或充分竞争市场的状况。

在现实经济生活中，实际的市场活动状况同理论模型意义的市场形态有很大差距。这种实际的市场活动状况，在很多方面无法达到帕累托最优所体现的社会福利最大化，无法实现帕累托最优所要求的效率与公平的最佳配置，甚至出现了相反的情况，即实际的市场活动状况背离了社会福利最大化和效率与公平的最佳配置。这就是市场失灵。为了弥补市场失灵，就需要由政府来完成市场机制无力完成的社会福利最大化和效率与公平最佳配置的目标。

政府行使公共经济职能和由此发生的其他职能，最基本的合理性即在于此。

1.3 市场失灵和政府职能

1.3.1 外部性和公共产品

外部性是经济生活中经常出现的现象。污染就是一种典型的外部性。企业生产时污染空气和水，使周边居民受到损害。这是一种企业不付费而由他人负担生产成本的行为。外部性还有一种表现，就是免费享受经济收益。例如港口的灯塔，任何路过的航船都可以得到安全引航的收益而不必缴费。第一种情况是负的外部性——零成本转嫁经济损失；第二种情况是正的外部性——零成本享受经济收益。

大量出现外部性是很糟糕的事情。一是破坏社会公平原则，在外部性下，一部分人的利益增长以另一部分人的利益损失为代价，这是典型的违反帕累托最优。二是破坏市场效率，由负外部性导致产生的转嫁成本行为和由正外部性导致的零成本收益行为，必然扭曲市场机制，严重破坏市场资源配置效率。

怎样解决外部性？制止污染是一项艰巨的工程，且无高额收益，谁来干呢？

建筑灯塔要大量投资，且往来船只收费难度极大，谁又来干呢？在私人生产和市场利润最大化原则行不通的时候，另一种办法就出现了，这就是提供公共产品。把制止污染和建造灯塔作为一种受益者和受损者共同协商、共同投资、共同生产从而满足共同利益的产品。

怎样提供公共产品？建造灯塔的案例告诉我们，有两种方案。

1. 自发组织的解决方案——科斯方案

例如，所有需要安全引航的船主经过合作协议，共同建设灯塔，并明确灯塔的船主集体产权和使用权。科斯亲自对19世纪英格兰沿岸的一些灯塔做了调查。证明是可行的。但是这个组织过程相当复杂，小港口的灯塔还好办，如果涉及成千上万船只的大港口及所需大灯塔的建造，如果都通过合作协议和明确产权的办法，组织成本和决策成本很高，对私人来讲非常不划算。负外部性问题也是一样。以制止污染为例，如要某个受害者去收集污染信息，把所有利益受损者统统组织起来同污染制造者打官司讨公道，这个过程的复杂性、难度和风险就更大。于是就出现了第二种选择方案——由政府出面解决外部性问题，由政府组织提供公共产品。

2. 政府组织的解决方案——政府方案

对正的市场外在性来说，由政府提供公共产品。政府通过组织税收和公共预算来建设公共项目。例如，政府在主要港口建立大型灯塔，通过国家海关对所有过往船只收取相应费用。对负的市场外部性来说，由政府对零成本转嫁经济损失者进行强制性收取税费。例如，国家通过对污染企业强制性缴纳环境补偿的费用，对环境污染进行严格管理。

那么，由谁来提供公共产品最合理呢？科斯方案和政府方案谁优谁劣？现代经济学的理论分析认为，这里通行的原则是交易成本费用的比较。这个交易成本费用包括：对生产公共产品取得一致意见的组织成本、公共产品的生产成本、对生产过程的管理成本，对享受公共产品的收费成本、对损害公共产品行为的监督成本，等等。为解决外部性问题而需要提供公共产品时，判断科斯方案和政府方案谁为最优的时候，交易成本的比较就成为基本的合理性判断依据。

1.3.2 信息不对称的市场难题

现代经济学的研究发现，信息对于有效市场活动来说，是一种非常重要的东西。只有在市场信息充分供给和信息系统充分完善的条件下，市场机制发挥有效配置资源的作用才能实现。但实践表明，这是一个并不存在的理论模型假设。在现实的市场交易活动中，常常需要市场当事者付出昂贵的信息成本，信息完整和低成本获得信息是很少见的情况。这是因为，信息不对称是市场经济活动的一种常规现象。

在市场活动中，买家和卖家之间特别是厂商和消费者之间的信息不对称，是一种经常存在的情况。我们凭经验就会发现，消费者对于自己所想购买的商品的完整信息和真实信息，例如商品的功能、质量、性价比、服务等，通常情况下是不会完全了解的。这一方面是消费者的问题，比如购买经验不足、盲目相信广告宣传等；另一方面，更重要的是商家给消费者提供的常常是不完善信息。对所卖商品的功能、质量、性价比、服务等的完整信息，永远只有商家才真正知道。

市场信息通常是模糊的。市场模糊信息有三种情况：（1）技术性的模糊信息，例如消费者不论怎样都不可能完全了解所购买商品真实、详尽的信息；（2）策略性模糊信息，例如厂家出于商业战略的考虑而对新技术、新产品透露部分信息；（3）恶意性模糊信息，最典型的就是大量出现的商品虚假广告。

市场模糊信息可以滤清和辨识，但要付出很大成本。例如，消费者只有通过多次“试错性购买”，才能逐步筛选和真正了解自己所买商品的完整真实信息。以购买感冒药为例，普通感冒药的实际卖价为 10 元，普通感冒患者第一次听信所谓新药广告花费 30 元，治疗无效；第二次买了假药，花费 10 元，还是治疗无效；最后才买到对症药品，花费 10 元。这个消费者用 50 元费用，购买了 10 元的真实效用，40 元就是他的市场信息费用（交易费用）。

还有一种模糊信息，是由复杂的市场变量因素引起的，可以称为市场变量模糊信息。未来价格就是一种变量模糊信息。未来价格是和现期价格相比较而言的价格。现期价格是确定的，未来价格是不确定的。但实际上，任何人的市场交易行为——买和卖，都要对现期价格和未来价格做出综合评价。分析变量模糊信息，并做出比较合理的对策，需要花费大量信息成本，通常只有大企业、大公司才有能力支付这个成本（大企业成立专门研究部门），中小企业则不行，只能“凭着感觉走”。同大企业、大公司相比，后者的市场犯错率和市场失误率必然很高。对广大分散的个体性市场主体来说，信息问题就更加重要。

在市场经济活动中，信息不对称和信息模糊使市场机制的优化配置资源功能难以真正发挥作用。由于买家和卖家的信息不对称，买家总是吃亏，需要额外付出才能满足需求，这就使谁都无法看清真实的市场供求关系。信息不对称导致交易费用大幅上升，滤清和辨识信息的费用昂贵，这种情况对中小企业和个体经营者极其不利，它们实际上无法同大企业展开公平竞争。高昂的交易费用提升了很多行业的市场准入水平，使垄断更加难以消除。在中国，信息不对称的难题成为农民家庭应对激烈市场竞争的主要弱项之一。

解决信息不对称的市场难题，政府可以发挥重要作用。政府由于自己的特殊地位——国家事务的唯一管理者，收集、整理、辨识、滤清市场信息的费用较低，提供信息的总成本远远低于所有经济人自己获取信息的总成本。这就使市场交易费用大大减少，市场制度优化配置资源功能的水平大大提高。

1.3.3 市场分配的公平缺失

自由主义的市场理论认为，市场公平是一种人类社会最合理的公平制度。市场公平所强调的是所有人的权利自由平等，归根结底是所有竞争活动——无论是企业经济人的竞争还是个人发展的竞争，即起点的平等。

然而，在实现了权利平等和起点平等的市场公平之后，竞争机制会导致出现实际结果的不平等，例如资本财富分配的差别、个人收入差别和社会贫富差别等。不过没有关系，由政府再进行一次分配，利用税收对以上差别进行综合调节。这样，就在市场公平的基础上做到了社会公平。这是一个容纳了市场公平和社会公平的最佳体系。但深入分析就会发现，这种认识是错误的，因为作为市场公平的权利平等和起点平等，是一种完全虚拟的假设。权利平等和起点平等只有在亚当、夏娃时代才有，在现实生活中，从来就没有权利平等和起点平等这样的东西。

这是因为，作为市场竞争活动的“初始要素”——财富要素、人力资本投入要素、产权要素、技术要素，等等，从来不可能做到权利平等和起点平等。相反，对“初始要素”的优先占有和垄断性占有，是市场经济活动的常态，起点完全平等的市场竞争活动则常常是一种特例。

市场竞争初始要素不平等的三种情况。第一，经济性初始要素的不平等，如家庭和家族积累的财产。第二，人力资本初始要素的不平等，如贫富家庭子女受教育条件的不平等。第三，制度性初始要素的不平等，如各种社会关系、政治影响、特权制度，对企业来讲的税收歧视、信用歧视、管制歧视等；对职业选择的性别歧视等。在这里，最糟糕的是等级制度，例如家庭家族背景和利益集团相互关系的因素。这种市场竞争初始要素不平等的情况，无论在西方发达国家还是中国，都是可以大量看到的。

市场竞争初始要素不平等的结果，就是“马太效应”的普遍存在。穷者越穷，富者越富，贫富两极分化不可避免。美国学者在研究中发现，贫困差别扩大的代际传递现象几乎在当代所有国家都普遍存在。

上述分析说明，自发的市场经济和市场机制本身，既不能充分体现市场公平，更无法实现社会公平。因此，政府的有效介入是必要的。这种介入的意义不仅在于实施所谓第二次分配，更重要的是调节和纠正市场竞争初始要素的不平等状况。(1) 对"初始要素"的优先占有和垄断占有进行经济约束，例如收取遗产税；(2) 对"初始要素"的先天缺失进行必要的政府弥补，例如实行社会公共教育制度、对贫困家庭的优惠教育贷款、政府就业培训等；(3) 最重要的是对制度性初始要素的不平等状况，进行制度性制约，例如制定反垄断政策、对鼓励中小企业发展的优惠政策等。

1.3.4　市场经济的周期危机

周期危机是市场经济的噩梦。

2008 年 9 月爆发的国际金融危机，是 1929 年大萧条以来震撼全球的最大规模周期危机。这次危机使全球资产损失 50 万亿美元（2008 年全球 GDP 约 70 万亿美元）；美国家庭资产损失 11 万亿美元（2008 年美国 GDP 约 13.7 万亿美元），养老金损失 2 万亿美元，房地产损失 6 万亿美元；全球约 2.39 亿人失业，失业率为 7.3%，创 20 年来最高纪录。根据美国总审计长沃尔克计算，2007 年美国全部资产总市值 76 万亿美元，总债务 73 万亿美元。金融危机后总资产缩水了约 30%，剩余约 50 万亿美元左右，资不抵债，从技术层面来看已经破产。

这场空前严重的周期危机，导致人们对过度放任自发市场活动的后果进行深入反思。从 19 世纪中叶以来开始出现的市场周期危机，其表现形式发生了改变，例如不再出现恶性通胀、企业大批破产和工人大量失业，以及正常经济生活陷于瘫痪引发社会危机甚至社会革命。市场经济的周期危机已经表现得比较"温和"了，但危机从未消失，反映出来的社会经济矛盾更加深刻、更加复杂。

是什么原因导致发生市场经济的周期危机呢？经济学的不同学派有不同解释。凯恩斯的解释是：有效需求不足。他认为，在现代市场经济活动中，供给活动有强大的动机和能力，而有货币支付能力的需求总是不足的。这样的供求缺口积累到一定程度，必然发生社会总供求之间的大规模失衡，发生破坏性的周期危机。危机导致社会总供求的强制平衡，之后又进入新一轮周期。

马克思的解释是：私人生产的自发性和社会生产的组织性之间的周期性冲突，根源是资本主义制度的基本矛盾产生。这种分析是我们熟悉的。在过去的教科书上，一般把这种矛盾看做是资本主义经济特有的基本矛盾，把市场周期危机看做是资本主义的特有现象。现在新的认识则认为，这种"私人生产自发性和社会生产组织性之间的矛盾"，也即是"市场生产自发性和社会生产组织性之间的矛盾"，这种矛盾积累到一定程度后，就会以周期危机的形式释放出来。无论西方发达国家的市场经济还是中国初期发展阶段的市场经济，都是如此，只是表现形式不同。

在对2008年国际金融危机发生原因的讨论中，政府和学界比较认同的一个观点就是，过度信赖金融家的行为自律、过度看轻金融家的贪婪、过度放松对风险度极高的市场金融活动的政府监督管理。这个观点，甚至连坚持认为“再有问题的市场也可以依靠自我矫正机制恢复正常运行”的格林斯潘都在不同程度上认可。

无论是凯恩斯的分析还是马克思的解释，或是对2008年国际金融危机的理论认识，尽管研究方法和学术基点不同，但都认为：自发性市场活动必然出现周期危机；周期危机是对正常市场活动的巨大破坏；市场自发机制对周期危机调节无效；管理周期危机需要依赖政府（尽管凯恩斯和马克思的政府含义不同）。

1.3.5 市场秩序和经济人道德约束

这也是2008年国际金融危机以后的新认识。

市场理论的分析认为，市场有效运行一个非常重要的条件就是市场秩序。新自由主义的经济学家们也承认，一个秩序混乱的市场经济只能是灾难经济。这种市场秩序必须遵循的基本法则是什么，或者说，按照什么法则活动才是有秩序的市场否则就是市场混乱呢？这就是等价交换原则。

只有按照等价交换原则进行市场活动，才能做到平等交易、公平买卖。如果违反等价交换原则，出现不等价交换，市场秩序必定会大乱。按照马克思的经济分析，不等价交换的实质是无偿侵占他人劳动，这是对基本公平的破坏。在不等价交换下，正常的供求关系无法看清，客观的价格机制无法建立，市场优化配置资源的功能无法实现。

维持市场秩序有一个充分必要条件：就是经济人行为自律，即经济人在市场活动中愿意并能自觉遵守等价交换法则。然而理论分析说明，这个充分必要条件是不可能实现的。在市场上，每个经济人都凭借自己的主观意念来判断交易活动的合理性，即判断交易是否合乎等价交换原则。但由于每一个经济人都是基于个人立场进行判断，所以在市场交易会出现大量的争执和矛盾。市场买卖双方本来就是交易利益的对立者——卖家希望获得最好卖价，买家希望付出最低买价。在商品买卖过程中，双方对商品质量的判断会有分歧，在企业执行合同契约过程中会有分歧，双方对对方执行合同的评价会有分歧，等等。

如果完全依赖自发地解决这种交易分歧，会出现大量争执，交易实现过程旷日持久，交易成本无法想象。因此，必须有取得社会共识和具有强制性的交易合理性判定标准，比如商品质量标准、合同契约执行标准，等等。这种强制性的交易合理性判定标准，必须通过一系列市场制度来实现，例如，卖家必须保证承诺的商品质量和售后服务，买家必须交足购买货币，交易双方必须严格履行合同、契约。一旦发生交易争执即呈交法律机构裁定，并由政府机构强制执行。

著名的奥地利经济学家熊彼特认为，设想经济人有自我道德约束，即能够自觉执行等价交换法则，本身就是一个不真实假定。熊彼特认为，在市场经济通行的利润最大化原则下，每个经济人都是非理性的和自私的，每个经济人都不会在市场交易过程中考虑自己的交易行为是否会损害公众利益，每个经济人都有想通过不等价交换获得更多利润收入的动机，并且一有机会就一定会这样做。因此，市场秩序实现等价交换的过程，必须由市场之外的力量强制执行，由法律和政府的力量来强制约束经纪人的非理性动机和自私动机，强制规范经济人的市场行为。

1.4 公共经济和混合经济

1.4.1 混合经济模式

从理论上分析，私人产品和公共产品、私人经济和公共经济、市场选择机制和公共选择机制，是完全不一样的。但是从现实发展过程看，两者又存在着一种既相互区别、相互矛盾又相互联系、相互依赖的状况。人们看到，即使像美国那样被称为典型自由市场体制的国家，由政府掌握的公共经济部门和其他各种公共产品形式（例如俱乐部产品）的发展扩大，也是非常可观的。由此，已故美国著名经济学家萨缪尔森坚持把美国的经济模式称为“混合经济模式”。他认为，随着现代科技和现代市场活动的发展，私人经济和公共经济都同时具有进一步发展的巨大空间。这种情况下，市场经济已经不再是亚当·斯密时代要求的模式了，而是一种由私人经济和公共经济在不同部门混合运作的模式。这是一个重大历史进步。

历史发展表明，公共经济部门在市场体制的发展中不但没有萎缩，反而同私人经济一样获得持续发展。公共经济部门和私人经济部门共同成为现代市场体系中的两大组成部分。萨缪尔森提出的“混合经济模式”虽然在理论界没有获得完全认同，特别是芝加哥自由主义学派的学者们并不承认这个概念的学术规范性，但实际上，“混合经济模式”已经成为几乎所有现代国家无法避免的选择。

1.4.2 两个部门的发展互动

公共经济是在私人行为和市场机制无法调节经济矛盾时出现的另一种经济活动方式——这是一种理论性的描述。在现实生活中，公共经济部门大的发展和扩张，都是在市场经济发生危机时出现的。当市场机制无法挽救危机时，并不是经济学家和政治家们选择了公共部门，而是社会和历史选择了公共经济部门。

第一个典型案例就是20世纪30年代大危机后，由所谓“罗斯福新政”和“凯恩斯革命”推动公共经济部门出现了前所未有的发展。政府借助公共经济部门的迅速扩展，也大大加强了干预社会经济活动的力量。美国强政府的地位由此确立。第二次世界大战后，重建恢复的历史任务更是私人经济和市场机制无力承担的，国家作用和公共经济部门于是得到了更大规模的发展。凯恩斯主义在60年代进入黄金时期。

然而，历史的发展常常是一种循环。正如公共经济部门的发展和扩张是在市场经济发生危机时出现的一样，当公共经济部门的发展和扩张出现危机时，私人经济和自由市场活动的新局面就开始了。70年代，美国由于越南战争和高福利支付积累了巨额政府债务，滞胀的魔影久久不去，政府使用凯恩斯工具箱里的法宝已经基本失效。在英国，国有化政策失败，国有企业长期亏损形成了大量财政赤字，社会舆论哗然。与此同时，社会主义国家计划经济体制遇到的种种严重困难，又被西方学者拿来作为政府干预和公共经济部门过度发展膨胀的另一种例证。于是，风向开始转变，新自由主义思潮冲击全球。这个思潮付诸行动的一个重要方面就是，大大缩减政府控制的公共经济部门，把这个部门中的大量资源转移到私人经济手上。公共经济部门成为学者和社会一致严厉批评的对象。

新自由主义在全球风光了20多年，新的问题和矛盾又出现了。新自由主义在俄罗斯的彻底失败是一个重要标志。普京凭借重塑国家权威，特别是将大型战略资源企业回归公共经济部门的举措，赢得极高社会威信。新自由主义政策在南美洲一些新兴发展国家也遇到没能持续推动增长和发展的尴尬。其中一个非常重要的问题就是，这些国家在石油等战略资源领域彻底实行私有化——全部交给私人部门生产之后，这些国家的政要和老百姓发现，这种彻底私有化的第一个结果就是国际强势能源集团大举进入，然后全面控制，再后来，国家战略领域失控带来一系列危及国计民生的问题。新自由主义20多年在全球主导地位的终结，是以2008年9月25日美国雷曼兄弟公司破产引发国际金融危机为标志的。

国际金融危机让新自由主义极端者的脸丢尽了。在本轮国际金融危机过去之后，要求对新自由主义进行深入批判和反思；要求政府对金融市场和其他高投机度市场进行更加严格的监督管理，成为了舆论和学界的主流。对凯恩斯主义的重新评价又开始抬头……

当然，一切都没有结束，历史的循环还要继续进行。

1.4.3 两个部门的发展借鉴

在私人经济部门和公共经济部门的发展互动中，特别是在它们兴衰历史的发展过程中，出现了这样的情况。最初，当某一经济部门发生重大问题而开始走下坡路时，另一经济部门的学术代表就开始进行严厉的甚至否定性的批评。两大部门的发展似乎是势不两立的。但后来，私人经济部门和公共经济部门的发展出现了相互借鉴的有趣现象。

1. 理论研究方面的借鉴

以研究公共经济部门的问题为例。怎样研究公共经济部门的行为？传统的办法是离开市场理论的分析框架，在伦理学、政治学方面寻找分析工具。现在的研究有了一个很大变化，就是用市场理论的分析方法来统一研究私人经济部门和公共经济部门的行为。这种分析方法认为，无论私人经济部门还是公共经济部门，包括管理公共经济的政府部门，都是在统一的市场体制下活动的，其行为谁都不可能脱离市场活动的基本规范。不能认为只有私人经济部门中的人才是“经济人”，即按照利润和个人利益最大化原则行事的人；在公共经济和政府部门活动的则是另一种人——道德高尚、唯一以社会公共利益为目的的人。实际上，在市场体制下的所有人都是“经济人”，都是按照利润和个人利益最大化原则行事的人，只是由于身份的不同而具有不同行为特点罢了。

这种研究方法对初学者可能很不习惯，但深入学习、思考后可能会有所启发。

2. 实践方面的借鉴

在公共经济部门怎样实行最有效的管理？这里显然有多种选择。第一，是官办官营；第二，是官办民营；第三，是官办官民共营；第四，是官民共办官民共营。第一种办法是过去大多数政府经常采用的，实践证明，除关系国家战略安全的少数产业部门，在其他经济部门用这种办法最不可取。后三种办法都很有意义，有很多成功的案例，也有继续实践的广阔空间。关于在公共经济部门怎样实行最有效的管理？应该还会有更加具有智慧和更加具有创新意义的案例出现。

在公共经济部门的具体运行和管理方面，也已有很多借鉴私人经济部门的实例。例如，在一个公共经济部门中设立市场化的产权制度，让私人经济部门掌握公共经济部门的部分产权。这样做的意义不仅是可以获得更加广泛的市场融资，更重要的是能够在公有产权和私人产权之间依法形成产权制衡，为规范化企业治理奠定产权结构基础，也能防止政府对企业进行过度行政干预。

本章小结

1. 公共经济的存在和发展并不是对私人经济的简单补充。公共经济和私人经济是在市场经济统一体系下相互联系、相互依存的两个不同经济部门。

2. 在经济学意义上，评价政府行为——主要是介入市场经济的行为，一个最重要标准就是社会福利最大化，其基本原则是帕累托最优。

3. 政府介入社会经济活动的基本理由是市场失灵。市场失灵是在真实市场经济活动状况下，市场机制无法起到优化配置资源作用的情况之一。

4. 公共经济部门和私人经济部门的共同发展形成了混合经济形态。混合经济出现后，亚当·斯密时代的市场经济模式发生了重要变化。

关键术语

公共经济　私人经济　交易费用　福利　社会福利最大化　帕累托最优原理　公平与效率　市场失灵　外部性　信息不对称　市场公平缺失　市场周期危机　混合经济

思考题

1. 公共经济为什么能在市场经济中存在、发展?
2. 怎样认识福利的概念和福利最大化?
3. 应该怎样理解帕累托最优原则?
4. 市场失灵主要表现在哪些方面?
5. 分析一个市场失灵的实际案例。
6. 公共部门为什么能弥补市场失灵?
7. 政府是组织公共经济部门的唯一选择吗?
8. 怎样认识混合经济下的公共部门职能?

第2章 公共产品

重点问题

1. 公共产品的基本特征
2. 公共产品的分类
3. 公共产品的供求均衡

案例2.1 数学定理是什么东西?

陈景润对“哥德巴赫猜想”进行了新的数理论证的突破，被称为“陈氏定理”，但陈景润能像发明新稻种品系的袁隆平一样申请国家专利或国际性的专利吗？恐怕不行。因为很难判定“陈氏定理”的商业价值，至少可以在预见的时间内，这个定理的商业价值很可能为零。这就出现了创造知识活动的一个重要差别。一种是属于技术性的知识，可以直接转化为货币收入和市场财富；另一种是属于基础性的知识，例如数学定理，同商业价值没有直接关系。尽管后者是人类知识宝库的重要基石，也是前者的理论研究基础，但一经发现之后任何人都可以免费使用。这里出现了一种创造知识的矛盾：技术性知识可以大量赢利，因此创造主体队伍生机勃勃、源源不断；基础性知识因没有赢利可能，创造主体的激励和群体发展远远落后于前者。两者的矛盾越来越大，成为一个世界性难题。怎么办？一般国家都采取了政府提供补贴后者的办法。以美国为例，国家保健研究所和国家自然科学基金大量补贴医学、数学、物理学、化学等基础研究。但争议也由此而来。有人认为，政府对基础知识的强有力投入是有远见的，是一种长远的公共福利行为；也有人提出不同看法，认为很多政府提供的基础性知识，最后结果只满足了少数人的需求，同公共福利无关，例如政府大量投入航天领域的研究成果，只为某些商业组织所利用。这说明，政府提供基础性知识的合适水平——效益水平和公平享受程度很难衡量。

案例2.2 中国公园的门票涨价之争

从2005年开始，中国一些著名景区公园的门票相继大幅度涨价。有的甚至涨了一到两倍。涨价者提出的理由是，现在很多景区公园在节假期间极其拥挤，人满为患，原有设施根本无法满足游人休闲需求，进行整修和扩建需要大量投资，加上要用价格调节供求矛盾，门票大幅涨价在所难免。反对者认为，公园顾名思义就是公共、公众之园，不是私人企业经营、盈利的娱乐场所，本应免费或低价提供，不应按照一般商品的供求关系机制调整门票价格，现在大幅涨价毫无道理。辩方进一步提出，公园是公共休闲娱乐场所不错，但在人员高度拥挤之下，已经完全不能满足公众休闲娱乐的目的，这样的公园还有意义吗？通过提高门票价格筹措资金用于整修、扩建，正是为了更好地恢复公园的原有功能。反对者继续反驳，这种观点站不住脚，按此逻辑，公园整修、扩建之后，门票价格就应当降下来，逐步恢复原有水平，但实际景区公园门票从来都是只涨不跌的，更没有听说恢复到原有票价水平。更有人进一步提出，现在国内很多著名景区门票高昂，公园盈利巨大，已成为当地政府的一项重要财源，这种状况同私人企业经营、盈利的娱乐场所并无本质区别，只不过老板不是私人而是政府机构。这样的公园还是公共、公众之园吗？但也有学者提出，公园收费并不是否定公共产品性质，而在于甄别和选择消费者，只有那些认为物有所值的人才会买票。

2.1 公共产品基本特征

2.1.1 公共产品的概念

在一些经济学的经典著作中，公共产品这个词的英文是public goods，而不是

public products。从翻译准确性角度看，译为“公共物品”是比较准确的（也有译为公共消费品、公共财货）。public goods 的内涵比较宽，包括实物性的东西，如公共设施、公有资本、公有企业、公共财政等；也包括非实物性的东西，如公共管理、公共福利、社会保障、垄断管制等。但是考虑到大多数读者的中文语言习惯，公共产品的使用可能更加方便一些。因此，在本书中一律称为公共产品。在这里，读者只要知道所讲的公共产品就是公共物品 public goods，而不是 public products，就可以了。

本章第一个案例告诉我们，数学定理之所以无法申请专利，是因为它是基础性知识，而基础性知识实际上是一种公共产品，它的性质和供求状况同属于私人产品的技术性知识有很大区别。美国著名经济学家萨缪尔森 1954 年在他的论文“公共消费的纯粹理论”中，最早在理论分析上给出了关于公共产品（public goods）的定义：“每个人对这种产品的消费，都不会导致其他人对该产品消费的减少。”他列举了一系列公共产品的例子，如社区的和平与安全、国防、法律、空气污染控制、防火、路灯、天气预报和大众电视等。萨缪尔森还用严格的数学分析方法，表述了公共产品 public goods 和私人产品 private goods 的区别。萨缪尔森对两种产品的数学论证见附录 2. 1。

为了更好地理解公共产品的基本性质，需要进一步分析公共产品的两个最基本特征：非竞争性和非排他性。

2. 1. 2　非竞争性

对于私人产品来说，如果某一个人消费了该产品，其他人就无法再消费这个产品了。例如，一个消费者吃了一块面包或穿了一件上衣，其他人就无法吃同一块面包或穿同一件上衣，除非增加新的成本进行重新购置，这就是私人产品消费的竞争性。公共产品则不同，任何人对公共产品的消费都不影响其他人对这同一公共产品的消费，也不会影响整个社会的利益，这就是公共产品的非竞争性。

公共产品的消费具有非竞争性，是由于它的提供是采取整体方式决定的。公共产品的一个典型例子是国防。政府只要建立了一个完整的国家国防体系，就不能排除任何国民不受保护。婴儿降生和新增移民增加了享受国家国防体系的消费者，但并不增加政府的国防费用支出，也不会妨碍其他人享受该国防体系的服务。

非竞争性包含两个方面的学理含义，第一是增加成本（边际成本）为零。所谓增加成本或边际成本，是指增加一个单位的产量而新增的成本。例如，对电视机这种私人产品来讲，每一个新的消费者都必须付出自己的购买成本，否则不能消费。但对于国防这种公共产品来讲，增加一个享受国防服务的公民则无须付费。第二是增加拥挤成本（边际拥挤成本）成本为零。每增加一个消费者的消费，都不影响其他消费者消费的数量和质量，在共同消费过程中不会产生拥挤现象而影响消费水平。

2.1.3 非排他性

对于私人产品来说，例如消费者购买一块面包或一件上衣，支付了价格之后便取得了该产品的所有权，拥有所有权的个人可以轻而易举地排斥他人对该产品的占有和消费，所有权人可独享该产品给他带来的效用，这就是说，该私人产品具有排他性。公共产品的消费是集体进行、共同消费的，不能在不同消费者之间进行分割，这就是说，该公共产品具有非排他性。例如，你无法把任何人排斥在国家提供的国防服务范围之外。之所以出现这样的情况，是由于：第一，把其他消费者排除在外在技术上是不可能的；第二，即使把其他人排除在外在技术上是可行的，但这种排斥的成本在经济上是昂贵的，在效率上不可行，令人无法接受。公共产品的非排他性，意味着这些产品的提供者无法通过消费者的付费与否，决定他是否可以消费这些产品。

另外，公共产品还具有非拒绝性和强制性特征。就是说，无论消费者是否愿意，他都无法拒绝所提供的公共产品。例如对于国家所提供的国防服务来说，一国居民是无法拒绝的，他也无法向其他人出售他不愿享受的国防服务，除非他迁移到别的国家。因此，公共产品的提供是强制性的。正是由于这个原因，这种产品的融资手段也是强制性的，即税收的强制性。

2.2 公共产品的分类

我们在现实经济生活中会发现，能够充分满足萨缪尔森所讲的非竞争性和非排他性特征的公共产品，是十分少见的。实际上，萨缪尔森所分析的公共产品，是一种纯粹的公共产品，即纯公共产品。人们实际见到的大多数公共产品，都不是纯公共产品，而是在非竞争性和非排他性方面被打了折扣的公共产品，即或者是竞争性和非排他性同时共存的公共产品，或者是非竞争性和竞争性同时存在的公共产品，或者是非排他性和排他性同时存在的公共产品，现实经济生活中的公共产品表现形态是非常复杂的，需要用复杂的眼光加以考察。

2.2.1　俱乐部产品

美国经济学家布坎南首先提出了俱乐部产品的概念。这是一种由于解决公共产品拥挤性问题而产生的一种特定公共产品。本章第二个案例，已经显示了公园作为公共产品的拥挤性问题。当该产品的消费者人数过于拥挤时，就会出现消费的竞争性，例如在一个非常拥挤的公园里，只有提前排队才能租到游船；又如在一个公共高尔夫运动场里，如果人太多了，则无法进行规范的活动。当公共产品出现拥挤状况时有三种选择：第一是增加供给，第二是忍受现状，第三是改变规则。如果先不谈供给问题，选择方案就是后两种。

以公共高尔夫运动场为例。如果采取忍受现状的选择，参加者只好轮流打球，大量时间用于排队等待，起不到原有的健身目的。这种拥挤性的公共产品，虽然仍具有非排他性——比如禁止任何人进入公共高尔夫运动场都是非法的，但产品消费已经具有竞争性——比如你打球的时间正是别人的排队等待时间，对于某一消费者而言，其所能消费的公共产品的数量或质量也会减少。中国目前的拥挤性公共产品中，一个采取忍受现状的典型例子，就是国家公立医院。

拥挤性公共产品还有第二个选择，就是改变规则，目的是使公共产品的拥挤程度下降，直到恢复消费的非竞争性。这就是限制和界定享受公共产品的消费者。于是便出现了集体性的俱乐部产品。仍以高尔夫运动场为例，为了避免过度拥挤，便成立了有人数限制的高尔夫俱乐部。经济学家桑德拉和谢哈特在考察俱乐部理论的文章中这样给俱乐部下定义：“一个群体自愿共享或共担以下一种或多种因素以取得共同利益：生产成本、成员特点或具有排他利益的产品。”俱乐部产品与拥挤性公共产品的区别是：拥挤性公共产品只要不是只有一个消费者，就会相互影响对该产品的消费，并且会减少消费数量或质量，而俱乐部产品的消费者因为有数量限额，不会彼此影响消费的数量或质量。俱乐部产品具有非竞争性，但却具有排他性。实际上是一种集体性、限额性公共产品。

2.2.2　准公共产品

所谓准公共产品，是指这样一些产品，它们所提供的利益的一部分由其所有者享有，是可分的，从而具有私人产品的特征，但其利益的另一部分可由所有者以外的人所享有，是不可分的，所以又具有公共产品的特征。这种现象也就是人们熟知的外部性。例如，卫生事业和教育事业等行业，就具有这种特点。又如，由于某个家庭的成员注射了某种传染病的疫苗，使得其邻居患上这种传染病的可能性大大减少，这样，虽然这个家庭的邻居并没有支出任何费用，但却获得了一定的收益。也有人把混合产品统称为准公共产品，但严格地说，只有具有这种利益外部性的产品才是真正的准公共产品。准公共产品具有非竞争性，但却具有排他性。

2.2.3 公共资源

公共资源是指这样一些产品，它们具有竞争性，在技术上也具有排他性，排他的成本也是可以接受的，但是，由于某些原因却不可能将这些产品的产权分配给任何个人，这种产品就是公共资源。最著名例子是所谓的“公共地悲剧”，是英国哲学家大卫·休谟在18世纪提出的。在休谟的例子中，许多邻居共同拥有一块草地，每个人都有权在这块地里牧牛，但是任何人又无权出售这块地。由于当一个人在这块草地上牧牛的时候，必然与其他的牧牛者产生利益冲突，因此，它具有竞争性；同时，由于人人都享用该财产的利益，任何人都不可能以任何方式把他的放牧权卖给其他人，因此，不存在交换，即不具有排他性。最后，这种情况下的公共资源的悲剧就是，资源使用价值被使用殆尽。这种“公共地悲剧”的类似案例在我国某些村庄集体林地的事例中也可以看到，这些林地可以采伐，不能买卖，又缺乏养护，最后林地成为贫瘠荒地。

2.2.4 地方性公共产品

对于一些公共产品来说，即使是同时被不同的消费者共同地集体消费，但因消费者所处的地理位置不同而获得的效用也是有所不同的。以公共安全系统典型的公共产品为例，城市A的公共安全系统能够使当地所有居民受益，但对附近B城居民所带来利益就小得多了，对远在千里之外的C城居民来说则几乎无受益可言。这一实例表明，受益范围仅仅局限于地方政府辖区之内的公共产品，应为地方性公共产品。如果公共产品的受益远远超出了区域性范围，直至能够为国内居民所共同享用（如公共安全的中央控制系统），那么，它就具备了全国性公共产品的特征。在现实生活中，对于地方性公共产品，也可以举出排水系统、路灯等许多实例。当然，在地方性公共产品中，也有受益范围大小之分，从而使地方性公共产品内部也存在着较为明晰的层次性。

2.2.5 公共产品的判断

总结上述考察，可以把公共产品的具体分类列图如下（见图2-1）。

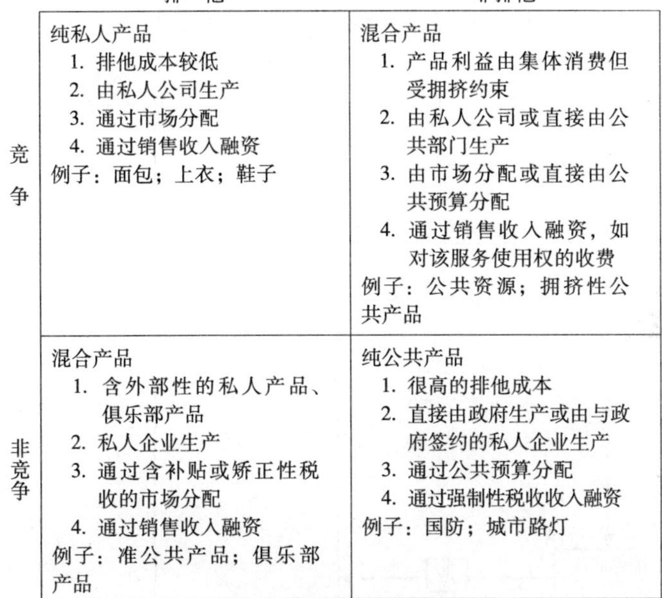

	排　他	非排他
竞争	纯私人产品 1. 排他成本较低 2. 由私人公司生产 3. 通过市场分配 4. 通过销售收入融资 例子：面包；上衣；鞋子	混合产品 1. 产品利益由集体消费但受拥挤约束 2. 由私人公司或直接由公共部门生产 3. 由市场分配或直接由公共预算分配 4. 通过销售收入融资，如对该服务使用权的收费 例子：公共资源；拥挤性公共产品
非竞争	混合产品 1. 含外部性的私人产品、俱乐部产品 2. 私人企业生产 3. 通过含补贴或矫正性税收的市场分配 4. 通过销售收入融资 例子：准公共产品；俱乐部产品	纯公共产品 1. 很高的排他成本 2. 直接由政府生产或由与政府签约的私人企业生产 3. 通过公共预算分配 4. 通过强制性税收收入融资 例子：国防；城市路灯

图2－1　纯公共产品、混合产品和纯私人产品

通过考察纯公共产品、纯私人产品和混合产品的特征，我们可以对产品的分类进行判断，其主要有以下几个步骤（见图2－2）。

第一步，首先看产品在消费中是否具有非竞争性，如没有非竞争性，则该产品肯定不是纯公共产品。

第二步，再进一步分析，看该产品是否具有非排他性，如有非排他性，则为公共资源或拥挤性公共产品。

第三步，如果该产品既没有非竞争性，又没有排他性，则该产品肯定是纯私人产品。

第四步，若该产品具有非竞争性，并且排他在技术上是不可行的，即具有非排他性，则该产品必然为纯公共产品。即使该产品在技术上是可以排他的，但该产品在排他时成本很高，则该产品也是纯公共产品。

第五步，若该产品具有非竞争性，排他在技术上也是可行的，并且排他的成本在经济上是可以接受的，则该产品是俱乐部产品或准公共产品。需要指出的是，随着技术的发展，原来排他在技术上是不可行的或排他成本很高的产品，会变成排他在技术上不但可行而且排他成本在经济上可以接受的产品。

如果一种产品是一种纯私人产品，那么，它应该由市场机制来提供；如果一种产品是纯的公共产品，则它应该由政府公共部门来提供，靠市场机制提供该产

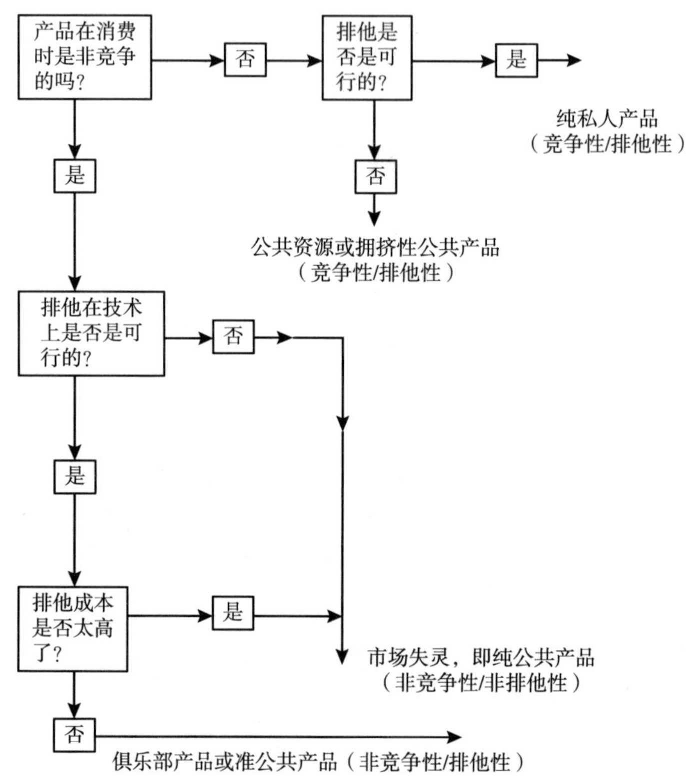

图 2－2　公共产品的判断步骤

品是要失灵的。应该强调的是，这里所说的纯公共产品应该由政府公共部门提供，并不是必须由公共部门来生产。

2.3　纯公共产品的供求均衡

政府在决策过程中需要考虑怎样才能提供最合适数量的公共产品？公共产品与私人产品怎样组合比较合理？怎样使有限的生产要素在公共产品与私人产品之间获得有效配置？回答这些问题，需要运用市场均衡分析方法。

2.3.1　私人产品的供求均衡

“均衡”是来自物理学的一个概念。均衡的物理学含义是，在自然界中两种作用力相反的力量，其矛盾和冲突的过程不是相互否定和相互消灭，而是达到一种均衡状态，两种作用力相反的力量都在这种均衡状态中存在和发展。经济学引入物理学的均衡概念，对市场经济活动中两种作用力相反的力量——需求和供给，进行类似均衡分析。

我们看到，在社会市场经济活动中有两种作用力完全相反的力量：一个是市场需求和需求价格，另一个是市场供给和供给价格。经济学的分析说明，这两种作用力完全相反的力量在市场交换活动中相遇，经过多次的、大量的市场买卖和市场交换过程，可以达到一种市场供求均衡的状态。在市场供求均衡状态下形成的价格，被称为均衡价格。

均衡是一种市场状态，而不是一组可以随时精确计算出来的市场活动数值，例如精确的价格数值、需求数值和供给数值。这种均衡状态，是在需求、供给和价格三者之间相互作用下形成的。由此，均衡状态是有条件的，如果条件发生变化，均衡状态也会发生变化，即从旧的均衡状态的破坏到新的均衡状态的形成。这是一个动态的、发展的、形态变化的过程。

经济学在考察市场均衡的时候，在分析方法上常常出现不同角度的均衡分析——局部均衡和一般均衡。

局部均衡是分析单个市场、单个商品的价格和供求关系的一种方法。它假定在其他条件不变时，一种商品的价格只取决于它本身的供求状况，而不受其他商品的价格和供求的影响。

局部均衡既是一种均衡分析的方法，也是在实际生活中可以观察到的一种市场现象。例如在汽车的季节性销售期里，汽车的主要生产厂家分布的格局不变；主要生产成本的价格大致稳定（比如钢材价格）；产品的基本功能也没有发生大的变化；同时，消费者群体的规模和收入水平也基本正常，等等。在这种情况下，汽车价格的变动，就主要取决于汽车的市场供求关系变化。这个时候，人们可以看到，不同品牌汽车的价格只有较小的差别，大致稳定在一个基本的水平上。

一般均衡，是分析市场上所有行业的市场、所有行业的商品的价格和供求关系变化的一种方法。一般均衡假定，所有行业的市场和所有商品的价格和供求都是相互联系的；任何一种商品的价格变动，不仅受它自身供求的影响，而且还要受其他商品的价格和供求的影响，所以，任何一种商品的价格和供求的均衡，只有在所有商品的价格和供求都达到均衡时才能最终确定。由此，一般均衡也常常译为全部均衡。

同样，一般均衡既是一种均衡分析的方法，也是在实际生活中可以观察到的一种市场现象。我们仍然以汽车为例。在汽车的季节性销售期里，汽车的平均价格基本上可以不考虑汽车行业以外的供求因素和价格因素，但从一个更长的时期和更大的范围看可能就不行了。最直接的因素是汽车成本要素的供给和价格会发生变化，比如钢材的价格可能大幅上升或下降，这种价格的上升或下降，可能同汽车行业对钢材的需求状况毫无关系，而是其他行业对钢材需求状况发生了重要变化而引起的；汽油的价格和供求状况同汽车的销售价格并没有直接联系，但如果汽油价格大幅度上升，消费者考虑到消费成本的大量增加就会降低需求，从而影响到汽车的供求和价格的变化，等等。这就说明，一个行业和一种商品的市场供求与价格状况，最终是同其他行业和其他商品的供求与价格状况相互联系的，这种联系可能是非常直接的、明显的，也可能是通过比较复杂的经济联系传导过来的。

2.3.2 庇古的公共产品供求均衡

英国经济学家庇古最早提出了资源如何在私人产品与公共产品之间进行最优配置的问题。庇古利用“经济人”假定，认为每个“经济人”都从公共产品的消费中获得一定收益，即正效用；同时，每个人由于又必须为生产这些公共产品承担纳税义务，所缴纳税额就是为获得该公共产品而支付的价格，称为公共产品消费者的负效用。庇古提出，缴纳税款所产生的负效用，就是为消费公共产品而放弃的消费私人产品的机会成本。通过以上假设，庇古的结论是：公共产品对每个人的最优供应数量，为消费公共产品所获得的边际正效用，等于缴纳税款所产生的边际负效用这个点。用通俗的话讲，公共产品对每个人的最优供应数量，就是个人愿意放弃私人产品可能性收入（税负）的数量，等于他可能得到公共产品消费的数量。

庇古的分析既有道理又有缺陷。问题在于，尽管个人可以在公共产品和私人产品之间有效分配其预算，却没有一个机制能够汇总所有单个消费者的预算配置。即使我们有了一个社会“经济人”在公共产品和私人产品之间有效分配预算的总账——总体均衡，又怎么确定每个人的预算配置是符合公平合理原则的呢？庇古分析方法的一个最根本的核心是，他假定所有人在选择公共产品和私人产品的预算分配上都是一致的，即都愿意用那么多数量的赋税去得到那么多数量的公共产品消费。这种假定是不合理的，因为无数人的预算偏好和预算选择千差万别，绝对不可能一致。怎样才可能让一个社会总体性的选择比较符合每一个人的偏好？庇古没有回答。

2.3.3 萨缪尔森的公共产品供求均衡

萨缪尔森均衡是一种对公共产品进行局部均衡分析的方法。为了更好地说明问题，我们先对作为私人产品的电视机的供求均衡进行分析，再比较分析公共产品的供求均衡。为了分析的方便，假定消费者的偏好、收入和其他产品的价格都是既定的。

• 电视机供求的局部均衡

以电视机产品为例。当某一新品种电视机上市时（例如某一新品种数字平板电视），大多数厂家根据成本计量和销售预测，把价格定为 9500 元（不排除小幅调整）。在大约两个销售季节的时间里，厂家发现没有达到原来的销售规模预期——这实际上是市场供求之间的竞争活动。于是，大多数厂家都把价格下调到 9000 元。在 9000 元的价位上，消费者接受率很高，购买踊跃；在这个价位上，厂家可以得到预期产品利润，从而愿意持续提供产品。这样，在一个相对较长的时间里（例如一年），9000 元就可以视为这一新品种电视机的均衡价格，按照 9000 元价格所产生的消费数量和供给数量，可以视为一种市场供求均衡。供求双方都充分达到各自满意的收益。

对市场上的私人产品来讲，由于存在大量竞争性生产者和大量产品，每个人（买家和卖家）都是价格的接受者，买家只能用自己消费量的多少来适应价格——价低多买、价高少买；厂商则只能用自己供给量的多少来适应价格——价低少卖、价高多卖。这样，在经过一段价格波动和供求调整之后，市场价格就会相对稳定在一个供求双方都能接受的水平上，出现均衡价格，在这个均衡价格下的产品供求数量也是均衡的。对私人产品局部均衡的模型论证请见附录 2. 2。

• 萨缪尔森的分析

萨缪尔森认为，对于公共产品来讲情况是完全不同的。以国防产品的产生为例。国防产品由政府统一供给，消费者不能选择消费的质量和数量。国防产品的供给数量表现为政府军费开支数量，由消费者的纳税总量提供。假如在一种决策体制下，消费者可以根据自己对国防产品的消费情况对纳税数量提出意见，并提出自己愿意支付的价格即纳税数量，而国防产品的供给数量就是所有消费者支付价格的数量。在这种情况下，要确定国防产品的合理供给数量，就必须能够知道所有消费者愿意支付的价格的总和。美国经济学家萨缪尔森认为，如果能够满足这个条件，公共产品的均衡价格就表现为所有消费者愿意支付的价格的总和。由这个价格确定的供给和需求都是均衡的。如果消费者愿意支付价格的总和减少，均衡价格就会下降，产品供给数量也会相应减少，反之亦然。这种情况也可以称为“萨缪尔森均衡”。

但是萨缪尔森提出，这也是一种虚拟的均衡，因为要准确知道所有消费者愿意支付的需求价格，是不可能做到的。

公共产品是一种垄断供给的产品，每个人都只能是产品数量的接受者，以及产品消费的接受者。但同时，由于每个人对公共产品的需求不同，为自己的需求而愿意支付的价格也不同，因此人人都是公共产品价格的调节者。这样，公共产品的供给数量，就受到人们愿意支付公共产品的价格的制约。由此，从理论上讲，在其他条件不变时，所有消费者愿意支付价格的综合（例如所有愿意使用国家公路设施的人缴纳的费用总和），同为满足这个需求数量的公共产品相等时，就达到了供求状况的均衡。但这是很难做到的，因为要使每个消费者都准确说出他为公共产品的产出所愿意支付的价格（成本），几乎是不可能的。因此，为了找到所有消费者对愿意支付公共产品的价格（成本）总量，就需要有一套充分的了解制度——这是公共选择要解决的问题。对萨缪尔森均衡的模型论证请见附录2.3。

- 公共产品和私人产品有效定价原则比较

由于私人产品和公共产品的特性不同，使得对它们的分析方法也有所不同。在私人产品的分析中，人人都是价格的接受者和产量的调节者；而在公共产品的分析中，人人都是产量的接受者和价格的调节者。当某一价格水平达到需求总量等于供给总量时，私人产品就达到了均衡；当人们为公共产品所愿意的总支付等于公共产品提供者在这一产出水平上的供给价格时，公共产品就达到了均衡。对私人产品和公共产品局部均衡分析的模型论证见附录2.4；对公共产品一般均衡分析的模型论证见附录2.5。

2.3.4 威克塞尔—林达尔均衡

“萨缪尔森均衡”是一种抽象分析，这种分析依赖于一系列假设。首先，假设每一个消费者都能够准确地表露自己对公共产品的偏好，从而可以获得每个消费者的效用函数；其次，还假设有一个万能的计划者能够准确汇总每个消费者的效用函数及其为消费公共产品而愿意支付的价格，从而据此确定公共产品和私人产品的社会组合。然而在现实生活中，没有一种机制能够保证准确获知消费者对公共产品的偏好，因此也不可能实现公共产品的最佳配置。

经济学家威克塞尔—林达尔，采取了不同于“萨缪尔森均衡”的抽象分析方法。他们选择了现实性考察的方法，从公共产品的供应和税率决定、民主国家的实际决策过程等问题的视角进行分析，并因此建立了一个分析模型，即“威克塞尔—林达尔模型”。

“威克塞尔—林达尔模型”中有两个消费者A和B，可以把他们视为两个政党，分别代表具有相同偏好的两组选民，找出税收和公共产品产出的均衡条件，并考察该均衡是否具有单一性和稳定性。该模型假设两组人拥有相同的政治权力，并假定选定一种预算时采用相同的决策原则，即每一个政党都同意这个预算。

如果消费者 A 有一个愿意得到某一公共产品数量和承担税收份额的比例组合，消费者 B 也有一个愿意得到某一公共产品数量和承担税收份额的比例组合。消费者 A 和消费者 B 在对这两个组合的比较后都不满意，这种不满意可能是对自己承担税收份额的不满意——己多彼少，也可能是对承担税收份额后得到公共产品数量的不满意——己少彼多。这样，两者之间就产生了分歧。由于双方具有相同的政治力量，谁也不能决定谁，因此，这个结果是不确定的。为此，通过消费者 A 和 B 的重新比较，双方都做出让步，又都考虑到对方利益，提出了另外一个税收份额，决定一个新的产出水平和税收份额，彼此满意，达到均衡。这实际上是一个纳什均衡，它意味着任何一个人或一组人如果改变配置都将使状况变坏，从而将阻止这种结果的发生。由此，威克塞尔—林达尔均衡达到了帕累托最佳配置。

威克塞尔—林达尔均衡所描述的是公共产品供应的虚拟均衡过程。这一模型以税收的收益原则作为分析的基础，其中关于个人显示偏好的假设仍然是不现实的。如果消费者能够消费的公共产品要支付相应的税收价格，由于公共产品的非排他性和“搭便车”的动机，他必然隐瞒其对公共产品的边际支付意愿，因此，威克塞尔—林达尔均衡所提供的公共产品会出现不足的状况。萨缪尔森把威克塞尔—林达尔均衡称为假均衡，把其均衡价格称为假价格。威克塞尔—林达尔均衡的模型论证见附录 2.6。

2.4　混合产品的供求均衡

前面萨缪尔森所定义的公共产品具有完全的非排他性和非竞争性，实际上是纯粹公共产品。然而，这种纯公共产品在现实生活中并不多见，常见的则是那些既具有公共产品特征又具有私人产品特征的非纯粹公共产品，即混合产品，因此，我们也必须注重考察混合产品的均衡。

2.4.1　拥挤性公共产品的均衡

如前所讲，拥挤性公共产品是指随着消费者人数的增加而产生消费拥挤的公共产品，例如社区的绿地、乡村的桥梁、城市图书馆和公共公园等。以某一公园的情况为例，假如当这个公园的消费人数超过 1 万人时，消费者就会感到人群拥挤而无法享受原有的舒适消费环境了，消费者由于承担了拥挤成本而降低了消费效果（消费收益）。假如这个拥挤成本是由公园管理费用的增加显示的，又假定这种管理费用的增加又可以由低价门票（福利性门票）的增加表现出来。这样，随着公园消费者人数的增加，低价门票也增加了。这样就会产生两种情况：一方面，每个消费者由于承担拥挤成本而产生的消费收益递减；另一方面，由于低价门票总量增加，门票价格继续降低，结果又使每个消费者需分摊的平均成本逐步下降。由此，只有当消费者人数增加所引起的每个消费者消费收益的递减与平均成本的降低相等时，拥挤性公共产品的消费者规模才达到了最佳。

拥挤性产品在消费过程中产生的拥挤成本是由消费者承担的。在一定的拥挤性产品供应水平下，随着消费者群体的增加，原有的消费者因拥挤成本的产生所获得的消费收益将会降低。同时，拥挤性产品的成本是由所有消费者共同承担的，这样，随着消费者群体的增加，每个消费者所承担的成本将有所降低。因此，随着消费者人数的增加，会产生两种效果：一方面，每个消费者由于承担拥挤成本而产生的消费收益递减；另一方面，每个消费者需分摊的平均成本逐步下降。只有当消费者人数增加所引起的每个消费者消费收益的递减与平均成本的降低相等时，拥挤性公共产品的消费者规模才达到了最佳。对拥挤性公共产品的模型论证见附录 2.7；对一般混合性公共产品的模型论证见附录 2.8。

2.4.2 俱乐部产品的均衡

俱乐部产品的典型例子是电影院、剧场和高尔夫球场等。这些产品指，随着消费者人数超过一定的约束范围之后，该产品的消费就变得拥挤了。对于俱乐部产品的均衡分析，最著名的是布坎南模型。布坎南模型包含这样的假设：俱乐部排除非会员时无须成本；俱乐部内所有会员具有平等的地位；俱乐部每个会员分摊相同的成本并获得相同的收益。

关于俱乐部产品的均衡，即俱乐部产品的最佳产品数量、最佳消费数量和最佳费用成本数量的确定，我们试用一个高尔夫俱乐部为例。假如某一高尔夫俱乐部在原有规模不变的情况下，增加一个新的产品时（如增加了新的场地或新的服务）俱乐部成员的费用不变，当增加成本和原有成本的总量同俱乐部成员缴纳费用相等时，又同俱乐部成员的满意度相当时，俱乐部的产品数量为最佳。随着新的俱乐部成员的加入，俱乐部变得拥挤了，俱乐部成员的消费舒适度下降。但由于俱乐部成员的总量增加，俱乐部成员缴纳费用的总量也增加了，因而分摊在每个俱乐部成员身上的费用可能下降。在俱乐部成员认同的一定拥挤度的限度内

（超过这个拥挤限度就会出现大量俱乐部成员退出），这个时候的俱乐部产品的产品数量、人员消费数量和人均费用成本数量，都是最佳的。对布坎南俱乐部产品均衡的模型论证见附录 2.9。

2.4.3　准公共产品的均衡

我们仅把具有外部性的混合产品才叫做准公共产品。准公共产品具有非竞争性，但却具有排他性。当准公共产品具有正的外部性时，就使对准公共产品没有产权的人受益，而不承担相应的成本；当准公共产品具有负的外部性时，就使对准公共产品没有产权的人受害，而产权所有人不承担相应的成本。这样，某一准公共产品的社会边际收益和社会边际成本就与私人的边际收益和边际成本不一致。这无论如何无法达到产品均衡。因此，只有在对正的外部性和负的外部性进行补偿时，准公共产品的均衡才有可能实现。对准公共产品均衡的模型论证见附录 2.10。

2.5　中国公共产品供求失衡分析

改革开放 30 年，中国创造了 20 世纪人类社会经济发展的一个新纪录。世界银行的一个研究评价认为，中国用一代人的时间完成了主流工业国家几代人才能完成的事业。然而，当中国站在新的历史起点审视面临发展问题和瞻望未来发展前景的时候，一个必须认真研究的问题摆在面前，这就是公共产品的供求失衡。

根据劳动和社会保障部社会保险研究所 2006 年的计算，我国 60% 以上医疗费来自个人。城镇有 44% 以上的人没有任何制度性医疗保障，农村高达 80%。大多数人 1 年的收入难以支付 1 次住院费。在中国陷于赤贫者中，25% ~30% 的人同疾病治疗有关。早在 1993 年，《中国教育改革和发展纲要》就提出财政性教育支出占 GDP 的比重到 2000 年要达到 4%，但令人遗憾的是，这一目标从未实现过。2000 年以来，财政性教育支出占 GDP 比重最高的年份也仅为 3.41%，其余年份一直在 3% 左右徘徊……

2.5.1　公共产品供求失衡不是政策问题

从政府作为公共产品基本供给者的角度看，在政府总开支中投入公共经济部门特别是投入公共福利产品和社会保障产品的比重，确实在不断增长，并且这种比重的继续不断增长已经在中央政府决策部门形成了很高的共识。很多重要的举措——例如国际金融危机后的“医改方案”，正在积极酝酿出台之中。这充分说明政府在治理理念和治理方式上已经有了重大进步。但是从社会公共产品需求者的角度看，大多数人仍然认为，政府的供给行为远远无法满足实际需求，对必要的公共福利产品和社会保障产品的投入不但增长缓慢，而且在一些最基本项目——例如城乡基本养老、医疗和公共教育等方面，还长期存在着一些重要缺口。这是为什么呢？

公共产品不断增长的需求和公共产品供给短缺之间的矛盾，已经成为当前中国改革发展深化的一个突出矛盾。怎样解释和解决这个矛盾？一般的观点认为，政府应该积极改善公共产品供给政策、增加供给比例和供给总量；更加深入的分析则认为，应当考虑重新调整国民经济的分配格局。来自政府机构方面的一个代表性认识是，公共产品不断增长的需求和公共产品供给短缺之间的矛盾，基本上是一个发展性问题，在现有发展条件下，政府财政总收入的水平是有限的，投入公共经济部门特别是投入公共福利产品和社会保障产品的能力也是有限的，只有在发展过程中不断扩大政府财政总收入的水平，才能不断扩大投入公共经济部门特别是投入公共福利产品和社会保障产品的能力，从而最终通过发展解决上述公共产品不断增长的需求和公共产品供给短缺之间的矛盾。

研究表明，把公共产品不断增长的需求和公共产品供给短缺之间的矛盾，归结为政策性问题和发展性问题，把解决问题的思路寄托于局部政策的改善和推动发展，是值得重新研究的。我们的基本认识是，当前在中国出现的公共产品不断增长的需求和公共产品供给短缺之间的矛盾，并不是一个简单的政策性问题和发展性问题，而是一个需要从制度性、系统性角度重新加以探讨的问题。这种深入探讨，需要以经济学基本学理为起点。

按照主流经济学的学理分析，在社会市场经济活动中，有一些领域例如社会公共设施和社会公共福利，私人经济的活动无法解决外部性、垄断、信息不对称和社会公平等问题，从而导致交易成本上升和市场失灵（斯蒂格利茨，2005）。为了解决问题——降低交易成本和提高效率，先是由私人经济主体经过各种形式的协约机制，共同投入生产为满足共同需要的公共产品（例如19世纪英国船东建立港口灯塔）。最后，由政府来承担这个职能，政府统一组织和提供系统的公共产品，包括系统的社会公共设施产品和系统的社会公共福利产品。这种由政府统一组织和提供公共产品的过程，逐步发展成为一个占用巨大规模资源的经济部门——公共经济部门。最终，私人经济部门和公共经济部门的发展并行不悖，形成相互联系、相互依存的混合经济体系。

这种理论描述和理论模式，基本上说明了主流工业化国家的公共经济和公共经济部门产生、发展的过程。但是，这种理论描述和理论模式，并不适用于中国公共经济和公共经济部门的发展历史。

2. 5. 2　社会主义国家公共经济体系的解体

在社会主义计划经济体制下，我们实行全民所有制和农民集体所有制。这种制度同时也产生了相应的公共经济体系，我们称其为社会主义国家公共经济体系。

全民所有制既是一种财产制度，也是一种社会生产制度和社会分配制度。作为财产制度，全民所有制依法规定了社会生产资料为全民所有，任何个人不能占有。作为社会生产制度，政府通过计划机构统一组织社会生产活动，所有生产环节都由政府经济主体统一指挥，犹如一个巨大的社会生产工厂，每个人在法理上都是这个巨大社会工厂中的平等成员。作为社会分配制度，这是一个利益高度统一的社会共同体。在这个社会共同体内，政府和居民之间有一种重要的交换关系：居民为统一的社会生产提供个人的全部劳动力；政府则要给每个人提供就业岗位，为居民提供教育、卫生、住房、劳保等全部社会福利和社会保障。

农民集体所有制体制，在某种意义上实际是一种缩小版的全民所有制体制，只是范围限制在局部农村区域。农民集体所有制体制同样既是一种财产制度，也是一种生产制度和分配制度。作为财产制度，集体所有制依法规定集体财产即农村耕地属于集体所有，任何农民个人和家庭不能占用。作为生产制度，由人民公社和生产队统一组织生产活动，所有农民都是平等的集体生产者。作为分配制度，集体组织和集体成员之间也有一种交换关系，农民为集体组织提供主要劳动力——除很少时间通过自留地为自己劳动，集体则为农民提供劳动条件，提供农村基本住房条件宅基地，也提供初级的医疗条件，如合作医疗制度；以及无家庭保障的养老制度，如对“五保户”的养老。

在社会主义国家公共经济体系中，按照全民所有制和集体所有制的形式区分，所有的生产活动都是公共经济活动，所有的经济部门都是公共经济部门；同时，政府又无偿提供几乎所有城乡居民所必要的社会服务和社会保障——无论这种社会服务和社会保障的实际水平有多低。这样的社会主义国家公共经济体系，反过来又对计划经济的正常运行，乃至全民所有制和集体所有制的实现，起到了重要的保障作用。

中国的改革开放，一个最深刻和最具有决定意义的变化，就是在坚持社会主义基本原则下，全民所有制和农民集体所有制进行了市场化的体制改革和制度变革。

从财产形式和财产制度看，全民所有制和农民集体所有制的唯一公有制体系，转变为国有经济、集体经济和各种非公有制经济同时并存的多元化所有制体系。在法理上，公有制财产和私有制财产完全平等。在城市经济和工业经济领域，任何个人都可以通过市场方式占有生产资料，聚集和积累私人资本；在农村经济领域，土地的集体所有权不变，但承包使用权长期属于农民，土地使用权完全归农民家庭所有。社会生产制度也发生了变化，大量市场意义上的企业发展起来了。除了政府规定的国家垄断行业外，其他行业的生产者均已成为私人经济主体，其中也包括农民。这些私人经济主体不承担任何政府统一组织的社会生产任务，而只按照市场利益最大化原则行事。

与此同时，社会分配关系也发生了深刻变化。政府和居民之间的交换关系改变了。政府对全民所有制成员承担的原有义务逐步弱化、递减和取消。第一，在就业方面，政府不再提供就业岗位，所有人都实行市场化就业；第二，在教育方面，政府仍对城乡居民提供9年制义务教育，但高等教育大部分人需要付费；第三，在住房方面，政府对原有全民所有制单位成员的福利住房制度逐步取消，绝大部分人必须进行商品房购买；第四，在医疗卫生方面，覆盖面很高的福利性医疗卫生基本取消，除国有机构外，绝大部分城乡居民的医疗卫生主要需要个人支付费用；第五，在养老制度方面，政府机构和国有企业继续实行退休金制度，但大量私人企业的退休资金还远远不能保证实际需求。

在全民所有制和农民集体所有制进行了市场化形式的体制改革后，原有的社会主义国家公共经济体系已经解体。对大多数城乡居民来说，政府对他们原有的保障义务和责任取消了，在市场新体制下政府应当担负起的保障义务和责任尚未建立起来。

历史经验告诉我们，在工业化加速发展和市场经济深化发展的过程中，基本社会保障的缺失是非常危险的，这个过程如果持续时间过长，社会矛盾和社会风险就可能发生“乘数效应”。这是一个特别危险的时期。

2.5.3 政府持续强化双重管理职能

早在1993年党的十四届三中全会的决定中，就已提出建立全覆盖、多层次的新社会保障体系。2005年的《政府工作报告》和2006年的党的十六届六中全会文件，又提出了“建设公共服务性政府”这个极具创见性和深远历史意义的改革命题。政府决策机构已经开始认识到问题的重要性，并积极努力采取措施改变局面。我们的研究报告表明，改革开放以来，政府在诸多社会公共服务领域的投入不断加大，增长水平越来越高，公共经济部门发展很快。从财政收入的角度看，各级政府特别是中央政府已经在收支趋紧的情况下，为增加社会公共服务的投入做出很大努力，取得了很多成绩。但是，我们的研究也同时表明，适应市场经济发展所需要的新型公共经济体系，还远没有建立起来，建设公共服务型政府的改革命题还需要认真破题。

问题究竟出在哪里？有人归咎于政府管理理念的滞后，有人认为这是一个随着发展增加政府财政收入从而逐步扩大公共服务投入的过程。我们认为，这些都没有触及问题的本质。我们的看法是，问题的根本原因，在于建立一种中国市场制度的发展形式，这种形式的一个重要特征，就是政府在新的发展条件下继续承担并同时强化双重管理职能。

在计划体制下，政府既是社会生产的管理者，又是社会服务的管理者。改革开放以来，这种计划体制的政府双重管理者职能发生了重要变革。随着大量市场化企业的出现，政府不再介入一般经济领域的生产经营活动，过去那种全面参与社会生产过程的管理行为，转变为政府的宏观调控。

但是，随着市场经济的发展，政府并没有弱化社会生产管理职能，更没有退出直接社会生产领域，恰恰相反，政府在大力推动国有企业发展和国有资本增长的新形势下，保持和强化了自己参与社会生产的能力，强化了管理社会生产的职能。30 年来，在政府选定的许多基础产业和战略产业领域里，已经建立了一个规模巨大的国有企业群，国有企业资本的总量迅速增长。根据 2007 年 5 月国资委网站公布的数据，仅国有重点企业的资产已达到 16.0748 万亿元，加上四大国有银行的资产 22.5 万亿元，总量约为 38.57 万亿元，相当 2007 年国内生产总值的 1.56 倍。如果把金融、电力、电信、铁路、航空、石油、烟草、盐业等 29 个政府垄断行业的资产统统算上，这个总量还要大得多。

在经济生产领域，国有资产的注册资本总量约占全部企业注册资本总量的一半。根据国家工商总局 2007 年的统计，在企业实收注册资本中，国有企业资本占 48.1%，国内私人企业、港澳台地区企业和外商企业的资本分别占 28%、7.3% 和 8.7%。当然，国有企业和国有资本对中国经济增长的贡献也很大。2002 ~ 2006 年，国有企业的利润总额从 3786 亿元增长到 12242 亿元，年均增长 34.1%；上缴税金从 6794 亿元上升到 13937 亿元，年均增长 19.7%。1998 ~ 2005 年，大型国有企业的年均利润和年均上缴税金年均增长分别为 30% 和 20.1%。

政府管理这个规模巨大的国有企业群和国有资本，需要承担巨大的管理职能和管理责任，花费巨大的管理成本。同时，到目前为止，这个规模巨大的国有企业群和国有资本的利润收益，还没有正式列入政府公共财政收入的序列。

根据“瓦格纳定理”，一个国家一旦全面进入工业化发展过程，政府公共经济部门在数量和比例上都有一种扩大现象，公共支出和公共财政将不断膨胀……

瓦格纳预言，这种趋势作为规律性现象，将在未来50~100年后仍然发生作用。对这种趋势的原因，瓦格纳讲了几个基本理由：大规模产业发展要求公共基础设施发展扩大；市场竞争激烈要求公共福利项目增加；经济垄断力量活跃要求强化市场管理；工业化导致农村破产要求政府的全面帮助，等等。在“瓦格纳定理”发表后，先后有若干著名经济学家用英国工业革命、第二次世界大战后美国的发展情况和60年代后英美德三国的发展比较作过经验数据的验证，结论是，尽管实际情况非常曲折复杂，但“瓦格纳定理”的一般趋势是存在的。

中国在计划经济时期建立了国家工业化的基础体系。改革开放后，市场经济体制推动了中国工业化的全面高速发展。在这个发展环境的大格局下，瓦格纳所讲的国家经济力量和政府管理不断强化的各种理由，在中国也是存在的。此外，中国还将长期是一个发展中国家，在工业化过程中的城乡协调与区域发展协调、国土资源与环境保护、建立创新型国家、国家经济安全、控制庞大人口的增长、市场秩序的维护，以及谋划全球发展战略等方面的任务很重，可以说，“瓦格纳定理”在中国存在的理由，可能更加充分。

这样，在上述两种力量的同时推动下，就必然出现政府继续承担并同时强化双重管理职能的情况。一方面，政府管理规模巨大的国有企业群和国有资本，需要承担巨大的管理职能和花费巨大的管理成本；另一方面，社会对公共服务的需求不断增加，政府需要对公共经济领域持续大量投入，才能充分承担起供给者的职能。

在实际运作中，政府的第一种管理职能是有相当“硬度”的。这种所谓“硬度”，一是来自社会经济生产的自然特性，一旦政府介入对社会经济生产活动的管理，其对所有生产经营环节的管理责任就不能稍有放松；二是来自政府机构自身的利益考虑，因为行使社会经济生产的管理职能使许多政府机构享有大量支配资源的权力，要自觉减少这种政府权力几乎是不可能的。在这种情况下，政府的第二种管理职能，即承担满足社会公共需求的职能，就出现了一种“剩余效应”，即只有在充分满足政府第一种管理职能的剩余资源后，才可能安排承担第二种职能所需要的资源——包括财政资源和其他资源。这就是为什么在政府财政收入持续大幅度增长之后，用于投入社会公共需求的份额总是十分有限的根本原因。

怎么办？政府继续承担并同时强化双重管理职能的状况，对于建设公共服务型政府的目标，完成新时期政府努力满足人民群众不断增长的社会公共服务需求，在制度安排上是有逻辑矛盾的。因此，改革的方向应当是逐步放松政府在经济生产方面的强化管理，在不弱化国家控制力的条件下，把国有企业和国有资本的大量市场经营活动放权给多种所有制形式的市场企业，把政府的管理职能、管理资源主要凝聚在社会公共服务上，把政府的管理体系转变到社会公共服务体系上来。

当然，这种改革很可能要在一场深刻“震动”之后才能完成。

本章小结

1. 公共产品区别于私人产品的最基本特点，根据萨缪尔森教授的研究总结，是非竞争性和非排他性。

2. 公共产品的实际分类很复杂，现在的主要分类有：俱乐部产品、准公共产品、公共资源、地方性公共产品等，新的形式还会不断出现。

3. 私人产品的生产与消费的供求均衡，是通过市场交易和市场竞争过程达到均衡价格时实现的。

4. 从理论上讲，公共产品的生产与消费的供求均衡法则是：当人们为公共产品所愿意的总支付等于公共产品提供者在这一产出水平上的供给价格时，公共产品就达到了均衡。但在实际操作上，这种均衡是很难达到的。

关键术语

非竞争性　非排他性　俱乐部产品　准公共产品　公共资源　地方性公共产品　市场均衡　均衡价格　庇古均衡　萨缪尔森均衡　威克塞尔—林达尔均衡　拥挤性公共产品均衡　俱乐部产品均衡

思考题

1. 公共产品的最基本特征是什么?
2. 公共产品有哪些主要分类?
3. 公共产品的分类标准是什么?
4. 列举一个你最熟悉的纯公共产品。
5. 私人产品是怎样达到均衡的?
6. 应该怎样解决电影院的拥挤问题?
7. 一个足球俱乐部如何达到自己的合理均衡?
8. 怎样才能避免大卫·休谟的“公共地悲剧”?

第3章

公共选择

重点问题

1. 公共选择行为的内涵
2. 政府组织和非政府组织的公关选择
3. 投票机制和阿罗不可能定理
4. 政治行为的经济学分析

案例3.1　农民对污染的抗争

这是一个真实的故事。在一个山清水秀的乡村，不知什么时候建了一座大型化工厂。当滚滚浓烟和恶浊的废水向四周村庄大量排放时，农民们才领略到污染的利害。怎么办？一位素有人望的农民提出，同化工厂谈判要求赔偿。于是各村代表聚集在一起商讨行动方案。在收集污染实例、评估污染总体状况、查找赔偿法律依据方面下了一番工夫后，综合各村农民的不同意见和要求，经过反复协商，终于拿出了一个论证比较充分的赔偿意见书。但是在同厂方谈判时，企业代表坚持大幅压低赔偿标准，且态度强硬，谈判破裂。在此情况下，农民开始向政府告状。有关政府机构经过认真调研，认为农民的意见有理有据，表示支持。这时化工厂坐不住了，企业领导向政府表示，我们是地方利税大户，又经常为政府提供不时之需的财政援助，还增加了很多就业，现在出现一点污染在所难免。如果按照农民的条件赔偿，企业实在难以承受。此外，这里还有一个说不出口的原因，就是有些政府官员已经买了该化工企业的上市股票。由此，政府开始从原有立场后退，一是说服农民大幅降低赔偿标准，二是让企业适当增加一些赔偿金额。知道这个结果后，农民十分气愤。无奈之下，村民代表开始到北京告状。同时一部分态度激进的农民进驻化工厂的二期工程工地安营扎寨，准备用自己的方式讨一个说法。

案例 3.2 政府提高水价合不合理？

2009 年，关于政府提高水价的问题，在社会上炒得十分热闹。年初，一些地方政府纷纷召开听证会，听取群众对提高水价的意见。政府提价的理由是，现行水价过于低廉，政府水管机构长期大量负债运行；中国是水资源短缺国家，如此低价用水只能鼓励浪费，因此提价必不可免。参加听证会的大多数人也完全支持政府提价方案。然而，反对声音很快出现。有学者提出，水价成本主要由水资源的取用改造费用和机构管理费用组成，第一种费用确有上涨的客观原因，但第二种费用政府却从未公开过，也没有上涨理由。如果管理机构通过提高效率减少费用并抵补前者涨势，水价必然上涨的说法就绝对站不住脚。也有法学家对听证会组织的合理性和程序合法性等问题提出质疑，认为对任何一种政策都会有不同意见，召开听证会就是让政府决策部门听取不同意见。现在的水价听证会基本上一面倒，是非常荒唐可笑的。更有人尖锐地提出，很多公共资源的政府管理机构凭借垄断特权获取巨额收益，其职工收入高于平均水平几倍甚至十几倍，政府不做任何这方面的改革，却动辄就要提价，总是打消费者的算盘，这在根本上就错了。在这样的批评声音下，政府感到很委屈。很多政府机构发言人辩护说，提高水价是经过认证调查研究的，听证会完全符合相关法规程序，大多数人拥护的意见是真实的。那么究竟是谁错了呢？

3.1 公共选择行为

3.1.1 公共选择和政府选择

案例 3.1 “农民对污染的抗争” 说明，对于解决外部性和提供公共产品来讲，可以采取集体性的公共选择行为。农民通过选出代表同化工厂谈判解决外部

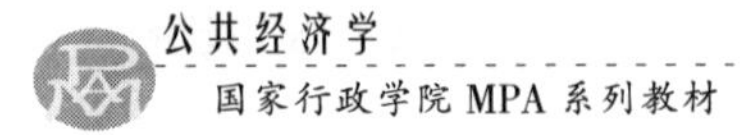

性问题——制止污染和获得赔偿，就是一种集体的公共选择行为。这个看似简单的公共选择，实际已包含了公共选择的一些基本要素。在本案中，第一，是选出各村民意代表，这些人至少是群众能够信得过的；第二，是进行调研和搜集各种必要信息；第三，是组织起来进行协商，把农民受害者的不同意见统一起来形成一致方案；第四，是集体凑钱筹措公共使用资金；第五，是代表村民和企业谈判，等等。

所谓公共选择（the public choice），就是通过集体行动对提供公共产品的各种方案进行比较选择从而提出最符合帕累托最优原则的过程。

但是，最终村民的公共选择行为归于失败。为什么？因为村民和厂方在解决外部性过程中的博弈实力很不对称，村民是绝对弱势一方，博弈成本过高，难度太大。假如这种自发的集体性公共选择行为继续下去，最后很可能导致一场严重的暴力冲突和群体事件。这就又告诉我们，在解决像污染这一类的外部性问题时（还有很多类似问题），如果都采用个别的、自发的集体性公共选择行为，社会成本太高，社会风险太大。相比之下，如果由政府来代表社会公众的利益，通过政治民主机制来组织公共选择，在公共选择确定之后又使用国家力量强制执行，在很多问题上可能是一种更加符合公平与效率原则的方式。

从现实情况看——无论是中国还是西方国家，大多数公共选择行为和大多数公共产品的提供，都是以这种政府组织方式进行的。这就是为什么在讲到公共选择时，在大多数场合实际上也就是在讲政府选择。

然而，政府组织的公共选择真的能比集体公共选择做得更好，真的能更好地达到帕累托最优吗？进一步而论，世界上真的存在一种天然代表社会公众利益的政府吗？这种政府真的除了全心全意代表公众利益之外就没有任何其他的利益动机吗？经济学的分析表明，从来没有也永远不可能产生这样的政府。这是因为，政府从来就不是一个抽象的主体，而是由一群政府官员组成的政府机构。政府官员也是普通人，他一方面遵守公务员规范；另一方面，也存在同常人一样的私利私欲。政府机构要服务于公众利益，但同样也有自己的机构利益，例如对机构权力和机构福利最大的追求。同时，社会公众也是一个抽象的概念，它是由不同利益集团组成的，政府要能够做到代表所有社会利益集团的统一利益，谈何容易。而这些利益集团又总是通过各种方法影响政府的决策，以适应自己的利益。

承认政府是具有私利动机的主体，或者说政府是具有私利和公利双重动机的主体，并不是一种贬义分析，而是换一种学术角度研究政府行为。这种角度就是把政府当作公共产品的生产者，把选民当作公共产品的消费者，把生产者和消费者的关系当作一种也是为了各方利益最优的交易活动。这样，我们就可以用市场交易眼光看待政府，把政府当作经济人，用市场交易过程看待政府行为；用市场交易可使买卖双方获利的原理来分析政府决策行为、公众的公共选择行为及两者关系。政府代表社会公众进行公共选择的政治组织过程，是一种特殊的经济活动，在这种活动中，政府是“生产者”、选民是“消费者”、选票是“货币”，选举制度相当于“市场制度”。

以这样的学术角度分析问题，经济学的研究对象就拓展到了政治学领域，把人类的经济行为和政治行为作为统一研究对象，运用市场理论的成本－效益分析，研究政府提供生产公共产品的“机器”是如何组织和构成的，国防、法律、税制、公共教育以及社会福利等公共产品是怎样生产和分配的。

很多经济学家根据市场交易机制来观察政治和政治过程，结论是政治过程不过是经济交易过程的延伸。他们认为，不能仅仅认为私人经济是由无数利己主义和狭隘利益所驱使的个人构成，而在公共经济中只有高尚的国家、高尚的官吏和高尚的公共利益。人类并不存在两个完全不同的社会领域。现代社会必须从这种虚构中摆脱出来。

3.1.2　公共选择和私人选择

公共选择是同个人选择相区别的集体性选择，即通过集体行动和政治过程来决定公共资源的配置和公共产品分配。具体形态表现为，在一个民主政治体制下公众通过投票来决定公共产品的需求、供给与产量，从而把私人选择转化为一种公共选择的过程或机制。这是对资源配置的非市场决策。私人选择是指，个人在市场上按照利润最大化原则自由地决定各种经济行为的决策和过程。

任何一个人的现实选择行为，都包括了公共选择和私人选择两部分，即在政治活动中参加公共选择，在经济市场活动中进行个人选择。尽管这两种活动的主体都是一个经济人主体，但由于制度和环境不同，两种选择是有区别的。

（1）选择的场所和方式不同。私人选择在市场过程中进行。消费者根据自己的偏好和收入状况，按市场程序用货币选票决定自己所需的私人物品量。公共选择是依照一定政治程序和规则发表意见，进而影响资源和公共产品的配置。

（2）选择遵从的原则不同。私人选择遵从自愿交换原则，公共选择则在投票表达自己意见时必须遵从少数服从多数原则。公共选择的结果不一定是参与者自愿接受的，这个过程带有一定强制性。

（3）选择行为和选择结果的差异。在私人选择中，消费和支出存在对应关系。消费者通过付出一定价格得到所需物品，生产者弥补了成本费用也获得利润。这里，私人选择仅仅影响自己的效用而不会影响他人的效用。在公共选择中，公共产品的产量和消费同个人的效用并不存在着一一对应的关系，选择行为和选择结果也常常没有直接关联。

（4）竞争活动表现形式不同。在经济活动中需方是居民或消费者，供方是厂商，在充分竞争和市场机制作用下，厂商会不断地扩大生产、改善管理，力争在竞争中获胜。在公共选择中也有竞争，在民主选举制度下，选举的竞争促使政府努力为选民和投票人服务，对于每一届政府来说其行为都具有短期性。

3.1.3 公共选择的研究方法

政治学也研究公共选择和公共利益问题，但其研究是从一种政治性假定出发的。（1）假定存在着一个理性者集团，他们始终以公共利益而奋斗，以公共产品来表示公众意愿；（2）假定存在着一批理想家，他们认为公共利益存在于自然法则之中，把自然法则看成是公共利益的近似物；（3）假定公共利益是从一个不断冲突的过程中产生的，政治行为就是为了产生协议，建立一致，减少不稳定性。

公共选择的研究方法与之相反，是运用个人主义的方法来研究集体行为。公共选择学派的主要代表人物布坎南、唐斯、塔洛克与麦肯都坚持认为，不应该对私人经济和公共经济采用两套分析方法。不要认为好像在私人经济中都是由利己主义和狭隘私利所驱使的个人在起作用，在公共经济中却是超凡脱俗的国家在起作用；不要认为国家必定是公共利益的反映，官吏们所追求的必定是公共利益，这是非常错误的，必须从这种虚构中摆脱出来。国家不是神的创造物，它并没有正确无误的天赋，所有政治行为不过是经济交易过程的延伸。政治家、官僚或国家代理人也是一种“经济人”，他们同样是个人私利的追求者。在公共选择领域做出决定的人和其他人没有两样，既不更好，也不更坏。政府官员一样会犯错误，其行动本身也要受到一定规则与约束的影响，这些规则和约束同样是人类创造的，不一定就比其他任何社会组织的规则更好。

公共选择理论运用个人主义的分析方法对政府行为的分析非常彻底。对这种分析方法优点和缺点的判断，应该由读者自己做出。

3.2 公共选择与投票机制

公共选择并不是一个抽象的理论问题，而是所有人都实际参与的问题。在西方民主政体下，公共选择的典型方式就是投票。投票是一种由其福利受到投票结果影响的人所进行的选择，目的是提高自己的社会福利和进行再分配。投票人通过投票行为来表达自己的偏好。研究公共选择过程中的投票行为，意义就在于研究这个过程怎样把个人偏好转化为社会偏好。

3.2.1　投票人偏好及投票假设

1. 投票人的偏好特点

投票的个人偏好首先有以下两个特点。

（1）投票所显示个人偏好的总和信息不完全。

如果一个选民投票支持某项方案，只能说明该选民认为他从该方案中获得的利益大于成本。同理，如果大多数选民投票支持某项方案，则能判断大多数人都是这样的认识。但总有一部分人会因该方案遭受损失，因此对这项方案的总体收益与成本的比较是无法做出判断的。

（2）投票所反映的个人偏好情况可能不真实。

有几种情况：第一，隐瞒偏好。如果人们将要承担的公共产品的成本取决于自己对该产品的评价时，就可能隐瞒或者从低申报个人偏好。第二，策略性投票。有时采取策略性投票方式（例如投票交易）会取得更有利于自己的选举结果，从而不显示真实偏好。第三，无意参与投票。个人感觉自己投票对最后选举结果影响不大，虽然投票成本不高，但投票收益甚微，两相比较可能使人们参与投票的积极性很低，不愿显示个人偏好。第四，偏好强度差异。即使人们有机会充分显示个人偏好，但不同个人或集团的偏好显示强度不同，投票结果很可能不反映大多数人的利益而是更多反映强势集团的利益。

为了保证投票行为能够充分实现所有人的偏好，就必须在投票行为发生之前尽可能采取有效措施鼓励选民表现真实偏好。

2. 阿罗的投票假设

投票是一种选择行为，选择就意味着个人将面对多个被选项——如几个候选人或候选方案。将选项排列出个人偏好的顺序，是个人偏好加总为社会偏好的前提。对此，美国经济学家肯尼斯·阿罗（Arrow）研究选择问题时，最先提出了必须满足两个公理加之 5 个条件。后来经由多位学者的补充研究，逐步表述为以下 5 个假设条件。

（1）完整性的和可传递性假设。这是阿罗最先提出的两个公理。完整性（completeness）指个人的偏好应该能够明确排序，比如对任意两个备选方案 X 和

Y，总有一个比另一个更加理想或两者没有什么区别，即：或者认为X优于Y，或者认为Y比X好，或者认为X和Y没有差异，别无选择。可传递性（transitivity）是指如果X优于Y，而Y又优于Z，那么X肯定优于Z。完整性强调的是选项之间的差异性，而传递性强调的是选项之间的排序规律。

(2) 不相关选择的独立性。指两个备选方案的集体偏好顺序应仅仅依赖于每个人对这两个备选方案的偏好顺序，而与别的因素无关。集体对于X和Y的选择仅仅由其集体中所有成员对X和Y的偏好之和所确定，如果已知哪些成员认为X比Y好，哪些成员认为X与Y无差异，以及哪些成员认为X比Y差，那么就可以确知集体会做出的选择，与其他方案无关。也就是说，当选择只是在X和Y之间做出时，如果X与Z之间的关系变化了，则该变化不会影响X和Y之间的顺序。如备选方案没有发生变化，而选择结果变化了，这一变化的原因只能是某个人的偏好发生了变化。

(3) 帕累托原则。社会成员都认为X比Y好，则社会选择的顺序必定表示为X比Y好；如果至少有一个社会成员认为X比Y好，而所有别的社会成员认为X与Y没有差别，那么社会选择顺序必然表现为X比Y好，因为这时达到了帕累托最优状态。

(4) 无限制区域。不能限制个人选择的自由。不能排除任何个人对集体偏好程序决策的参与，也就是不能拒绝那些具有特殊偏好的个人参与集体决策，不能剥夺他们的投票权。

(5) 非独裁性。不应有任何人完全控制集体选择的过程，即不应有这样一个人，由于他对于备选方案的偏好，比如说X优于Y，就要求集体也必须选择X优于Y，即使其他人的偏好顺序刚好相反。

阿罗假设为衡量投票、选举制度制订了一种衡量标准，对于分析和考察多数投票方式是否合理或基本合理是很有意义的。

3.2.2 投票机制的全体一致规则

这是指在决定某一公共选择的议案时，须经全体当事人一致投赞成票才能通过，如有人投反对票议案就要终止。具体投票过程是，首先确定一个主持人，此人主持多轮次的投票，不断收集投票信息，在赞同者不反对的情况下，增加反对者的意见，直到反复修正后获得通过为止。

全体一致规则的投票被认为是实现帕累托最优的唯一途径。这种投票反映了全体投票者偏好和利益的高度一致，足以保证投票的总收益大于总成本。但这种投票者利益高度一致的情况极其少见——除非在战争状态下通过某些关系国家、民族存亡的法案。有时这样的投票还需要耗费大量时间、精力（例如反复沟通磋商），成本很高，最后很可能也只是达成一种妥协。同时，这个过程也不排除是某些投票者的策略行为。

3.2.3　投票机制的简单多数规则

全体一致同意规则很难实现。世界上普遍使用的是投票规则——最基本和常用的是简单多数投票规则。这种规则是每人一票对提案投赞成或反对票，有 1/2 以上投赞成票即可通过。如果有多个提案，那么简单多数投票规则就意味着需要进行方案比较，通过传递性比较得出最后结论。例如 X 被认为好于 Y，Y 被认为好于 Z，那么 X 必然好于 Z……不必将每一提案都付诸投票表决，从而提高投票效率。

简单多数投票规则简单易行，但也存在很大缺陷。首先，这是以多数人偏好代替集体偏好。一个被通过的议案对反对者而言意味着利益和福利的损失，这是明显违反帕累托最优原则的。对这种情况即使给予适当补偿也同帕累托最优原则不符。

与此同时，简单多数规则还可能会发生一种相互矛盾的结果，即投票悖论。

3.2.4　阿罗不可能定理

1. 简单多数规则的投票悖论——阿罗不可能定理

假定投票者关于不同水平的环保项目投入量提供方案的偏好如表 3－1 所描述。设想投票者对于 A 或 B，B 或 C，A 或 C 这样进行成对选择，然后决定某一水平投入环保项目的方案。

表 3－1　　导致循环的投票者偏好

选择	投票者		
	甲	乙	丙
第一	A	C	B
第二	B	A	C
第三	C	B	A

第一次，对 A 或 B 之间进行选举，A 会以 2∶1 获胜，记作 A＞B；

第二次，在B与C之间进行，则B会以2∶1击败C，记作B>C；

第三次，最后，在A与C之间，C又会以2∶1击败A，记作C>A。

这是一种使人陷入困窘的循环结局：A>B，B>C，而C>A。

本来，可利用传递性公理推知，既然A>B，B>C，那么A>C应该是这个群体在A和C之间的偏好顺序。但是当投票在A和C之间进行时，由于个人乙和丙都更偏好C>A，因此，由简单多数投票规则所决定出的群体偏好次序则是C胜于A，即C>A。

可见，在表3-1给出的情况下，简单多数投票规则与传递性公理发生了矛盾，被称为集体的非传递性。这种情形出现时，多数投票规则无法得出最终结果，使投票结果出现循环，这就是投票悖论。简单多数投票规则因其公平、简便、有效，有人追溯到古希腊和古罗马时期就被采用。对这种投票机制缺陷的研究，也由来已久，例如18世纪的哲学家孔多塞（Condorcet）和19世纪的数学家道奇逊（Dodgson）就做过这方面的研究。

美国经济学家阿罗在《社会选择与个人价值》（1951）一书中，提出了自己对投票悖论的分析理论，被称为阿罗悖论或阿罗不可能定理。阿罗不可能定理的表述是：如果我们排斥个人之间效用比较的可能性（即不考虑偏好强度问题），所有5个基于人类理性与道德原则的必要条件在逻辑上是不能同时满足的，那么，从个人偏好推导出社会偏好的唯一办法就是实行独裁统治，而独裁又是绝对违反社会选择必要条件的。

阿罗不可能定理还有另外的表述：在满足5个基于人类理性与道德原则的必要条件下，要想确定无疑地经由已知的各种个人偏好的顺序推导出统一的社会偏好顺序，是不可能的。集体决策要么无法做出，要么就有什么地方不合理。

阿罗不可能定理也被表述为：如果存在着至少3个可由社会成员以任何方式自由安排顺序的备选方案，就可能出现循环的结果。即，采用少数服从多数的投票规则，最终的选择结果可能不是唯一的，而是依赖于投票过程的次序安排，不同的投票次序会导致不同的集体选择结果。如果主持投票的人事先知道这种关系，就会在投票之前选择对自己有利的投票顺序，这又不符合人类理性与道德原则的必要条件，即第4个条件“无限制区域”。

投票悖论所揭示的意义在于：根本不存在一种满足阿罗5个假设条件的社会选择的规则。阿罗的贡献也在于：证明不存在一个社会选择规则能够满足他提出的所有条件。

2. 阿罗不可能定理的求解

阿罗研究发现的投票悖论，在经济学和政治学分析中非常重要。

在现代民主制度中，为什么各类议会和委员会在许多场合都采用多数投票规则，但却几乎无法在众多备选方案中选出“理想”的结果呢？这是因为在阿罗的5个假设条件中，有某个或某些条件没有得到满足。为此，从阿罗投票悖论提出开始，无数学者都致力于解决这一著名难题。

阿罗投票悖论并没有否定多数投票机制仍然是一种相对有效的投票制度，更没有否定投票制度是现代民主政体的重要实现手段，但这种制度和手段是存在问题的。对这个问题的求解，学者们进行了很多探索。

（1）掌握投票程序或确定议程。

掌握投票程序或确定议程可以掌握最终选择结果、避免循环。掌握投票程序或确定议程，决定性的工作在于控制投票顺序。

第一种投票顺序。首先在 A 与 B 之间进行，则 A 以 2∶1 获胜，A > B，B 淘汰出局。然后，由胜者 A 与 C 再进行表决，C > A，则最终 C 获胜。

第二种投票顺序。首先在 B 与 C 之间进行，则 B 以 2∶1 获胜，即 B > C，C 淘汰出局。然后由胜者 B 与 A 再进行表决，那么 A 将成为最终的选择，即 A > B。

可见，两种不同投票顺序可以产生两种不同的结果。这种情形下控制投票规则顺序即议事日程，就有了极大的权力。议事操纵是一种建立投票顺序的过程，控制者可以确保某种偏爱的结果，左右投票悖论。

假如现在有一个规则委员会制定投票顺序，这个委员会若是由倾向高水平投入环保项目的代表组成，他们就会先就中等支出与低等支出两个方案进行投票，然后拿其中胜利者与高水平方案进行投票，后者必胜无疑。在这里，监督投票程序或事先民主酝酿投票议程，是一件非常关键的事情。如果出现各种方式掌控投票程序的情况，就是一种变相的独裁行为，明显违反阿罗的“非独裁性”条件。

（2）投票交易。

在公共政策投票过程中，实际投票行为往往偏离个人真实偏好，这是投票者的策略行为。这种策略的一个重要方面就是投票交易。所谓投票交易，是指在简单多数规则下，获胜的多数人受益价值总和可能低于少数人的成本价值。在这种情况下，少数人可能愿意进行选票交易。此时，选票交易可能有两种情况：一种是一部分人收买另一部分人，让他们投票赞成自己的方案；第二种是双方达成协议，在这个问题上甲方支持乙方，从而换取在另一问题上乙方对甲方的支持，这种情况被称为互投赞成票。比如 A、B 两个议员面对两项议案，改善教育的议案和加强基础设施建设的议案。议员 A 希望通过新的教育法案，议员 B 则希望加强基础设施建设的议案能够通过。两项法案都需要政府经费支持。这时 A 议员发现教育法案是否通过对 B 议员没有影响，B 议员也发现加强基础建设法案是否通过对 A 议员没有影响。于是两议员达成交易，互投赞成票。互投赞成票的前提是必须存在一个选票交易空间，议员之间对各自偏好相互了解。

投票交易实际上是一种互惠合作的交易。布坎南和塔洛克的研究表明，投票交易使得多数票原则在资源配置和福利分配方面都更有效。个人可以交换选票使这种制度得出结果更为可行，从福利分配的角度来看，人们认为好的结果被采用的可能性大于那些差的。当然，这种行为也可能被不良利益集团所控制，给社会带来危害，这是我们需要警惕的。假定存在两种以上的备选方案，投票者可以通过虚假投票掩饰其真实偏好，从而影响到最终的投票结果。吉伯德和沙特斯华特定理陈述的是，每个非独裁的投票过程都是可以操纵的，除非选择只限制在两个选项内做出，或者严格限制了个人偏好的范围，也就是说，如果个人偏好是单峰的。现在假定甲、乙、丙三人对 a、b、c 三个备选方案进行投票。三人的偏好顺序如下：

甲：a、b、c

乙：b、c、a

丙：c、a、b

现在假定方案 b 是最终的选择结果，而 b 是选民丙最不愿意选择的结果。丙通过了解发现了这一结果，于是丙假报了他的偏好，丙的偏好顺序变成了 a、b、c，最后的结果变成了 a 方案。可见丙通过虚假投票实现了对投票结果的操纵。虚假投票操纵投票结果的行为会给投票过程带来混乱，影响到做事的效率和秩序，因此要避免这一情况的发生就要掌握好投票的程序或确定议程。

(3) 利用偏好强度不同的选择。

在简单多数规则下，只是按一人一票并将它投在自己所相对偏好的方案上，没有考虑个人对几个问题的偏好强度状况。在市场上，消费者可以表示自己的偏好程度，即他对自己满意的商品愿意支付较高的价格，这个较高的价格就是消费者的偏好强度。模仿市场价格机制，公共选择学者设计出另一种多数投票规则，叫做“打分投票制”(point voting system)。

假定有三个投票者，每人被给 100 分，允许每人将 100 分分别打在 A、B、C 三个方案上，那么，对每个方案打多少分就显示了各自投票者的偏好强度，我们可以用表 3－2 来说明。

表 3－2　偏好强度

投票者	方案 A	方案 B	方案 C
个人 1	70	15	15
个人 2	10	50	40
个人 3	45	45	10
合　计	125	110	65

表 3－2 中，投票结果是方案 A 得 125 分，是 3 个方案中得分最多的 1 个，方案 A 因此获胜。

打分投票制的好处是，投票结果一般不会出现循环，可以保证传递性。但这种制度也容易出现胜负不分的结果，即两个方案得分相同，需要进行第二轮投票决出胜负。同时，尽管打分投票可以避免阿罗悖论，但它违反了阿罗关于“不相关选择的独立性”假设。不相关选择的独立性假设是指，每个人对两个备选方案的偏好顺序，同个人对其他方案的偏好无关，如某人认为 A 优于 B 方案，意味着这种排序与 C 方案无关。打分投票制恰好是以偏好在多个方案之间被衡量和比较为前提，即 A、B、C 方案彼此相关，例如，C 方案的分数的变化会影响到 A、B 方案的变化，这是不符合不相关选择的独立性假设的。

打分投票制仍不失为解决投票悖论的一种思路，它可以通过分散而较精确的分数表达投票人的偏好强度，相对避免投票悖论。

（4）中间投票人定理。

中间投票人也叫中位投票人，是指对某一提案持中间立场的投票者。其偏好处于两种投票人对立偏好的中间状态。中位投票人定理认为，在个人偏好满足单峰偏好的简单多数规则下，在投票中获得胜利的方案是中位投票人所最为赞成的方案。以下是说明中位投票人定理的例子。

假定有 5 位投票者 A、B、C、D 和 E。他们正在为举办一个周末聚餐会而进行决策。其中，每个人对于这个聚餐会的支出规模偏好都是单峰的。表 3－3 给出了每个人最偏好的水平。由于偏好是单峰的，当支出水平越接近一个人偏好的峰顶，投票人便会偏好于该支出水平。如果支出水平从 0 到 5 元，则所有的投票者都会偏好于不花任何钱。从 5 元到 100 元的变动，会被 B、C、D 与 E 同意，而从 100 元变为 150 元，则会被 C、D 与 E 同意。但是，任何超过 150 元的支出方案，则会遭到至少两人的抵制：A、B 与 C。这样，多数投票人会选择 150 元开支。这恰好是 C 偏好的数目，那么 C 是中间投票人。这一选举结果反映了中间投票人的偏好。

表 3－3　聚餐会支出的偏好水平　单位：元

投票者	开支
A	5
B	100
C	150
D	160
E	700

可见，当所有偏好都是单峰时，多数投票会产生一个稳定结果，所选出的结果会反映中间投票人的偏好。但是，若所有投票人的偏好都非单峰型，则可能会出现投票悖论。

正式提出中间投票人定理的，是美国著名学者 A. 唐斯（A. Downs）。他在 1957 年出版的《民主的经济理论》（An Economic Theory of Democracy）一书中指出：如果在一个多数决策模型中，个人偏好都是单峰的，则反映中间投票人意愿的那种政策会最终获胜，因为选择该政策会使一个团体的福利损失最小。中间投票人定理的数理论证见附录 3. 0。

中间投票人定理在公共选择理论与实践中都具有重要意义。任何社会走极端的总是少数人，任何方案都会有人支持有人反对。要想在选举中获胜，就要争取处于中间状态社会成员的支持。争取中间投票人是解决投票循环的一种方法。由此，任何一个政党或政治家要想赢得最大量的选票，必须使自己的竞选方案或纲领符合中间投票人的意愿。也就是说，必须代表大多数社会公众的意见。在发达国家的社会分析中，中间投票人被解释为中间收入或中间财产的居民，即是所谓中间阶级或者中产阶级。

（5）用脚投票理论。

个人通过在不同社区之间的迁移流动显示对不同地方性公共产品的偏好，被称为用脚投票。用脚投票理论是学者查尔斯·蒂布首先提出的。他认为，每个人都会选择公共产品提供和税收最符合自己偏好的社区居住。如果某一社区能在征税相等或更低情况下提供更多公共产品效用，人们就会迁往或待在该社区。蒂布和后来的学者提出，以脚投票只有在满足下列条件时才会使公共产品的提供具有效率。第一，不存在规模经济或供给的联合性，即人均成本始终不变，否则人口的流动会导致规模不经济；第二，完全的流动性；第三，完全的信息；第四，完备的社区，即存在众多能充分满足不同人偏好的各种公共产品和税收组合；第五，不存在社区之间的外部性。

这 5 个条件相当苛刻。如果规模收益始终不变，相对于人口规模而言，公共产品数量越少，对公共产品组合的偏好越相同，用脚投票就越接近于实现帕累托最优。但存在规模经济时——供给具有联合特性，用脚投票就不再有效。这是因为，规模经济意味着公共支出的人均成本与收益都是可变的，从而社区存在着一个最优规模，此时人们的净收益最大，而社区成员的迁入迁出必定破坏这一最优规模，降低人均净收益，从而给他人造成外部性。例如，当成员迁出时，他就缓解了原社区的拥挤，但也提高了人均分担的税收；当成员迁入时，新社区更为拥挤，但也分摊了较低的税额。无论外部性是正还是负，社区都未达到帕累托最优。不过也可以考虑采取补救措施：无论是迁入还是迁出，只要造成外部不经济，导致某个社区人均净收益下降，就课征等额税收给予补偿或阻止其流动；只要是外部经济，促使某社区人均净收益上升，该社区就发放一定补贴，鼓励其流动。

3.3　政治行为分析

公共选择中，参与主体都是通过政治行为进行选择过程的。

3.3.1　选民行为分析

选民的政治行为具有相对独立性。很多人常常认为自己投不投票不会影响结果而不愿意参加投票，成为公共选择的搭便车者。在此情况下，由于每个投票者参加投票的成本是正数，而对预期投票结果的影响力效益接近于零，因此选择弃权策略是合乎理性的。但如果所有选民都这样选择，就不会有以投票为特征的公共选择过程了。为防止投票活动中搭便车现象，一些国家将参加投票视为公民必须履行的法律义务。不过即使在没有法律规定的国家，行使公民权利所带来的满足和利益，以及不参加投票所面临的社会压力，也会促使大多数人参加投票。以经济学分析来看，选民是否参加投票，主要取决于以下三个相关的因素。

1. 投票收益和成本

参加投票的收益来自于选民从行使公民权利中所获得的利益和满足。这是指选民对将投票的候选人或候选方案所寄予的预期效益，如果预期效益大，则选民参与投票的积极性就高，反之亦然。同时，选民参加投票的效益也有来自心理的满足，例如履行义务和责任的心理满足、参与政治活动的荣誉感满足、给予自己最喜欢候选人或政策以支持而带来的心理愉悦、选民自我能力应验的满足，等等。

参加投票的成本，可分为与投票行为本身有关的费用、时间和精力，以及决定参加投票而收集信息所需的费用、时间和精力。前者包括参加投票的实际支出，如交通、食宿费用等，还有因投票所放弃的可能收入，即机会成本。后者是为了明确候选人及其所提出的政策或候选方案是否对自己有利而收集的费用、时间和精力，如购买报纸、向人咨询等，当然也包括其中的机会成本。

每个选民的偏好强度不同，因而其成本也有差异。但通常人们都会考虑收益与成本的关系，只有在参加投票有净效益的情况下，投票者才会乐于参加投票。因此，若要增加选民的参与热情，应尽量降低投票成本，提高信息透明度。

2. 投票人期望值和心理的影响

选民所期待的收益取决于对自己所希望的政策得到通过的期望值。这种期望值的大小，又受到选民自己投票可能促进有关政策通过的概率影响。主要包括：自己打算选举的候选人或候选方案因自己投票而通过的可能性；若自己不投票，候选人或候选方案通过的可能性；自己投票的候选人或候选方案通过后从中得到好处的可能性；自己没有投票的候选人通过后，自己所希望的政策得到通过的可能性，等等。

由此可以看出，投票人对投票收益和成本的考量，会对公共选择的结果产生较大影响。这是选民作为理性经济人在政治活动中同样具有理性的表现。

3. 利益集团对投票人的影响

利益集团是指由一些具有共同利益的人组成能够对政府施加影响的团体。利益集团也常常因与一般选民有一致或比较接近的利益而为一般选民所认同。利益集团有集团的力量支持，其主张容易被通过，因此一般选民在利益集团的利益与个人利益相一致或接近的情况下，也愿意站在该利益集团一方进行投票。这种利益集团影响下的投票动机，仍然是选民在收益与成本权衡下的理性行为。

3.3.2 政党行为分析

在很多民主政体国家的公共选择活动中，政党的行为起着非常重要的作用。

1. 选票最大化

根据经济学的分析，政党的行为要用追求选票最大化来加以解释。在多数投票规则下，政党获得多数选票就能赢得选举。选票最大化是多党制民主社会中成功地获得政治权力的先决条件。根据前面的分析，要想赢得最大化的选票，任何一个政党或政治家必须使自己的竞选方案符合中间投票者的意愿。哪个政党或政治家能精确地了解中间投票人最偏好的结果，哪个政党或政治家就会成为竞选的胜利者。

2. 两党竞争

两党民主制的性质与选民投票行为有一定联系。选民是否投票取决于候选人的立场与自己立场的接近程度，以及候选人之间的接近程度。候选人的立场越不接近选民立场，选民就越有可能不投票，称为疏远效应。如果候选人之间立场越接近、越无差异，选民也因没有投票意义而不去投票，就会出现无差异效应。

3. 在野党策略

一般情况下，执政党有行政权力和宣传上的优势。但是，由于选民求变、求新的心态，以及执政党本身已存在的各种问题，在野党也有被选民所看好的可能。在野党的选择策略是实行比执政党更为理性化的内部政策和更为强硬的外部政策、设法寻找执政党的执政弊端、提出新的竞选纲领、提高选民的预期利益水平，等等。

3. 3. 3　官僚行为分析

在公共选择分析中，官僚不是贬义词，而是中性词，仅仅表明一个行政官员和官员群体。官僚并不是公共选择和政治行为的决策主体，而是执行主体，但组成官僚的每一个官员都会对公共选择过程产生影响。

1. 官僚的行为特征

相对独立性。官僚集团成员实行任命制，只对任命他们的政府机关和政治家负责，不直接对选民负责，不受选民制约。选民对官员只有软约束，只能通过社会舆论和一定利益集团的作用来影响官员。官员的行为具有相对的独立性。

相对稳定性。官僚机构的成员构成一般比较稳定，内部有一套严格的等级制度和晋升规则。官僚机构部门的产出行为都是非营利性的，没有私营企业那种利润考核的硬性指标，因此产出行为的效率肯定低于后者。

官僚行为还具有一定特殊性。政治家的政策主张要转变为规章制度，需要通过官僚们的一系列活动才能实施，例如起草政策法案，负责审议和选择议案时收集、分析和提供各种必要的信息等。他们与社会各界的关系十分密切。官僚提供的信息情况直接影响着政治家的决策。

从图 3 – 1 可以看出，官僚通常并不直接对选民负责，而是首先对任命他们的公共机构及领导这些机构的政治家负责，或者在行政管理体制中，官僚主要是对上级负责。按照政权与治权两权分离的原则和在职能上的分工，官僚在处理公共事务的过程中，官僚集团的地位和作用有相对的独立性。他们对公共决策的制定尤其是公共政策的执行，起着重要的作用。

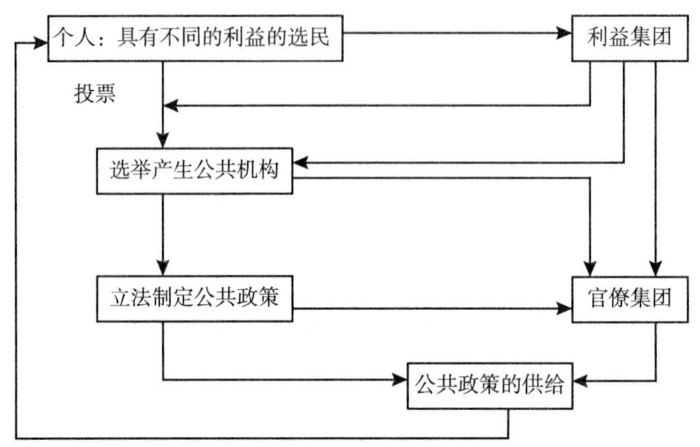

图3－1　官僚集团的地位和作用

2. 官僚也是经济人

经济人分析也适用于对官僚行为的分析。官僚们的个人利益最大化，包括直接经济利益和非直接经济利益。前者主要是个人收入与享受的最大化，如薪水、津贴等的增加；后者主要是权力、晋升机会、名誉和社会地位等方面的最大化。

相对于私人部门来说，官员的收入并不高，但可以采取“榕树形”方式获得外部收入——当主干吸收养料不足时通过枝条垂入水中补充。这种情况的结果就是权力影响资源配置，例如扩大单位预算赤字、扩充部门规模、增加人员编制，等等。

同私人部门相比，官僚在追求个人利益目标时所受到的制度约束弱于前者。这是因为，公共机构的制度设计中存在着种种难以避免的缺陷，主要表现在：(1) 无产权约束。官僚们花的是大家（纳税人）的钱，不必痛惜费用。(2) 高度垄断。公共机构不像私人企业那样存在市场竞争，即使有竞争也不过是软竞争和间接竞争。(3) 考核指标模糊。私人部门以利润作为考核员工的硬指标，公共部门因其产出是非营利性的，成本－效益分析困难，所以考核指标也相对模糊。(4) 监督困难。缺乏明确的考核指标导致监督困难。有关信息被官僚垄断也使得有效监督很困难。

由于官员具有利益最大化这样的动机，便产生了一种极不正常的结果：在其他条件不变的情况下，私人部门中的个人活动最有可能符合公众利益（如亚当·斯密所言），而在公共部门工作的个人，即官僚却最有可能恣意追求个人利益最大化，无论这些个人利益是否符合公共利益。

3. 官僚行为的结果

官僚行为结果的最突出表现是导致预算最大化。官僚以利益最大化为动机，但他们一般不会直接违法获取利益，最好的办法是减轻工作量、增加同僚、增设机构、扩张权力。结果就是公共资源的过度使用，超额提供公共服务，造成社会资源浪费，加重纳税人负担。官僚们总是会尽力促使更多预算的公共服务方案通过，这种效率损失的成本由社会（纳税人）承担，而真实的利益却仅仅体现在官僚们可以掌握更多的预算支出，增加预算控制。对于官僚们来说，财政拨款多、花钱宽松总比精打细算好，多几个人做事总比人手紧张更轻松，何必为他人（纳税人）努力节约呢？这种情况在市场行为中不可能出现也无法做到。

3.4　利益集团和寻租

3.4.1　利益集团

所谓利益集团，是指由一些具有共同利益的人组成并能对政府决策施加影响的团体。它与政党的不同之处在于，利益集团的领导人并不执掌政治权力，但却能对政府官员、投票者施加直接或间接影响，以谋求对其集团有利的提案支持。利益集团活动的原则是追求集团利益最大化。

特殊利益集团一般来自于有共同利益的选民或团体，甚至是团体的再组合。一般的经验观察，集团成员都会自觉地维护和扩大本集团的共同利益。但美国学者曼瑟尔·奥尔森认为，从理性和寻求自我利益行为这一逻辑前提，推导出集团成员会从共同利益出发采取行动的结论不对。因为集团的成员也是经济人。既然是经济人，即使集团具有自己的共同利益，集团中的个人也会考虑他付出成本和个人受益是否划算的问题。在经济人假设的基础上，奥尔森把利益集团分为两种类型，相容性利益集团和排他性利益集团。相容性利益集团追求的目标是集团整体利益的扩大，同时集团中个人利益的获得不以损害集团其他人利益为代价；排他性利益集团中的集体收益总量是固定的，这时个人利益的获得必然会影响到集团其他人的利益收获。

利益集团通过多种途径对政府决策施加影响。具体表现为：（1）用脚投票，将个人集中在趣味相同的政治组织里实现帕累托最优；（2）用手投票，利用组织起来的选票集中对政府施加压力；（3）用钱投票，提供金钱和物质上的资助，比如在总统竞选中提供竞选资金或给某一政党日常活动提供帮助；（4）用嘴投票，在议会中开展游说活动。由此，政府的最终决策取决于各个利益集团的力量对比。决策结果实际是各利益集团妥协的产物。

3.4.2 寻租与租金来源

所谓寻租，是指利益集团通过各种合法和非法方式促使政府帮助自己建立垄断地位从而获取高额利润（租金）的行为。

美国学者塔洛克（Tullock）已经在1967年《关于税、垄断集团和偷窃的福利成本》的论文中研究了寻租行为。但是“寻租”一词，是由美国学者克鲁格（Krueger）在1974年发表的《寻租社会的政治经济学》一文中首先提出来的。

所谓租金（rent）——又称经济租金，通俗来讲，就是经济人通过行政性的和非市场竞争手段获得垄断利润的报酬。租金从何而来？请看下面的例子。

> 某电器厂商在竞争中因投资开发新技术和新产品获得成功，得到了超额利润。但随着更多其他厂商的进入，激烈竞争导致超额利润逐步消失。该厂商原本准备进入新一轮电器产品竞争，但他发现，如果不去开发新技术、新产品，只需想办法说服政府授予技术或产品的经营垄断权，可能成本更低、收益更大。于是他便想尽各种办法展开全面公关（不排除使用贿赂手段），最终使政府接受了他的意见。由此，这个厂商不需投资开发新技术或新产品同样获得了超额利润，不仅打败了同行竞争者，还利用政府将所有潜在进入者拒之门外。最后，他算了一笔账，发现这样做也要付出很大成本，但投入产出效益要比前者高出很多。

在这个例子中，电器厂商的超额利润就是超出社会平均机会成本的报酬，即租金。这个电器厂商寻求租金的过程中，并没有任何新的价值被创造出来，只有一种特殊形式的资源消耗——说服政府的时间、精力及其相关资财。

租金的来源主要有三个方面：一是政府的“无意设租”。政府为弥补市场缺陷干预经济活动所产生的租金。由于干预方式不当造成政府失灵——例如对某行业管制过度，使租金无法消散。这可以说是好心办了坏事，是一种主观与客观相脱离而产生的租金。二是政府的“被动设租”。政府由于各种原因受到特殊利益集团影响——例如政府选举时得到大量资助，不得不适当给予回报，通过一些能给该利益集团带来租金的法案。三是政府的“主动设租”。政府官员利用行政干预办法增进某些行业或企业的利润，人为地制造租金，诱使寻租企业和利益集团提供赞助。政府官员还会故意提出某些会使企业和利益集团受损失的政策作为威胁，迫使企业和利益集团割舍一部分既得利益。这也是一种权钱交易。

3.4.3　寻租的社会成本

从前面的例子中，我们知道寻租是要花费成本的。这个成本不只限于利益集团直接支付的时间、精力和资财等。还包括三方面的社会成本：一是寻租活动中浪费掉的资源；二是由经济寻租引起政治寻租而浪费掉的资源；三是寻租成功后形成垄断所损失掉的经济效率，即传统理论所谓的净社会福利损失。

为了获取经济租金，厂商必须向政府开展各种公关活动，或向国会议员进行院外游说，以争取由政府确定的垄断权，或让国会帮助建立垄断地位。这些活动显然要耗费大量的财力、物力、人力，比如说厂商要雇佣有才能的律师或社会活动家来帮助自己开展寻租活动等。这笔寻租的资源投资并不增加产量，是被浪费掉的。

在完全竞争的寻租中，寻租者众多而且信息畅通，众多寻租者之间的相互竞争将会促使寻租成本不断上升，直到与实际经济租金相等为止。如果是不完全竞争，信息是扭曲的，寻租成本可能超过经济租金，产生更多的浪费。这种更多浪费在寻租者明白真相后会自动消失。如果寻租者力求回避风险，就会因害怕寻租失败而不参加寻租，结果寻租成本低于经济租金。

经济寻租引起政治寻租，还会浪费掉资源。除了为获得经济上的垄断特权而获取租金外，还存在着政治上的寻租（如买官、卖官），即为获取政治特权并从中得到好处而投资。经济上的寻租往往采取院外游说活动，包括采取贿赂形式。贿赂使政治官员获取到正常收入之外的好处，也是一种经济租金。为获取这种经济租金，一些人会想方设法得到政治上的权力。这种政治上的寻租同样要耗费资源。这部分资源也不具有生产性，因而也是浪费掉的。

寻租的社会成本不仅是垄断本身所形成，更重要的是把稀缺社会资源用于非生产性活动所形成的社会成本。

3.4.4　利益集团寻租的效应

1. 经济效应

寻租的经济效应表现为社会收入重新分配。

寻租活动中获益的是成功的寻租者，其可以较少的寻租成本而获取较多的经济租金。这笔租金是由消费者以更高的价格支付的，可以认为是寻租使收入从消费者手中转移到了成功的寻租者手中。从社会角度看，消费者支付的经济租金有可能完全被寻租成本所抵消，从而被完全浪费。还有如下重新分配：（1）成功寻租者的寻租收入是从不成功的寻租者手中转移过来的。（2）寻租导致收入从寻租受害厂商手中转向寻租者手中。例如，农场主通过寻租由政府出面降低农用机械的价格，就会引起收入由农用机械制造商手中转向农场主手中。（3）如寻租以公开招标形式出现，政府出售它用许可证建立的垄断特权，则收入会从消费者手中经寻租成功的垄断者之手部分或全部转向政府手中。如果存在贿赂，则寻租会使收入转向政府官员手中。（4）有特殊寻租专长的律师、经济学家、院外活动家或公关人员，可以获得比没有寻租活动时更多的职业收入。

尽管寻租活动会部分或全部浪费经济租金，造成社会损失，但它引起一种收入的社会再分配。这种再分配有利于成功的寻租者，也可能有利于政府官员或律师等人，但不利于消费者和不成功的寻租者以及寻租的受害厂商等。

2. 政治效应

寻租的政治效应表现为对现有政治秩序的一种挑战。

寻租活动所耗费的财力有可能全部浪费，也可能转化成政府官员的收入，但很难说哪种情况更好。全部浪费对社会当然是损失，但垄断租金被浪费后使寻租动机大大减弱，抑制了新的垄断冲动，减少了垄断所造成的效率损失，在这种情况下经济中垄断现象减少，但每一垄断的社会损失增大。反之，如果为了避免浪费而将寻租成本转化为官员收入，则垄断会形成较多收益，从而加强政府官员创造垄断的动机，经济中将有更多寻租和更多的垄断，结果是每一个垄断造成的社会损失降低，但经济中垄断现象增多。

如果寻租成本被全部浪费掉，则人们不会进行政治寻租的种种合法、非法的活动，相当于节省了一笔开支。反之，如果寻租成本不被浪费而是转化为政府官员收入，就会吸引人们进行政治寻租的种种合法、非法的活动，例如获取有利的行政职位。这种政治寻租将形成更大资源浪费和导致更大的腐败。

政府创造垄断会造成社会损失，但有时即使政府取消已创造的垄断也不一定能挽回损失。例如政府打算收回许可证制度，取消行业垄断，就会引起垄断者为维持已有垄断地位而进行“护租”活动，这又浪费了资源；又如政府打算取消对农业的扶植或农产品支持价格，农场主就会进行院外游说加以阻止，这同样会造成损失。可见，政治过程对寻租问题有时是无能为力的。这是现在寻租理论尚未解决又正在深入研究的理论问题，也是现代民主政治活动中没有解决的实际难题。

3.5　公共选择和政府失灵

公共选择在大多数场合下都表现为政府组织的公共选择。政府在这个过程中起着主导性作用。但正如市场会出现失灵一样，政府也会发生失灵。

3.5.1　政府失灵的原因

政府失灵的原因很复杂，下面是经常看到的几种情况。

1. 公共产品供给低效率

政府为了纠正市场失灵，需要履行弥补市场竞争缺陷的种种职能。这些职能包括提供公共产品、管制自然垄断、抑制外部效应、减少信息不对称等。但由于公共机构尤其是政府机构的本性，以及公共产品供求关系的特点，政府提供公共产品很难做到高效率。

（1）垄断供给，缺乏竞争机制。市场竞争迫使私人企业必须不断降低成本和提高效益，公共机构没有优胜劣汰的竞争机制。公共机构即使低效率运作仍能生存下去，造成了“X－低效率”。由于没有竞争对手，公共机构有可能过分投资，生产出大于社会需要的公共产品，同时不断扩大机构、增加雇员、提高薪金和办公费用，造成大量浪费。

（2）公共产品的评估困难。提供公共产品的目的是增加社会效益，但衡量社会效益缺乏准确标准和可靠的估算方法及技术。合理确定社会对某一类公共产品需求的数量，提供机构的规模以及对这些机构绩效的评估，是非常困难的。按照沃尔夫的说法，并没有一个公式能够说明政府活动的产出的必要和最小的限度，也没有简单而一致的标准可以准确衡量“非市场”规模的大小。

（3）政府机构及官员缺乏追求利润的动机。私人企业经理具有降低成本追求利润的动机，政府机构和官员没有这方面的动机和机制。官员不能把利润占为己有，公共产品的成本与收益又难以测定，所以官员的目标不是利润最大化，而是机构及人员规模的最大化，以此增加自己的升迁机会和扩大自己的势力范围。也许某些公共部门的效率与私人企业一样高，但却存在另一种浪费，即提供公共产品的部门具有超额生产公共产品的内在倾向，这种“过剩”的产品或服务最终是以社会所付出的巨额成本为代价的，是一种巨大的社会浪费。

（4）缺乏监督机制。政府官员的行为受到立法者、公民或选民的政治监督，但是现实中的监督机制往往不健全。政府官员一般都是在信息不对称的环境中工作的，立法者和选民缺少足够的信息来有效地监督公共机构及其官员的活动。官员（被监督者）比监督者（立法者和选民）拥有更多的关于公共产品及服务方面的信息，尤其是成本、价格方面的信息。

2. 公共政策失效

在现实社会生活中，存在两种基本决策类型：市场决策和公共决策。市场决策是市场主体根据供求关系决定私人产品的生产和供应的行为。企业厂商决定生产什么，如何生产和为谁生产；消费者决定购买什么和购买多少，等等。公共决策是国家或政府部门为公共产品的生产与供应而做出的决策。同市场决策相比，公共决策是一个更加复杂的过程。但公共决策常常是失效的，其原因主要是来自决策过程本身的困难和现有公共决策体制、方式的缺陷。

（1）实际上并不存在一个作为政府公共政策追求目标的所谓社会公共利益。“阿罗不可能定理”表明，将个人偏好或个人利益加总为集体偏好或集体利益是不可能的。布坎南也指出：在公共决策或集体决策中，实际上并不存在根据公共利益进行选择的过程，而只存在各种特殊利益之间的“缔约”过程。

（2）各种公共决策机制及投票规则都存在缺陷。以多数原则为基础的民主制是现代国家通用的决策体制，同独裁专制相比是一种历史进步。但布坎南和塔洛克都已指出，这种民主体制是很不完善的，甚至可以说很不民主。学者韦默和维宁也指出，无论是直接民主制，还是间接（代议）民主制都有其内在缺陷。这些问题和缺陷以上已做出分析。

（3）信息不完全和近视效应。获取决策信息需要成本。选民和政治家所拥有的信息都是有限的，许多公共政策是在信息不完全下做出的，这就很容易导致决策失误。政治家和选民的“近视效应”也是导致公共决策失误的一个原因。由于政策效果的复杂性，大多数选民难以预测未来影响，习惯考虑目前利益。政治家或官员由于受选举周期或任期的影响，他们的时间贴现率要高于社会时间贴现率，通常使政治家或官员的短期行为和长远利益之间产生明显脱节。为了显示政绩或谋求连任、晋升，他们就迎合选民短见制定一些从长远看弊大于利的政策。

（4）政策执行障碍。政策的有效执行依赖于各种因素或条件。美国政策科学家史密斯认为，政策执行依赖于强有力的执行组织及各部门或单位的密切配合，执行机构不健全，各部门不协调合作，执行人员不力，都会引起政策失效。政策执行是一个博弈过程，有中央与地方分权的博弈、政府机构之间的博弈、政府上下级部门之间的博弈，等等。这种博弈会大大损耗政策执行力。

3.5.2　关于内部性问题

公共机构尤其是政府部门及其官员会追求自身的组织目标或自身利益而非公共利益或社会福利，这种现象被人们称为内部性（internalities）。正如外部性被看做是市场失灵的重要原因一样，内部性被认为是政府失灵的基本原因。外部性是分析市场失灵的核心问题，内部性则是分析政府失灵的核心问题。

作为公共决策执行的官僚机构及其官僚，按照经济人模式行事，目标是自身利益最大化，追求升官、高薪和轻松的工作以及各种附加福利。这可以通过扩大机构的规模和增加人员来实现。这就出现了帕金森定律（Parkinson's law）指出的情况，即无论政府的工作量增加还是减少（甚至无事可做），政府机构及其人员数量总是按同一速度增长。官僚目标的实现取决于政府机构预算收入的增加，官僚利益的最大化最终表现为"最大化预算收入"。在预算过程中，必然发生立法机构和官僚机构关于预算的讨价还价。在官僚背后是各种特殊利益集团。立法官员也不是中立的，他们是在各种利益集团支持或赞助下当选的，肯定要为特殊利益集团服务。在整个预算过程，特殊利益集团、官僚和立法者形成了一个"铁三角"（lron triangle）。正是这种"铁三角"的作用，使得政府预算总是呈现不断增长趋势，公共机构的规模往往比作用相当的私营机构大 1 倍。

美国学者梅尔泽和斯科特认为，在现代国家中，公共行动费用的分散性和利益分配的集中性是国家机构膨胀的重要原因。政治家们知道，提出新的开支计划而不是充当削减公共开支辩护人，就能以较低代价获得更多选票。由于赋税负担是分散的，每个公民只能从国家努力节约中得到很少好处，而某些人却能从增加国家开支中得到许多好处。新开支的利益可能被用来优先照顾对候选人投赞成票的选民，或决定这位候选人是否再次当选的选民。这种情况下，赞成乱花钱计划的利益集团可能会比寻求减少国家开支的联盟更加有效。沃尔夫将公共机构的低效或膨胀的原因称为"负担与义务的分离"，即从现有或将来的政府项目中获得的利益，集中在某一个特定的集团，而支出负担却是普遍加在公众（纳税者或消费者）身上。

3.5.3　关于寻租与腐败

寻租及腐败是非市场缺陷或政府失灵的又一个基本类型。在现代寻租理论中，用较低的贿赂成本获得较高收益或超额利润的行为，就是寻租。一切利用行政权力大发横财，利用各种合法或非法手段（如游说、疏通、拉关系、走后门

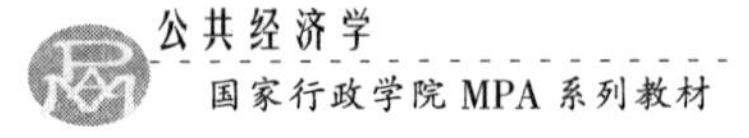

等）获得租金的行为，都可纳入寻租活动范围。

公共选择分析一般都将租金归因于政府对市场经济过度干预。布坎南认为，只要政府的行动主要限于保护个人权利、人身和财产并实施自愿议价的私人合同，那么市场过程就将支配经济行为，并且保证出现的任何经济租金都将因竞争性的进入而消失。但如果政府行为大大超出了这个限度，像它已经大规模地做过的那样干预市场过程的细节，那么租金下降或消失的趋势就会被抵消，可能完全停止。因此，寻求租金的活动同政府在经济中的活动范围和领域有关，同国有部门的相对规模有关。

寻租既然是政府干预的产物，那么在有政府干预的地方就可能产生寻租现象。学者缪勒将寻租分为三种类型：（1）通过政府管制的寻租，例如不少行业经常试图通过政府许可证来限制他人的加入，以保持其利润或高工资；（2）通过关税和进出口配额的寻租，例如制造商经常为国外进口的关税和限额而进行游说，以使其能高价出售产品；（3）在政府合同中的寻租，例如政府也可以通过直接确定价格来为生产者创造租金。

以上分析表明，市场失灵并不是把问题转交给政府处理的充分条件。市场解决不好的问题，政府未必解决得好，有时甚至会把事情弄得更糟。对此，沃尔夫有一个经典的评述，他说："企望一个合适的非市场机制去避免非市场缺陷并不比创造一个完整的、合适的市场以克服市场缺陷的前景好多少。换句话说，在市场'看不见的手'无法使私人的不良行为变为符合公共利益行为的地方，可能也很难构造'看得见的手'去实现这一任务"。

3.5.4 矫正政府失灵的探索

应当如何纠正和防范政府失灵？公共选择分析的理论也进行了一些探索。

1. 改革现行政治制度

政府失灵来源于公共决策体制的缺陷，实质上是政治制度失灵。要避免政府失灵就必须改善现有的政治制度。这种制度是19世纪产业革命初期的产物，到今天没有多少改进。布坎南等人提出改造现存西方民主政体的具体措施如下。

（1）进行立宪改革。布坎南等人提出，为了给自由市场经济更加充分的活动空间，应当对政府行为和政府职能给以更加明确的限定，对政府的作用要加以重新规范，……而做到这一切，就要进行立宪改革，制定出更加适应现代市场经济发展和给予市场自由更多空间的宪法。

（2）完善表达民主的方式以及发明新的政治技术。针对现有西方民主政体尤其是投票规则或公共决策方式的各种缺陷——投票悖论、互投赞成票、多数人专制等，主张完善表达民主的方式，发明新的政治技术，以便做出“更好的决策”或“更好的选择”。但是，公共选择学者并没有提出太多的新招。他们中的一些人求助于在公共选择中采用更高的多数制方式——如 2/3 多数制，使最终决策符合更多人的偏好，进一步向帕累托最优靠近。

2. 用市场力量改善政府功能

以往人们只注意用政府来改善市场的作用，却忽视了相反的做法——用市场力量改善政府的作用。

美国著名政治经济学家尼斯卡宁提出了以下三个措施。

（1）在政府内部重新确定竞争机制。传统的行政体制改革，如机构改革是没有用的。这种做法只会进一步加强“办事机构”对抗政治监督的权力。行政管理不会因机构改革而变得更加有效，最终只会加强各行政部门的“独家收购”权，使其领导人有更大的自由。真正有效的措施是要在政府机构之间恢复竞争。假如允许若干办事机构完成某项工作任务而提出相互竞争的预算，预算主管部门就可以选择“报价最低”的机构，从而降低费用和缩小政府机构平均规模。

（2）在高层行政管理者中恢复发挥个人积极性的制度。竞争可以在降低“生产费用”方面起作用，但不能解决政府部门具有超额生产公共产品及服务倾向的问题。因此必须采取进一步措施，促使行政领导人以“最小费用”策略去取代“最大化本部门预算规模”策略。这些措施有：在能够做出明细账目的公共部门（如税务、社会救济、航运管理等）中，采用最高负责人可以占有部分节约下来的费用的做法，同中层管理人员的晋升与节约挂钩。在那些难以做出准确分析账目的公共部门，可以根据高层官员的成绩发给特殊“奖金”以资鼓励。允许办事机构负责人把其“节余资金”用于预算外活动的投资。

（3）更经常地采用由私营企业承担公用事业的政策，即更多地依赖于市场机制来生产某些公共产品或公共服务。这是一个制度性的变革。

学者韦默和维宁提出利用市场机制纠正政府失灵的三种方法：一是模拟市场，在市场不能有效作用的场合，政府模拟市场过程提供某些公共产品及服务，如通过拍卖出售提供公共产品的权利，拍卖被广泛用于公有自然资源的权利。在政府必须分配稀缺资源的场合，拍卖也许是最有用的分配工具。二是解放市场，形成可交易的许可证制度。三是在不存在固定性市场失灵的场合，让调整后的市场充分发挥作用。

本章小结

1. 所谓公共选择（the public choice），就是通过集体行动对提供公共产品的各种方案进行比较选择，从而提出最符合帕累托最优原则的行为。

2. 公共选择是运用个人主义的方法来研究集体行为。所有政治行为不过是经济交易行为的延伸，政治家、官僚或国家代理人也是一种经济人，同样按照经济人行为方式参与政府活动——包括政府组织的公共选择。

3. 公共选择在现代民主体制下是通过投票机制实现的。但阿罗不可能定理说明，任何形式的投票机制都不可能达到所有人的利益要求，即满足帕累托最优。

4. 政府失灵的现象表明，在市场失灵而由政府弥补市场不足时，政府不一定能比市场做得更好。

关键术语

公共选择　私人选择　投票人偏好　全体一致规则　简单多数规则　理想投票假设　阿罗不可能定理　官僚行为　寻租　租金　经济租金　政治租金　利益集团　利益集团寻租　政府失灵

思考题

1. 把政府和政府机构也看做经济人有道理吗？
2. 公共选择和私人选择有什么区别？
3. 怎样理解公共选择理论的基本分析方法？
4. 投票机制能满足最合理的公共选择吗？
5. 你认为政府组织公共决策的最佳方案是什么？
6. 应该怎样理解官僚行为？
7. 利益集团的寻租行为可以避免吗？
8. 出现政府失灵的原因是什么？
9. 市场失灵和政府失灵哪个更麻烦一些？

第 4 章

公 共 支 出

重点问题

1. 公共支出增长的相关理论
2. 公共支出的分类
3. 公共支出的效率
4. 购买性支出的种类及其对经济的影响
5. 转移性支出的种类及其对经济的影响

案例 4.1　中国该不该造航空母舰?

中国该不该建造航空母舰？是十几年来国内战略研究领域热烈讨论的一个重要课题。反对者提出，中国仍是发展中国家，大量社会经济问题尚待解决，现在就大量投钱建航母，既不是时机，也很不划算。据初步测算，一艘航空母舰从开始建造到退役，加上舰载机等各项费用，大约需花费 2000 多亿元人民币，航空母舰至少有两艘才能进行编队运行，这就至少需要 4000 多亿元人民币。如果再加上前期研制费用，以及舰载机费用、人员培训费用和配属舰艇的费用，总费用将高得惊人。如果用这些钱投入其他领域特别是投入到最急需的社会保障项目，社会经济发展就会出现新的面貌。支持者则提出了强烈的反对意见。他们认为，建不建造航母决不是一个简单的武器装备问题，而是一个具有重大意义的国家战略问题。例如，目前中国领海区域的资源争夺十分激烈，一些邻国倚仗某些大国的支持公然争抢资源，甚至根本不承认中国划定的海疆。由于没有航母这样的战略威慑力量，我们的谈判力量十分有限，只能容忍大量国家资源流失。又如，现在中国对海外战略资源的需求量越来越大，形成了若干个关系国家经济命脉的全球战略通道。怎样有效地保护这些战略通道，有没有航母大不一样。因此，即使认真地算一算经济账，现在造航空母舰也是非常划算的，更不要说还可能获得其他方面的全球战略利益了。

你给建造航空母舰投票吗？

案例4.2　中国会不会陷入"拉美陷阱"？

近年来，为解决医疗、教育、社保等领域公共支出不足和欠账过多的矛盾，中央政府加大了对这些领域的投入力度。在理论界，已有不少人提出，中国在经济高速增长30年后，现在应该考虑向福利国家的方向发展了。对此，针锋相对的意见认为，不行。后者提出，现在中国应慎言福利国家和福利社会，盲目的福利赶超会导致中国陷入"拉美陷阱"。所谓"拉美陷阱"，是指一些拉美国家不顾收入水平和财政能力的实际条件，照搬发达国家的社会福利制度，想在"经济赶超"的同时也进行"福利赶超"。结果引发高通货膨胀，财政赤字巨大，最终导致发展迟滞。但前者对此并不认同，他们认为，福利社会是人类社会的共同追求，中国已进入工业化加速发展中的"社会风险高发期"，只有朝着福利社会的方向发展才有力于消除各种长期积累的社会矛盾，共建和谐社会。只要从实际出发，合理进行制度设计，就可以避免陷入"拉美陷阱"。还有的学者指出，现在强调提高福利水平不如有效减税，目前国内企业税负很重，政府应该把注意力引导到创造财富上来，切实减轻那些真正创造财富者的负担，而不是一律统统大幅度提高社会福利水平，导致福利"养懒汉"。

政府管理公共部门和执行经济职能过程中发生的资金支出行为，构成了公共支出活动。这种公共支出活动是政府履行职能的一个重要方面，通常被认为是政府的公共管理成本。案例4.1反映的是公共支出的效益问题，案例4.2反映的是公共支出的结构问题，这些都是公共支出研究中最重要的问题。从某种意义上讲，公共支出的数量和范围反映了政府介入经济生活和社会生活的规模和深度。那么，政府公共支出扩张的奥秘究竟在哪里？从经济学理论上如何对其进行解释？影响公共支出增长的因素有哪些？公共支出应坚持哪些原则？公共支出应如何进行分类？为什么中国有些公共支出项目持续增长而有些公共支出项目却长期在低水平徘徊？这些都是公共经济学经常讨论的重要议题。

4.1　公共支出增长

公共支出（public expenditure），也称财政支出或政府支出，是政府为履行其职能为购买相应商品和劳务而支出的一切费用的总和。它是政府以法定事权为依据进行的一种货币资金支出活动，反映了政府为公民和企业提供公共产品和服务的数量和质量，实质上是政府执行决策的成本。

4.1.1　公共支出增长的理论阐释

如同本章案例中所提到的，公共支出的这种几百倍乃至上千倍的增长，引起了经济学家们的高度关注，并试图对公共支出的增长做出解释，他们站在不同的角度，提出不同的观点来解释增长原因。总的来看，在关于公共支出不断增长的解释中，主要有以下几种具有代表性的观点，即阿道夫·瓦格纳（Adolf Wagner）的“瓦格纳法则”（也称为“政府活动扩张法则”）、皮考克和魏斯曼（A. T. Peacock and J. Wiseman）的“梯度渐进增长理论”、马斯格雷夫（R. A. Musgrave）和罗斯托（Rostow）的“经济发展阶段理论”以及威廉·鲍莫尔（William Baumol）的“非均衡增长理论”等。

1. 瓦格纳法则

阿道夫·瓦格纳是 19 世纪末 20 世纪初的德国经济学家，是德国“新历史学派”与“讲坛社会主义”的主要代表人物之一。他考察了当时许多欧洲国家及美国、日本等国的公共支出记载后，发现了政府职能不断扩大以及政府活动持续增加的规律，并将其命名为“政府活动扩张法则”，后人也称其研究成果为“瓦格纳法则”或“瓦格纳定律”。

在 1882 年，瓦格纳提出：政府活动的不断扩张所带来的公共支出的不断增长，是社会经济发展的一个客观规律。该规律可以理解为：随着人均收入的提高，公共支出占 GDP 的相对比例也会相应提高。

瓦格纳法则正确地预测了公共支出规模不断增长这一历史趋势，在最近的 100 多年中得到了强有力的统计验证。在瓦格纳看来，以下几方面的因素是造成公共支出不断增长的主要原因。

（1）随着工业化进程的加快，一方面，市场机制运行的条件更高，市场中的当事人之间的关系更复杂，矛盾更多，这种市场中的相互关系对商业法和契约法产生了需求，而后者又要求建立司法与行政制度，以保证市场机制发挥作用所必需的社会环境条件；另一方面，在经济工业化和随之而来的管理集中化、劳动力分工专业化的条件下，经济结构以及当事人之间的关系日趋复杂化，所有这些都要求公共部门活动的加强。

（2）政府从事物质生产的经济活动日趋增多。在资本主义发展初期，政府仅仅是“守夜人”，其主要职能集中在维持国家机器运转、维护国家安全、防御外敌入侵和维护司法公正等方面，对私人生产和企业的经营活动不加干涉，政府支出规模相对较低。随着劳动生产率的提高，规模较大的公营企业较之规模较小的私营企业变得相对优越起来，这又促进了政府对生产领域的介入。因为随着经济的发展，市场缺陷表现得日益突出，信息不充分、不完善导致市场运行偏差增大，在信息不能充分反映市场，无法为生产者和消费者提供必要的决策依据时，市场失灵的表现就会增加。相应地，经济对政府干预的要求也在增加。其结果是，政府经济管理职能得到大大强化，政府管理机构增加，管理人员增加，用于管理方面的支出也必然增加。

（3）城市化以及高居住密度会导致外部性和拥挤现象，这些都需要政府出面进行干预和管制。政府提供的公共产品或服务的范围日趋扩大，例如交通、银行、教育、卫生保健等项目，通常具有一种天然垄断的属性，且投资额较大，外部性显著，若由私人部门经营，容易因私人垄断而导致社会不安定。所以，政府介入这些项目，将这些公共产品和服务的提供纳入其职能范围，是一件必然的事情。此外，教育、娱乐、文化、保健以及福利服务的需求收入弹性较大，也要求政府在这些方面增加支出。这就是说，随着人均收入的增加，人们对上述服务的需求增加得更快，政府要不断为此增加支出。

2. 梯度渐进增长理论

英国经济学家皮考克和魏斯曼（A. T. Peacock and J. Wiseman）研究了英国自1890～1955年期间公共支出的增长状况后，于1961年出版了《联合王国公共支出的增长》一书。在书中，他们对瓦格纳提出的“政府活动扩张法则”进行了验证，进而提出“梯度渐进增长理论”。他们发现，瓦格纳的定律在现代经济条件下仍然是有效的，但是瓦格纳只强调了公共支出增长的长期趋势而忽略了公共支出增长的时间、形态和过程。他们得出的结论是：英国公共支出的增长是“阶梯式”的、“非连续”的，公共支出的增长只是由于公共收入的增长而造成的，而不是其他别的什么原因造成的。他们认为，导致公共支出增长的因素可归结为以下两类：

（1）内在因素。一般说来，政府为追求政治权力最大化，倾向于多支出。公众既希望多享受公共产品，又不愿意为此多纳税而承担其成本，纳税人通常处于矛盾的心理状态。虽然说作为纳税人的代表，选举人一般会更理智一些，对于公共产品提供成本与效益之间的权衡必然更客观一些，但在不同的经济和社会现实条件下，他们仍然受到外部环境的影响，做出不同的选择。

在经济成长的正常时期，由于经济的增长，政府税收会相应增长，支出规模也就不断地有所扩大，但同时，在经济和社会正常发展时期社会稳定、人民安定，这时除了公共支出的正常增长外，公共支出难以获得额外的增加或大幅度的增加，因为这时纳税人对其所处环境非常满意，不愿意在增加纳税成本的情况下，获得额外的公共品提供。此时公共支出增长途径为：国民收入上升——税基扩大——政府税收上升——公共收入增加——公共开支增加。

（2）外在因素。在社会发展过程中的动荡时期，如发生战争、饥荒及其他的社会灾难时，政府的支出不能不急剧增加。于是，政府会被迫提高税率或增加新税，不愿多缴税的公众也会被迫接受提高了的税率和新增的税种。但在动荡时期过后，税率水平并不会退回到原来的水平上，有些新税还要继续存在。因而，政府能够继续维持动荡时期的高额支出。

而且，这种因动荡增加的公共支出会产生三种效应：一是替代效应。即公共支出的增加，排挤了许多私人支出。正是这种替代效应使得公共支出又从一个新的高度上开始其逐渐增长的趋势。而且，非常时期过后，公共支出水平即使有所回落，也难回到原有的水平上。二是检查效应。动荡使许多久存而未解的问题集中爆发，政府和人民认识到对社会负有责任，要弥补过失，就需要增加支出，社会可容忍或可以接受的课税水平会比非常时期前有明显提高。三是集中效应。平时分散给地方和个人的权力很难集中，而在动荡时期，中央容易收回地方权力，增加公共支出。因此，由于非常时期公民的理解和支持，政府把新增公共收入用于动荡后政府新增加的职能活动，从而实现了公共支出规模的一次大跳跃。

3. 经济发展阶段理论

美国经济学家马斯格雷夫（R. A. Musgrave）和罗斯托（Rostow）用经济发展不同阶段所产生的对公共支出的不同要求来解释和论证政府公共支出的具体原因。与瓦格纳相同的是，他们共同关注经济发展与公共支出增长之间的关系；不同之处在于，瓦格纳对公共支出增长点考察更多的是关注公共支出与 GDP 之间的数量关系以及对这些数量关系的解释，而马斯格雷夫和罗斯托更注重在不同经济发展阶段社会对公共支出需要的变化。根据他们的理论，公共支出不断增长表现为三个不同的阶段和特点：

（1）在经济发展的早期阶段，百业待兴，为了启动经济，促进经济尽快地成长，政府往往会大力增加投资，用于改善交通、城市基础设施、教育、卫生和健康、法律和社会秩序等方面的开支，以便为经济发展，为私人投资者提供良好的外部环境。这不仅对经济起飞有重要作用，也是社会经济发展所必需的重要条件。

（2）在经济发展的中期阶段，政府直接投资规模逐步减少，由主导地位转向为私人资本作补充，同时由于市场失灵，政府要实施干预，政府支出仍要保持一定规模。

（3）进入经济成熟期后，公共支出的结构会发生变化，以社会基础设施为主转向以教育、保健、社会保障为主。旨在进行福利再分配的政策性支出会大大超过其他的公共支出，转移性支出占主要地位。此时，收入水平较高的公民对政府提供的公共产品和服务提出更高要求，飞速发展的经济也要求政府提供更加完善的基础设施。新技术、新能源、新生产领域等部门都要求政府保持较高的支出水平。

4. 非均衡增长理论

美国经济学家威廉·鲍莫尔（W. Baumol）对公共支出增长原因的解释是从公共部门平均劳动生产率偏低的现象入手的。鲍莫尔将国民经济分为两个部门：生产率不断提高的部门（即有技术进步的部门）和生产率提高缓慢的部门。前者如制造业，后者为服务业和政府部门。鲍莫尔假定两个部门的工资水平相等且随着劳动生产率的提高而相应上调。据此，他通过对两个部门的有关数据进行了测算，得出下列结论：

（1）生产率提高缓慢的部门，其产品的单位成本不断上升；而生产率不断提高的部门，其产品的单位成本或是维持不变，或是不断下降。

（2）如果消费者对生产率提高缓慢部门的产品的需求具有弹性，该部门的产品产量将越来越少，甚至可能完全停产。

（3）若要维持低生产率部门的产品产量在整个国民经济中的比重，就必须使劳动力不断涌入该部门。

（4）若要维持两个部门的均衡增长，政府部门的支出只能增加，同时也会导致整体经济增长率的不断降低。因此，作为生产率偏低的政府部门的规模必然越来越大，负担必然越来越重，公共支出越来越大。

4.1.2　影响公共支出增长的因素

从以上对公共支出的理论考察可以看出，在一定时期内公共支出不断增长的趋势是一种比较普遍的现象，但在长期增长的趋势中也会呈现短期的波动。公共支出的相对量是经常发生波动的，但这种波动在短期内较小，其波动的原因往往是公共支出绝对量的变动与 GDP 变动的方向和幅度不完全一致造成的。

1. 公共支出的两种增长

对于公共支出的增长可以从两个方面来界定：绝对量指标和相对量指标。从绝对量增长来看，就是国家公共支出的绝对数额的增长，它直接表现为国家预决算支出金额呈逐年增加的趋势。该指标能够较直观具体地反映一定时期政府财政活动和所提供的社会公共事务的规模。政府常用这类指标编制政府财政预算，并向立法机关提供有关预算报告。从相对量增长来看，就是政府公共支出对比参照指标，如国民收入或 GDP 所占比例的相对增长。其反映了一定时期内在全社会创造的财富中由政府直接支配和使用的数额，可以全面衡量政府经济活动在整个国民经济活动中的相对重要性。该指标既便于进行横向的国际比较，也便于对以前年度的支出规模进行纵向的比较。这两个指标在衡量公共支出的规模时各有长短，一般是根据实际需要，采用不同的标准。

（1）公共支出绝对数额的增长。

尽管公共支出在不同的国家和不同的时期内，其水平的变化幅度不尽相同，但从一个较长的历史时期来看，支出绝对额的不断扩大，则是一种带规律性的历史趋势。统计资料表明，英国 1900 年的公共支出额为 2.8 亿英镑，而 1984 年则已达到 1463 亿英镑，84 年间增加了 522 倍。美国各级政府 1890 年的公共支出总额为 8 亿美元，到 1980 年已达到 8690 亿美元，扣除通货膨胀因素的影响，绝对额实际增长了 106 倍。事实上，发展中国家的公共支出增长趋势也同样。中国在 1978 年公共支出仅为 1122.09 亿元，到 1998 年已突破 1 万亿元，达到 10798.18 亿元，进入 21 世纪后，公共支出增长的速度明显加快，2007 年中国公共支出达到 49781.35 亿元，是 1978 年全部公共支出的 44.37 倍，现在全国每周公共支出的绝对数额大致和 1978 年全年公共支出的数额相当，见图 4－1。

（2）公共支出相对数额的增长。

对公共支出相对数额增长的衡量，常用公共支出额占 GNP 或 GDP 的比例作为衡量标准。该指标表示在年度生产总值中政府可以支配的数额，表明了资源在公共部门和私人部门之间的分配比例，即在社会总资源中公共部门所占的份额，

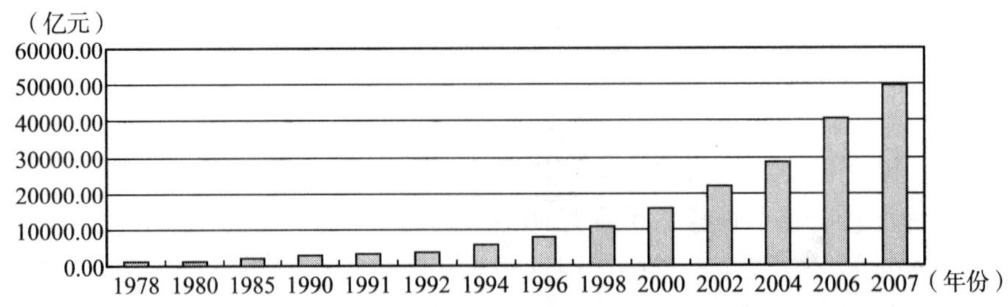

图4-1　1978~2007年中国公共支出增长情况

资料来源：中国统计年鉴（2008）[M]. 中国统计出版社，2008.

据此可以全面衡量公共支出在社会经济中的重要作用。历史统计资料表明，公共支出不仅在绝对数额，且在相对数额上也呈现明显的增长趋势。

2. 公共支出增长的主要影响因素

公共支出的规模为什么会不断增长？尽管不同的理论分析各有见解，但以下五个方面的因素是经济学家们经常提到的，我们认为应予以高度的重视。

（1）国家职能范围的扩大。这是导致各国政府公共支出不断增长的重要原因。在自由市场经济条件下，作为“守夜人”的政府对私人生产和私营企业的活动不加干涉，只专注于国家的传统职能，因而公共支出的规模较小；随着经济危机的周期性爆发，政府干预经济的重要性日益显现，凯恩斯主义的诞生，更为政府扩大公共支出提供了理论上的依据。另外，现代国家不仅要干预经济，还要支持科学技术研究、提供更高的社会福利保障，甚至要参与全球性公共产品的提供等，这种经济职能上的扩张也必然会带来公共支出总量的增长。

（2）人口数量的不断增长。随着人口的增加，原有的公共产品数量如果保持不变，那么人均占有的公共产品数量将相应减少，由此产生“拥挤效应”，其结果是对公共产品提供提出新的增加要求。此外，人口结构的变化也会引起居民对公共产品结构需求的变化，而这种结构的改变同时也对公共产品需求总量具有拉动作用。比如，人口流动性的增加导致原有城市的扩展和新城市的增加，由此产生对市政建设的大量需求。这都会带来公共支出总量的不断增加和规模的不断扩大。

（3）生活水准的提升拉高人均支出标准。经济的发展带来政府收入的增长，既为公共支出的增长提供了可能，也在一定程度上刺激和带动了公共支出的增长。随着经济和收入的增长，人们的生活水平在质量和数量上不断发生变化，经济的发展和生活水平的提升要求公共支出的定额和开支标准相应提高，通货膨胀和物价逐步上涨的事实也要求财政支出水平必须保证各项事业水准不致下降。事实上，国家公务员的工资标准、公务出差的旅行费、办公条件的改善等，都成为公共支出不断增长的十分重要的因素。

(4) 社会福利事业的扩大。社会贫富差距的不断拉大，导致了一系列不安定因素的产生。为缓和矛盾，政府通过举办公共福利事业来调节社会的收入差距。社会福利事业的发展，在缓和了阶级矛盾的同时，也在客观上提高了劳动者的文化和健康水平，有利于社会劳动生产率的增长。近几十年来，社会福利支出在西方发达国家公共支出中的份额不断上升，在有些国家中已经居于首位。

(5) 科学技术的发展。科学技术的发展一方面使设备的更新速度加快，增加了重置费用；另一方面，要求政府提供更高水平的基础设施。因此，政府不断开拓新的生产领域，同时不断用最新的尖端技术装备国防以及其他政府工作部门，政府还要加大人力投资，建立领先的科学技术队伍，这些都需要大量增加公共支出。

4.1.3 公共支出的原则

公共支出的内容相当广泛，涉及社会和经济中各方面的利益，在安排公共支出的过程中会遇到各种复杂的矛盾，要正确处理这些矛盾，就必须遵循一定的原则。公共支出的原则，是指政府在安排和组织公共支出过程中应当遵循的基本准则，是财政规律在支出上的具体化、系统化。公共支出原则的内容会因时、因地、因国的不同而有所变化。一般说来，各国在确定公共支出原则时都会从两方面考虑：一是该原则能否覆盖公共支出活动的全过程和缓解公共支出中的主要矛盾；二是能否对公共支出活动和国民经济运行直接起到促进作用并使之实现良性循环。据此要求，公共支出应遵循公平原则、效率原则和稳定原则。

1. 公平原则

公共支出的公平原则，是指公共支出应能够有助于促进社会公平，提高社会公众的福利水平。在市场经济条件下，财富的分配取决于财产所有权和财富积累的分布状况，而收入的分配则取决于能力、职业训练等因素。如果单纯依赖市场，则难免出现贫富差距过大问题，从维护社会稳定角度出发，就要求公共支出坚持公平原则，提高社会大多数人的福利水平。

2. 效率原则

公共支出的效率原则，是指公共支出应能够有助于资源的配置，促进经济效率的提高。市场失灵的存在使市场的资源配置功能不全，不能有效提供全社会所需要的公共产品和劳务，因而要求政府凭借其权威来对资源配置加以调节和管理。

3. 稳定原则

公共支出的稳定原则，是指公共支出应促进社会经济的稳定发展。在市场经济条件下，市场体系无法有效协调其自身的所有活动使之达到平衡，会出现失业和通货膨胀等现象。政府可以通过公共支出规模、结构的变化来调节经济，引导经济运行，使经济实现平稳地发展。

4.2 公共支出分类

公共支出的分类是根据一定的标准从不同的角度出发，对政府公共支出的有关内容做出科学的归纳，以便有效地分析和准确反映支出活动的性质、规模、结构与使用效益等。公共支出的分类体系因各国的政治体制以及经济社会发展程度的差异而不尽相同，目前，尚未有一个能为世界各国普遍接受的统一的分类标准。根据我国实际情况并参照国际上常用的方法，重点介绍以下几种分类。

4.2.1 公共支出的理论分类

根据分析问题的不同需要，公共支出从理论上可以作如下区分：

1. 按经济性质可分为购买性支出与转移性支出

(1) 购买性支出。

在西方国家，所谓购买性支出，就是指政府以购买者的身份，在商品或劳务市场上购进商品或劳务时所发生的支出，又称之为消耗性支出、真实支出或有偿支出。从性质和特点上来考虑，购买性支出一方面是为了满足向全社会提供公共产品和公共服务的需要；另一方面，是在其购买活动中要完全遵循等价交换的原则。鉴于此，这种支出的数额就可以用购买量乘以单价来求得。

总的来讲，与转移性支出相比较，购买性支出具有下列明显的特点：一是政府的购买性支出，必须遵循等价交换的原则。换言之，在购买性支出活动中，政府作为市场商品和劳务的购买者，在付出资金的同时，必须得到等价的经济补偿，从而，政府对商品和劳务的购买才能对社会生产和就业产生直接的影响。二是政府的购买性支出是为了满足全社会的公共需要，而不是为了满足个人或某些居民群体的需要。三是政府的购买性支出必须能够确保履行政府基本职能，保证社会政治经济生活的正常运转。

政府购买性支出的内容比较广泛，一般包括用于行政管理、国防、科技、教育、医疗卫生、邮电通信、环境污染治理、水利等方面的开支。购买性支出反映了公共部门占用社会经济资源的状况，这就排除了私人部门运用它们的可能性，反映了政府的市场化行为，是政府干预经济的重要手段。

（2）转移性支出。

转移性公共支出是指政府根据一定的经济和社会政策，通过特定方式向私人部门单方面转移公共资金的支出，它是一种政府对企业和个人的无偿支付，直接表现为资金无偿地、单方面地转移。这类支出主要包括政府部门用于养老金、补贴、债务利息、失业救济金等方面的支出。这类支出的共同点是政府付出了资金，却无任何资源可得，这里不存在任何交换的问题。这些公共支出并不反映公共部门占用社会经济资源的要求，转移只是发生在社会成员之间的资源再分配，公共部门只是起到中间人的作用。

相对于公共支出中的购买性支出，转移性支出就是直接表现为政府财政资金无偿的、单方面的转移，而不能在经济上得到等价的补偿。也就是说，并非政府直接购买和消费经济资源，而是经由财政之手，将某个部门、集团和个人的部分收入转移到另一部门、集团和个人的手中。从世界经济的发展史看，随着各国经济发展水平、人均收入水平的不断提高，以及国家和财政功能的日益扩展，转移性支出在国家财政总支出中所占的比重也逐步增大，地位亦越来越重要。转移性支出体现了政府的非市场性再分配行为，是政府调节分配的重要手段。

对公共支出的划分具有较强的经济分析意义。购买性支出中，政府直接以商品和服务的购买者身份出现在市场上，因而，对于生产、就业和社会总需求有着直接的影响，但对国民收入分配的影响是间接的。转移性支出的作用是通过支出过程使政府所掌握的资金转移到特定者的手里，它只是资金使用权的转移，对于国民收入的分配有直接影响，但对生产、就业和社会总需求的影响是间接的。再如，联系公共部门的经济职能来看，在公共支出总额中，若消耗性支出所占比重较大，说明公共支出结构履行资源配置的职能较强；若转移性支出所占比重较大，说明该支出结构履行调节收入分配的职能较强。

2. 按受益范围可分为一般利益支出和特殊利益支出

一般利益支出，是指全体社会成员都可以享受其所提供的效益的支出，如国防、警察、司法、行政管理等方面的支出。其共同特点是联合受益或共同消费，无法分别测算各个社会成员所获受益。

特殊利益支出，是指对社会中某些特定的居民或企业给予特殊利益的支出，如教育、医药、居民行动、企业补助、债务利息等方面的支出。这类支出的共同点是这些支出所提供的效益只涉及一部分社会成员，每个成员所享受的效益可以分别测算。这种按照受益范围进行的分类，可以说明公共支出所体现的分配关系，进而可以据此分析不同阶层或利益集团的投票者在公共支出决策过程中所采取的态度。

3. 按政府对公共支出的控制能力可分为可控性支出和不可控性支出

公共支出的控制能力，是指政府可以根据经济发展和收入状况对公共支出进行调整的能力。可控性支出，是指不受法律和契约的约束，可以由政府部门根据每个财政年度的需要分别加以决定和增减的支出。不可控性支出，是指根据现行法律和契约所必须进行的支出，即在法律或契约的有效期内必须按照规定准时如数支付，不得任意停付或逾期支付，也不得任意削减其数额。其中主要包括两大项：一是国家法律已有明文规定的个人所享受的最低收入保障和社会保障，如失业救济、食品券补贴等；二是政府遗留问题和以前年度设置的固定支出项目，如债务利息、对地方政府的补助等。

4. 按照支出安排后是否偿还可分为有偿支出和无偿支出

有偿支出主要指政府贷款和有偿性投资，包括对有重要的社会效益和一定的经济效益或对国家有重要战略意义的国民经济建设项目给予的扶持，例如公用基础设施项目的建设、重要的高新技术产业部门的建设以及对具有良好开发条件的农林牧渔业的综合开发。

无偿支出主要包括以下内容：（1）各种类型的公共支出，主要是对国家政权机关和政府各职能部门，科学、文化、教育、卫生部门、社会福利和救济部门，气象、地震、环境保护等部门的支出。（2）特殊的经济建设支出，主要指用于对国民经济的发展有重要的基础保障作用的产业部门的支出。（3）扶持落后地区和农业的支出，主要指国家在一定阶段上对落后地区的发展所给予的无偿支出，以及为保障农业的基础地位，在必要时安排的一定数量的无偿支出。（4）社会保障支出和财政补贴以及必要的捐赠支出等。这种划分是社会发展进步的结果，既能使政府在保证国家职能实现、干预社会经济发展方面的能力大大增强，又有利于政府目标的实现。

5. 按支出目的性可分为预防性支出和创造性支出

预防性支出，是指用于维护国家安全和秩序，使其免受国内外敌对力量的破坏和侵犯，保障社会稳定和人民安全的支出。创造性支出，是指用于促进经济发展，改善人民生活等方面的支出。这种划分，可揭示公共支出的具体用途、目标及其在经济社会发展和人民生活改善方面所起的作用。

4.2.2 公共支出的统计分类

对公共支出的理论分类主要是用于理论分析，而对公共支出的统计分类主要用于国家预算的编制，它是根据政府预算所编列的支出项目来进行分类的。对中国而言，主要分为行政管理支出、国防支出、科教文卫支出、社会保障支出和其他支出 5 大类。

1. 行政管理支出

行政管理支出是政府机构行使行政管理职能所需要的支出，是维持国家政权存在，保障各级国家管理机构正常运转所必需的费用。主要包括国家元首、国家行政机关、公安警察机关、司法机关等的管理费用。

2. 国防支出

国防支出来自于全体社会成员对安全的需求，它代表的是全体社会成员为消费国家安全这一公共产品而支付的一种成本。国防支出主要包括武器和军事设备支出、军事人员给养支出、有关军事的科研支出、对外军事援助支出等。国防是一种纯公共产品，它在消费过程中具有非竞争性和非排他性。政府通过法定程序，对军事资源做出安排，形成国家安全和威慑，满足全体社会成员对于安全的消费需要。在西方国家，国防支出即军费开支是一种政治投票的过程。

3. 科教文卫支出

科教文卫支出主要包括科研支出、教育事业支出、社会文化事业支出、医疗卫生支出。科教文卫事业的发展在现代经济社会中的作用愈发重要，但它们并非完全意义上的社会公共需要，所以，从理论上讲政府和社会应当共同出资。

4. 社会保障支出

社会保障支出包括失业保险、养老保险、伤残救助、社会救济以及退伍军人福利和服务等项支出。在现代社会，在任何一个社会制度的国家，社会保障支出都是社会公共需要的重要组成部分。社会保障是一种社会性的事业，介入其中是政府义不容辞的一项职责。

5. 其他支出

其他支出是指除了上述4种支出形式之外的支出。例如经济建设支出，主要包括公营企业支出、公共经济事业支出、农业援助支出、交通运输支出、物质储备支出、对外经济援助支出等；外交事务支出，包括驻外使领馆支出、国际会议支出、对国际组织缴纳费用支出、外事机关活动经费支出等；保护环境和自然资源支出，包括能源支出、污染控制设施建设支出、水利电力资源设施建设支出等；政府债务支出，包括公债利息支出、公债还本支出和公债管理支出等。

4.2.3 影响支出分类的因素

由于基本国情、社会制度和历史文化各不相同，影响公共支出的因素也有所差异。

1. 经济发展水平

社会经济发展是国家财政的基础。社会经济发展水平决定了公共收入及其供给水平的基本条件，公共支出结构也受到社会经济发展水平的影响。在经济发展水平不高的情况下，财政供给水平和保障能力也相应较低。例如，社会保障在进入20世纪30年代以后才纳入政府公共支出的范围，发展中国家的公共支出分类与发达国家肯定会有所差异。发展中国家大多处于经济的起飞阶段，公共支出投向有助于经济持续发展的领域较多，对于公共服务领域的支出相对不足。发达国家公共支出更多集中在社会保障、医疗卫生、教育等民生领域。

2. 国内生产总值总量

国内生产总值对公共支出的影响是通过对公共收入的影响来反映的。正常情况下，国内生产总值增长，公共收入会因此而增加。但实际生活中，政府可以通过赤字和债务再次实现对国内生产总值的再分配，从而实现对公共支出结构的调整。可见，国内生产总值总量可以支持公共支出规模的扩大，并为公共支出结构的形成和调整创造条件。

3. 公共收入总量

财政能在多大程度上安排支出以及各种公共支出项目的满足程度，首先受一定时期内公共收入的总量和增长情况的制约，财政多收才可以多支。但只有以正常的税收和其他预算收入形式所形成的公共收入来衡量时，这种制约关系才存在。

4. 政治经济体制的影响

这里讲的主要是计划体制和市场体制的区别。由于计划体制和市场体制对社会经济活动和政府管理方式的理解不同，对公共支出的分类也必然有差别。随着中国由计划体制向市场体制的转型不断深入，原有的公共支出分类形式也在发生变化。总的发展方向应是在方法技术上可以进行国际比较，同时又体现中国的发展特点。

4.3 公共支出效益

经济学中一个最重要的假设就是资源稀缺性假设。有限的经济资源，由哪一个主体支配时能更有效地促进经济的发展和社会财富的增加，是各国政府必须考虑的问题。如果某种经济资源由政府通过分配使用效益更高，就应该由政府使用。公共支出必须讲求效益，其根据也正在于此。

4.3.1 公共支出的资源配置效益

在一些发达国家，经常有人抱怨政府过多地介入公民的生活，如公共产品供应范围过宽、数量过大，财政开支过多，影响了私人投资能力和消费能力，影响了公民的自主选择。在发展中国家，情况却又往往相反，人们常常指责政府没有提供足够水平、质量适宜的公共服务，教育、公路、城市基础设施、社会保障、环境保护等普遍短缺。这里实际上涉及一个政府财政动员和支配财政资金以进行公共支出的规模多大为宜的问题。

1. 理想的公共支出和公共产品供给规模

从经济性质上分析，公共支出一部分用于购买性支出，一部分用于转移性支出。前者将最终转化为各种公共产品（服务），体现政府实际支配资源的多寡，并影响微观经济主体对资源的支配或私人产品供给量；后者则属于政府的再分配，这种再分配影响的只是微观经济主体之间对资源的重新配置，并不直接影响资源在政府公共部门与微观经济部门之间的配置比例。根据上述分析，假定公共支出全部用于提供公共产品，而且在一个理想的财政经济体里，私人产品与公共产品的生产和消费都是有效率的，用于生产公共产品的资源与用于生产私人产品的资源之间是可以流动的，那么，怎样实现整个社会资源配置的最佳效率呢？

众所周知，政府集中支配的用来提供公共产品的资源是有社会机会成本的。这里所说的“社会机会成本”，是指因这部分资源由微观经济部门转移到政府公共部门而导致的微观经济部门的效益损失。这样一来，政府公共支出规模的效率评估也就演变为：同样一笔资源或资金，是由政府公共部门集中配置使用更为有效，还是由微观经济主体分散配置使用更为有效的问题了。在这里，比较的结果可以有以下三种：

（1）如果一部分特定的资源或资金，交由政府公共部门集中支配使用所能达到的效益，大于由微观经济主体分散支配使用所能达到的效益（也就是说，收益大于其机会成本），这说明政府支配的用于提供公共产品的资源量或公共支出规模虽还没有实现帕累托最优，但这部分资源或资金由微观经济部门向政府公共部门的转移或者说政府公共支出规模的扩大仍处于帕累托改进的过程中，是有效率的。

（2）如果一部分特定的资源或资金，交由政府公共部门集中支配使用所能达到的效益，小于由微观经济主体分散支配使用所能达到的效益（也就是说，收益小于其机会成本），这说明政府支配的用于提供公共产品的资源量或公共财政支出规模已经达到或者超过了最优规模的水平，那么，这部分资源或资金由微观经济部门向政府公共部门的转移或者说政府公共支出规模的扩大属于帕累托无效。

（3）如果一部分特定的资源或资金，交由政府公共部门集中支配使用所能达到的效益，恰恰等于由微观经济主体分散支配使用所能达到的效益（也就是说，收益等于其机会成本），那么，这时整个社会的资源（资金）配置处于最佳状态，即每一货币单位无论花在公共产品或劳务上，还是花在私人产品或劳务上，所带来的边际效益都相等。一旦整个社会的资源（资金）配置满足了这一条件，则不仅资源配置状态是最优的，而且与此相对应的公共支出规模也是最优的。

当然，对于上述问题，还可有另外一种解释：如果政府公共支出效率很低或政府公共部门提供公共产品或服务的效率很低，那么同样会导致公共产品供给的不足。在低效率的公共产品生产条件下，解决公共产品供给满足不了对公共产品的需求的问题，可能不仅仅是靠继续扩大公共支出规模就能解决的，还应该找出消除公共支出和公共生产低效率的途径。因为只有这样，才能在增加公共产品生产量的同时，不会影响微观经济主体支配和使用资源的能力。财政经济管理实践表明，有效的财政管理，使用合理的低成本技术，准公共产品的私人提供或有效率的政府采购制度，更有效地监管、协调公共机构的活动以及公共部门中资本与劳动的互相替代等，都可改善公共产品的生产效率。

上述简单的理论分析表明，公共支出和公共产品供应存在着一个最佳水平问题，而且因地、因时而异。总体说来，在发展中国家，由于私人产品、公共产品的边际福利水平不同，两者对生产可能性曲线的移动效应以及居民对福利的时间偏好这三个因素的共同作用，更多的资源将会用于生产私人产品，较少的部分用于生产公共产品；而发达国家可能与此不同。尽管人们还无法知道公共产品和私人产品生产的最佳水平在哪里，但可以肯定地说，富有成效的财政经济体制改革和制度创新有助于更接近它。

2. 实证性的比较分析

上述理论分析，只说明了确定公共产品生产规模和公共支出规模的一般思路，还没有指出具体的数量界限，下面的实证分析将予以补充。

在发达的市场经济国家里，政府公共部门与微观经济部门的分工较为清晰，政府公共支出主要围绕有效地提供公共产品和缓解社会分配不公平的目标来安排，因此，公共产品生产规模可近似地用政府公共收入或公共支出占 GDP 的比例来测度。以美国为例，2006 年，联邦财政支出中明确用于国防、教育、卫生、社会保障等公共产品生产的部分所占比例高达 80%。而在发展中国家里，一般不能用公共支出的数量来测度用于公共产品生产的资源量，因为有相当一部分公共资金被用于国有企业投资拨款或弥补其亏损，而大量国有企业生产的又是本来可以通过市场提供的私人产品，中国就是一个典型的例子。

通过对经济发达国家在不同时期公共产品提供的规模，即公共支出占 GDP 比重的实证资料研究后发现，随着经济发展水平的提高，政府用于公共产品生产的资源量即公共支出占 GDP 比重在各国均呈逐步提高的趋势，尤其是 20 世纪 30 年代“大危机”以后，随着政府职能的扩展，政府运用预算、公共投资和补贴、公债等多种财政手段调控经济的职能不断强化，公共支出占 GDP 的比重呈稳中有升的趋势。

4.3.2 公共支出的经济效益

上面从理论和实证分析的角度论述了理想的公共支出规模的确定，更多的是宏观层面的。具体到某一项公共支出的效益评价，首先要弄清楚公共支出效益的内涵，在此基础上再研究如何进行公共支出的经济效益分析。

1. 公共支出效益的内涵

从原则上讲，公共支出的效益与微观经济主体的支出效益是一样的，但因政府处于宏观调控的主体地位上，支出项目在性质上又千差万别，所以，公共支出的效益内涵又有自己的特点：

（1）在计算所费与所得范围上，不仅要计算有形的所费与所得，还要分析间接的所费与所得；不仅要分析政府本身在某项支出上的投入和所得到的效益，还需要分析社会为该项支出所付出的代价和所获得的利益。

（2）在衡量效益的标准上，不能单独的以经济效益为衡量标准，必须确定经济效益和社会效益双重的效益标准。

（3）在择优的标准上追求的是整个社会的效益最大化，因此，某些关系整个国计民生、社会效益很大但对于政府财政却无经济效益可言甚至会带来局部亏损的支出项目，仍是政府安排支出时的选择目标。

2. 公共部门成本—收益分析的确定

对于政府部门和私人经济部门来说，进行成本—收益分析的程序一般都要包括以下4个步骤：首先，确定一系列可供选择的方案，但由于方案量化的困难，应尽可能多地排列出多套方案，以便于比较。其次，分析各种方案可能产生的后果，特别是各种方案的投入要求及其可以带来的产出。再其次，对每一种投入与产出做出价值倾向的评估，因为我们追求的目标是福利最大化，它本身是一个价值倾向问题。最后，加总每个项目的所有成本和收益，以估计项目的获利能力。

（1）公共部门成本—收益分析的特点。

这里是就公共部门与私人部门相比较而言的，其特点表现在以下两方面：

一方面，公共部门进行经济决策时，是以福利最大化为目标的，而私人部门的经济活动是以利润最大化为目标的。福利最大化有时与利润最大化是不一致的，比如出于追求公平的分配原则或者消除生产的外部效应而做出的决策，就不可能追求利润的最大化，但公共部门却是无法回避的，而私人部门为了利润最大化，往往可以不顾及这些方面。

另一方面，公共部门项目的投入与产出通常不能直接用市场价格来评估，这是因为公共部门提供的产品有许多并不是通过市场交易来实现的。比如它通过治污为社会提供清新的空气所需要的种种费用，不能因为新鲜空气的出卖而取得回报，然后再行估价。再说，作为公共部门提供的公共产品，本身是起到弥补市场失灵作用的，这意味着对它的投入用市场标准来衡量本身也不合理。

（2）公共部门成本—收益的测评。

主要有两种测评方法：第一种是贴现法，也就是计算货币的时间价值与贴现。所谓货币的时间价值，是指货币在不同的时点上的价值。为了准确计算不同时间中投资成本与收益的变化，需要将它们按一定的比率折算成当年价值的大小，这就是所谓贴现。如何进行折算呢？用公式表示如下：

$$P = A/(1+i)n$$

其中，A 为价值，P 为现值，i 是贴现率，n 为年数。公式的意思是：按贴现率 i 计算，n 年底的 A 元钱相当于现在的 P 元钱。在实际操作中，各国一般采用年利率作为贴现率来折算。

第二种是成本效果分析法。进行成本效果分析是出于成本—收益分析中存在着两个方面的难点：第一，局限在经济方面的成本和效果，都要求用货币数量来衡量，而对于非经济的因素则很难做到这一点；第二，未来成本效益往往有着不确定性，容易变动，比较难以估计。

进行成本—收益分析实际上是在确定某一目标以后提出尽可能多的实施方法，并对各种实施方法进行成本比较。例如，为了减少污染、减少疾病，从而减少死亡人数，就有以下 5 种方法可供选择：

甲：开发一种全新能源，每花费 19 万元少死 10 人；

乙：改善医疗条件，每花费 12 万元少死 10 人；

丙：贯彻执行防污法规，每花费 3 万元少死 10 人；

丁：改进发动机装置，每花费 15 万元少死 10 人；

戍：为当地群众每人发一个防污面具，每花费 300 万元少死 10 人。

在这些方法中，丙种方法是最有效的，它的成本最低，社会效果也最好。

4.3.3　公共支出的社会效益

由于政府处于宏观调控的主体地位上，公共支出的项目也是千差万别，而且不同项目的效益的表现形式也不尽相同，有些项目有直接的经济效益，有些项目只有社会效益而没有直接的经济效益，因此，对公共支出的效益评价，除了要进行经济效益分析以外，还要进行社会效益分析。

1. 社会收益价值的测评

（1）时间价值的测评。

主要指因为有了公共产品的提供，人们节约了时间从而带来了收益。具体地说就是：第一，人们在工作与闲暇之间做出选择，放弃工作与放弃闲暇的价值应该是相等的。第二，闲暇时间增加的价值，可以间接通过一小时工作时间的价值来计算，假如一小时工作时间为 12 元，获得一小时闲暇也就有了 12 元收益。如交通改善使从杭州到上海节省了一小时的行路时间，这意味着相当于给每个人增加了 12 元收益。第三，不同工作性质、不同发展状况国家的劳动者，对闲暇与

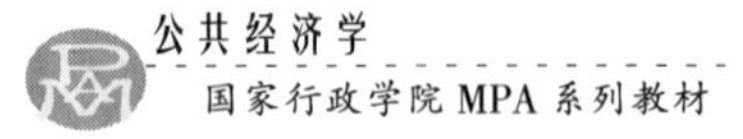

工作的价值评估是不一样的。高收入者、发达国家的劳动者，他们赢得的闲暇时间价值一般高于低收入者与不发达国家劳动者的价值。失业者的闲暇价值趋向于零。第四，改造交通等公共产品的总收益等于享受交通等公共产品的公众的闲暇收益总和。

（2）生命价值的测评。

尽管从伦理道德的角度讲，人的生命应该是无价的，因此政府用于改善人们的健康、保障公共安全等可以减少死亡人数方面的措施的开支也应该是无限的，然而，政府毕竟不能把所有的收入都用到这方面来，因此估价生命的价值是必须面对的一个现实，那就是财政的制约。估价生命的价值可以采用以下两种方法：

首先，可以用一个人活到正常年龄的收入总和来计算，具体地说就是：①用平均寿命来计算生命年限；②用各工种的年基础工资×(1+在职年限内的工资增长率)×在职年限+[(平均寿命-退职年限)×退休年金]；③没有固定职业与没有退休金的人的生命价值按性别参照相应年龄人的生命价值。

其次，用人们所要求的风险补偿来估价生命的价值：第一，根据职业所面临的危险程度来确定工资高低与补偿大小，对生命价值的大小进行估价；第二，高危险职业与低危险职业工资与补偿金的差，是估价生命价值的一个重要参数。

提供公共项目减少了危险、延长了人的生命，就是公共项目投资的收益，对公共项目进行投资与收益的比较，则是公共项目决策的重要依据。

2. 影子价格

在对某些项目的社会效益进行分析时，相关因素的价格并不能准确地反映其真实的价值，这时只有用影子价格来代替，才能较好地反映该项目的社会效益。所谓影子价格，即针对无价可循或有价不当的商品和劳务所规定的较为合理的替代价格，理想的影子价格应为不存在市场失灵时的帕累托最优时的均衡价格。例如，在我国，中小学教师由于受到人才流动中的行政限制，他们所接受的工资不能真实地代表他们的劳动力价格，要真实反映他们的劳动力价格，只能采用影子价格来加以评估。政府官员的低收入也有这种情况，他们的影子价格就要包括一部分与乘车、住房的得利收入来反映他们的实际价格。这里需要说明两点：第一，影子价格并不总是高于实际价格；第二，调整后的影子价格也是可以接近于实际价格的。

4.3.4 公共支出效益的分析方法

对公共支出项目的效益要从经济和社会两个方面进行分析，案例4.1“中国该不该造航空母舰？”是从公共支出效益方面进行考量的典型案例。从理论上讲，公共支出项目的千差万别和公共支出效益内涵的特点又决定了评价和分析公共支出效益的方法的多样性，概括起来，主要有以下几种：

1. 成本效益分析法

所谓成本效益分析，就是针对确定的公共支出项目，提出若干实现公共支出要达成的目标的方案，通过分析比较，选择出最优的投资项目方案。这种方法的基本原理是：面对多种可供选择方案的情况，先根据一定的方式计算出每种方案的全部预期成本和预期收益以及两者的比值，按照比值的大小确定各种方案的优先次序，摒弃那些社会边际成本大于社会边际收益的方案，选择最优的支出方案，再据此拨付公共资金。简言之，该方法的基本原则就是要在任何情况下都要选择能产生最大效益的政策。除此基本原则外，在选择方案时一般还应遵循平均收益最大原则、净收益最大原则和剩余资金最小原则。

成本—收益分析的基本目标是衡量项目的收益是否超过了其成本。由于政府公共支出项目投资的目的是为了社会的整体利益，因此，在确定投资方案时，政府应该综合考虑公共支出项目投资本身的成本和效益之外的诸多因素。总体而言，成本—收益分析中需要考虑的成本和收益可以分为两大类，即实际的成本与收益和金融的成本与收益；前者中又可以区分出直接的和间接的、内部的和外部的、中间的和最终的成本与收益；直接和间接的成本和收益，又有无形和有形的区别，等等。

公共支出的成本效益分析法中，最关键也是最困难的步骤就是准确地测算各备选项目和方案的成本和收益。为解决这一困难，经济学家提出了很多替代的办法以求得它们的近似值。常用的方法有：

（1）成本有效性分析法。

成本有效性分析法，即对各种备选项目或方案，分别计算出它们能给社会带来何种收益，尽管这些社会效益没有确切的市场价格，但通过它们之间的相互比较，还是可以分出项目或方案的优劣来的。

（2）成本节约法。

成本节约法又叫“影子成本法”，就是由于国家投资某个项目给社会提供的福利，减少了社会的成本，从而节约了社会人力、物力的耗费，这个成本节约额可以视为该项目的社会效益的近似值。

运用这些方法来估算项目的成本和收益，当然不可能做到完全准确，但毕竟可以将一些无形的难以捉摸的东西用可以感觉的形式表达出来，从而使其由定性研究进入到定量研究。另外，对项目进行成本和效益分析时，还应注意金融成本和效益问题。因为，一个项目要实现其收益的时间会因项目支出额的时间不同而不同，特别是跨年度的投资更是如此。

需要说明的是，有了成本效益分析法，并不意味着一定能做出精确的决策。因为，无论是理论上还是实践上，评估的过程中都会遇到难以量化的因素，所以，在做出决定前，还必须考虑这些难以量化的因素。另外，项目具有效益并不意味着该项目的实施就一定能彻底实现政策的预期目标，对于长期积累下来的问题，想通过单个项目的实施毕其功于一役，是不太可能的。在评估中，所需把握的是，只要收益大于成本即可实施，否则，受损的必将是整个社会。

2. 最低费用选择法

该方法多用于军事、政治、文化、卫生等公共支出项目上，是对成本效益分析法的补充，其特点是不用货币单位计算备选的公共支出项目的社会收益，只是计算每种备选项目或方案的有形成本并以成本最低为择优的标准。也就是说，该方法就是选择那些使用最少的费用就可以达到公共支出目的的方案，也被称为信息不具备情况下的成本效益分析法，或最小成本法。

最低费用选择法的操作步骤与成本效益分析法基本相同，但分析的内容要简单得多。首先，根据政府确定的公共支出项目的目标，提出多种备选方案；其次，以货币为统一尺度，分别计算各种备选方案的各种有形费用并予以加总；最后，按照费用的高低，排出优先劣后的顺序以供决策者选择。要注意的是，在计算费用过程中，如果涉及垄断价格，要运用影子价格消除其包含的不合理价格因素；若遇到需要多年安排支出的项目，则可以运用贴现法折算出费用流的价值，从而保证不同备选方案费用的可比性。另外，在运用该方法时，由于许多公共支出项目都含有政治因素和社会因素等，所以，还需要在综合分析、全面比较的基础上，进行择优选择。该方法的难点在于备选方案的确定，在于如何能使不同支出方案能够无差别地实现公共支出的目的。

3. 公共劳务收费法

这里所说的公共劳务，指的是政府为行使职能而开展的各项工作，包括国防建设、行政工作、道路的建设和维护、城市给排水工作、住宅供应和公园的建设与维护等。国家向社会提供这些公共劳务，同样需要讲求使用上的最有效、最节约，因此，人们把商品经济中的价格机制引申到对公共劳务的提供和使用中，以借助价格、收费的作用来提高公共支出的效益。

公共劳务收费法就是把市场等价交换原则用于公共劳务的提供和使用中去，通过制定和调整公共劳务的价格或收费标准，适当地限制和约束社会公众对公共劳务的消费量，从而使公共劳务得到最有效、最节约的使用，以达到提高公共支出效益的目的。该方法的重点和难点在于合理的价格和收费标准的制定，而不是对公共支出备选方案的选择。

在对公共劳务定价时，可区别不同产品的性质采取不同的定价方法。概括地讲，主要有四种情况：即免费、低价、平价和高价。

免费或低价地提供公共劳务，可以促进社会成员对该项公共劳务做最大限度的使用，使其社会效益最大化。这种定价政策，多适用于那些从国家和民族利益出发，要求必须在全国范围内普遍使用，然而公众尚无此觉悟去使用的公共服务，如强制义务教育、强制注射疫苗等。但该种定价政策，又容易使享用者对该种公共劳务的重视程度不够，从而会产生浪费、不节约使用的现象。因此，大多数国家都主张对公共劳务提高收费标准，以提高它们的效益。

平价政策，即可以用收取的费用使提供公共劳务所耗费的人力、物力得到相应的补偿。这样既能促使社会成员节约使用该项公共劳务，又能使公共事业获得进步和发展的资金来源，政府有了进一步改进和提高公共劳务水平的费用，也可以减轻财政负担。该政策多适用于从国家和民族的利益来看既不需要特别加以鼓励使用，也不需要特别加以限制使用的公共劳务。例如，公园、公路、铁路、医疗、邮电，等等。

高价政策，可以有效地限制公共劳务的使用，还可以为国家财政提供额外的收入，多适用于从全社会来看必须限制使用的公共劳务。需要说明的是，公共劳务收费法也只是适用于可以买卖的适于采用定价方法管理的公共服务部门，而且在运用时还必须制定正确的价格政策，这样才能达到社会资源最佳分配的目的。

4.4 购买性公共支出

教育支出属于什么性质的支出？政府为什么要提供教育服务？教育支出与行政费用支出、国防支出、科学支出、文化支出、卫生支出、公共投资支出等有何相同及差异之处？这些都是下面讨论的内容。

4.4.1 行政费用支出

行政费用支出（administrative expenditure）是指财政用于国家各级权力机关、行政管理机关和外事机关行使其职能所需要的费用支出。行政费用支出是维持国家政权存在、保证各级国家管理机构正常运转所必需的费用，也是纳税人所必须支付的成本。

1. 行政费用支出的构成

行政费用支出的内容决定于国家行政机关的结构和功能，一般说来，我国的行政费用支出包括行政管理费、公检法经费、武装警察部队经费、对外援助支出和外交外事支出，等等。其中，行政管理费支出可进一步划分为以下五个部分：(1) 人民代表大会经费，指各级人民代表大会机关经费、各级人民代表大会常委会和各级人民代表大会会议经费、人民代表大会代表视察费、选举费。(2) 政府机关经费。即各级政府机关（不含公安、安全、司法行政机关）经费、由国家预算开支的乡镇行政干部经费、居民委员会补助费。(3) 中国人民政治协商会议（简称人民政协）经费。指各级人民政协机关经费、各级人民政协常委会和各级人民政协大会会议费、人民政协委员视察费。(4) 党派补助费，指中国共产党和民主党派各级机关的经费。(5) 社会团体机关经费，指各级妇联、青年团机关经费以及批准由财政拨款的各人民团体的机关经费。

公检法经费主要包括公安支出、安全支出、司法支出、法院支出、检察院支出、劳教支出、监狱支出等。武装警察部队经费包括内卫部队经费、边防部队经费、消防部队经费、水电部队经费、交通部队经费和其他支出，等等。外交外事支出主要包括驻外机构经费、出国费、招待费和其他外事费等。

2. 行政费用支出的增长

改革开放前，除新中国成立初期的前3年，行政费用支出占公共支出的比重一直很低，平均只有5.6%（1953～1957年）。但是，改革开放以来，行政费用占公共支出的比重不仅没有下降或维持原有规模，而是呈现出一个相反的发展趋势，行政费用支出占公共支出的比重持续上升，见表4－1。

表4－1　1978～2006年行政费用支出规模　单位：亿元,%

年份	行政费用	同比增长率	公共支出	占公共支出比例
1978	52.90		1122.09	4.7
1980	75.53	42.78	1228.83	6.1
1985	171.06	126.48	2004.25	8.5
1989	386.26	125.80	2823.78	13.6
1990	414.56	7.33	3083.59	13.4
1991	414.01	－0.13	3386.62	12.2
1992	463.41	11.93	3742.20	12.3

续表

年份	行政费用	同比增长率	公共支出	占公共支出比例
1993	634.26	36.87	4642.30	13.6
1994	847.68	33.65	5792.62	14.6
1995	996.54	17.56	6823.72	14.6
1996	1185.28	18.94	7937.55	14.9
1997	1358.85	14.64	9233.56	14.7
1998	1600.27	17.77	10798.18	14.8
1999	2020.60	26.27	13187.67	15.3
2000	2768.22	37.00	15886.50	17.4
2001	3512.49	26.89	18902.58	18.6
2002	4101.32	16.76	22053.15	18.6
2003	4691.26	14.38	24649.95	19.0
2004	5521.98	17.71	28486.89	19.4
2005	6512.34	18.00	33930.28	19.2
2006	7571.05	16.30	40422.73	18.7

资料来源：中国统计年鉴（2007）[M]. 中国统计出版社，2007.

从表 4-1 中可以看出，在 1978 年，行政费用支出占公共支出的比重为 4.7%，此后一直呈上升态势，到 1989 年已达到 13.6%，提高 8.9 个百分点，此后虽略有下降，但从 1992 年开始又开始步入上升轨道，1999 年行政费用支出占公共支出的比重已超过 15%，达到 15.3%，近年来该比重也一直居高不下，最高达到 19.4%，2006 年稍有降低，为 18.7%。

由于行政费用支出占公共支出的比重反映了一国政府的纯消耗性支出在全部政府支出中所占的份额，在政府职能范围相对稳定的前提下，行政费用占公共支出的比重越低，说明了政府机构的工作效率越高，反之亦然。考虑到中国公共总支出占 GDP 的比重正逐步下降，从 1978 年的 31% 下降到 2007 年的 19.9%，这说明政府从 GDP 中集中的份额越来越小，而在逐步下降的财政性资金中行政费用支出的份额却越来越大，由于"蛋糕"是既定的，这样必然会挤占其他项目的支出，特别是挤占保障性资金的支出，导致公共支出结构的扭曲，也削弱了政府的资源配置职能和收入分配职能。

3. 行政费用支出增长的原因

行政费用支出是全社会成员必须负担的社会成本。诚如瓦格纳所分析的那样，中国的行政费用支出近年来一直呈不断膨胀的态势，主要原因有：

(1) 政府行政行为的垄断性。

市场经济条件下，政府是为弥补市场失灵而存在的，提供公共产品与公共服务是政府的重要职能，垄断性是其主要特征之一。企业中也有垄断行为，但任何一家企业的垄断程度都无法与政府相提并论。政府通常作为单一的主体来提供公共产品或公共服务，而且，政府提供的公共产品一般不进入或较少进入到市场交换领域，具有排他性和强制性，其投入与产出很难用市场价格直接反映出来。根据公共产品的层次性，许多公共产品都是由政府作为单一主体来提供的，自然具有很高的垄断性。

鉴于政府行为的垄断性、非市场性，其投入与产出，赢利与亏损都无法用精确的报表直接显示，这就不能对政府形成一种“硬约束”。政府往往更注重其目标任务完成的效果，而对完成任务所需的成本并不关注，政府通常只算“政治账”，不算“经济账”。政府在排除外在竞争压力的同时也就消除了提高服务质量、降低生产成本的内在动力。美国学者萨瓦斯认为，公共部门提供服务的成本费用，平均比承包商提供服务的成本费用要高出35% ~95%。

(2) 政府人员增加，机构重叠导致行政费用支出膨胀。

中国行政费用支出之所以不断高涨，很大一部分是消耗在人头费上。尤其是2000年以后逐步提高公务员的工资和福利待遇，导致行政费用支出呈直线上升趋势。无论是从纵向看，还是横向比较，中国的官民比例都处于一种失调状态。尽管现在已经进行多轮政府机构改革，但政府职能转变并没有完全到位，政出多门、“多龙治水”的问题仍比较突出。许多本可以由市场自行解决的问题，仍需政府出面，而且通常要求财政予以支持，行政费用支出也因此高涨。

对于政府官员而言，他们追求的是自身利益的最大化，而非成本的最小化。亚当·斯密在《国民财富的性质和原因的研究》(国富论) 中就指出人的本性都是一样的，都是追求个人利益，使个人的满足最大化为基本动机。政府机构的规模越大，其获取的预算也就越大；政府官员的权力越大，其获取的非货币待遇也就越高。非货币收入或曰在职消费是导致官员追求更大规模公共支出的重要动力源。

(3) 公共预算制度约束的阙如。

目前我国的公共预算制度对行政费用支出的约束还是比较薄弱的，一个形象的说法是，包括行政费用支出在内的政府公共支出仍属于政府“机密”，即使是一年一度的人民代表大会上提交的也是一个粗略的框架性方案，进一步的支出并没有列支，许多人大代表也根本看不懂，更谈不上提出意见，进行有效的监督了。由此滋生了行政费用以各种名目繁多的名义消耗掉，出现“有钱吃饭，无钱办事”的怪现象。

预算外资金尽管名义上是财政资金，但是其所有权与使用权却掌握在实际拥有它的各种机构手中，同时，预算外资金又没有被纳入预算管理，不需要通过预算的审核与批准，因而使用的随意性很大，却游离于监督机构之外。掌握预算外资金的机构可以按照自身的需要而不是人民的需要去扩张本部门的利益，由此也导致预算外资金使用的盲目与低效率。

4.4.2 国防支出

国防支出是指一国政府为维护国家主权与保证领土完整所必需的费用支出，是一国政府执行对外政治职能的基础。国防支出包括政府用于国防建设、国防科技事业、各军兵种经常性开支、后备部队经常性开支、专项国防工程以及作战时的作战费用等。

1. 国防产品的提供

众所周知，国防是一种纯粹的公共产品。一方面，国防具有非排他性。国防的消费是全民性的，一个国家只要建立了防务体系，就几乎不可能排除任何居住在国境内的人不受该体系的保护，即使是罪犯也是如此，此外，多一个婴儿降生或多一个移民也不会增加一国的国防费用或者妨碍其他人享受该体系的保护。另一方面，国防具有非竞争性。一个公民居住在国家内，不管他愿意与否，他都得接受国防保护，而不能把自己所得到的那一份国防保护出售给别人。

国防典型的纯公共产品特征决定其只能采取公共提供的方式，但这并不是说国防产品在提供的过程中，完全排除市场的介入。在许多国家，很多国防科研工作和军事装备的生产是由私人企业来完成，然后再通过政府购买形成国防战斗力，由政府统一提供。也有一些国家对于专业性很强的职业军人采用职业雇佣的办法，即政府需要在劳动力市场按市场形成的劳动力价格来购买这一部分军人的服务，这一部分军人决定其受雇与否也取决于政府提供的价格是否适当。

从理论上讲，国防产品由政府组织生产并进行提供，比较适用于战争时期及国家安全受到严重威胁的特殊状态。比如，在第二次世界大战期间，美国研制原子弹的“曼哈顿计划”就采用了政府直接组织生产的方式，这使得美国政府在短时间内集中大量人力、物力资源，及时制造出了原子弹。中国的“两弹一星”计划也是在国际形势严峻复杂的背景下展开的，通过在全国范围内集中有限的人力、物力资源，在较短时间内研制出事关国家安全的国防产品，有效地保障了国家安全。不过，由政府统一组织生产并进行提供国防产品，缺乏竞争，容易造成国防支出的使用效率下降。因此，在和平时期，可以通过引入竞争机制采购国防产品，提高财政资金的使用效率，降低国防支出成本。目前，许多国家采用竞标的方式采购军事装备，具体操作程序是先由军事部门发布采购标的及相关要求，然后各生产厂商根据要求提出自己的方案，经过一系列选择程序，确定一家或几家厂商为提供商。该方案的优点是有助于降低国防成本，促进技术进步，加快军事产品的更新换代。不足之处在于招标过程复杂多变，容易产生“寻租”行为，再者，由于招标涉及多个厂家，国防产品所要求的高度保密性很难得到保证。

2. 国防支出的效应分析

国防支出与经济发展的关系是近年来理论界关注的焦点之一。国防作为一种纯公共产品，在保障国家安全，营造良好的发展环境，达到一国的政治、军事目的之外，还存在明显的“外部效应”。

（1）国防支出的积极效应。

国防支出的积极效应，即正外部性主要体现在两个方面：一是国防支出有助于推动技术进步。各国国防水平不断提高，一国的科技水平有很大一部分集中在国防领域。国防研究与开发活动带动了整个国家科技水平的提升，许多在军事领域成功运用的高新技术陆续在民用事业中得以使用，推动技术进步，提高了劳动生产率。二是国防支出有助于拉动经济发展，国防支出的增加会带动相关生产资料的价格提高，在价格链条的传导作用下刺激内需，带动经济发展，这也是有些国家在经济危机时期大力增加国防支出，甚至发动战争的重要原因之一。

（2）国防支出的挤出效应。

作为政府公共支出的一个组成部分，在预算支出总规模既定的前提下，国防支出的增加必然导致其他支出的减少。比如，在国防支出大规模增加时，事关民生的服务，如教育、医疗和保障支出有可能会减少，这对一个国家的长远发展显然是不利的。国防支出增加还会挤占民间投资，导致民间支出减少，抑制经济发展的活力。因此，国防支出的增加必须控制在一定的范围内。

3. 中国的国防支出

国防支出规模实际上就是国防支出的合理边界问题。改革开放以来，中国坚持国防建设服从和服务于经济建设大局，坚持国防建设与经济建设协调发展，国防支出一直保持在合理适度的规模。

从1978～1987年，中国国防费年平均增长3.5%，同期GDP按当年价格计算年平均增长14.1%，国家财政支出年平均增长10.4%，国防费支出占GDP和国家财政支出的比重，分别从1978年的4.6%和14.96%下降到1987年的1.74%和9.27%。从1988～1997年，为弥补国防基础建设的不足和维护国家安全统一的需要，中国在经济不断增长的基础上，逐步加大国防投入。国防费年平均增长 14.5%，同期 GDP 按当年价格计算年平均增长 20.7%，国家财政支出年平均增长 15.1%，国防费占 GDP 和国家财政支出的比重继续下降。

从 1998 ~ 2007 年，为维护国家安全和发展利益，适应中国特色军事变革的需要，中国在经济快速增长的基础上，继续保持国防费的稳步增长。国防费年平均增长 15.9%，同期 GDP 按当年价格计算年平均增长 12.5%，国家财政支出年平均增长 18.4%。国防费占 GDP 的比重虽有所上升，但占国家公共支出的比重总体上仍呈下降趋势，见表 4 - 2。

表 4 - 2　　1978 ~ 2007 年中国国防支出规模　　单位：亿元，%

年度	GDP	公共支出	国防支出	国防支出占GDP 比重	国防支出占公共支出比重
1978	3645.22	1122.09	167.84	4.60	14.96
1980	4545.62	1228.83	193.84	4.26	15.77
1983	5962.65	1409.52	177.13	2.97	12.57
1985	9016.04	2004.25	191.53	2.12	9.56
1987	12058.62	2262.18	209.62	1.74	9.27
1989	16992.32	2823.78	251.47	1.48	8.91
1991	21781.50	3386.62	330.31	1.52	9.75
1993	35333.92	4642.30	426.80	1.21	9.17
1995	60793.73	6823.72	636.72	1.05	9.33
1997	78793.03	9233.56	812.57	1.03	8.80
1999	89677.05	13187.67	1076.40	1.20	8.16
2001	109655.17	18902.58	1442.04	1.32	7.63
2003	135822.76	24649.95	1907.87	1.42	7.74
2005	183217.45	33930.28	2474.96	1.35	7.29
2007	257305.56	49781.35	3554.91	1.38	7.14

资料来源：国务院新闻办公室 . 2008 年中国国防白皮书 [N]. 人民日报（海外版），2009 - 01 - 21.

近年来，中国政府在经济持续平稳较快发展和财政收入快速增长的基础上，适度增加了国防费，但这种增长是属于弥补国防基础薄弱的补偿性增长，并不会对世界军事格局带来负面影响。2008 年，中国国防年度预算为 4177.69 亿元人民币，2009 年国防预算增加至 4806.86 亿元人民币，但占当年全国公共支出预算的比重下降为 6.3%。近两年增长的国防费主要用于：（1）提高军队官兵待遇。适应国家公务员收入和城乡居民生活水平提高需要，调整军队有关津贴补贴标准，保证军人生活水平同步提高。（2）应对物价上涨需要。针对食品、建材、燃油等价格上涨影响，相应提高伙食费和与官兵生活密切相关的经费标准，增加军队教育训练和油料购置投入，改善边海防部队、边远艰苦地区和基层部队工作生活条件。(3) 推进军事变革。加大信息化建设投入，适当增加装备及其配套设施建设经费，提高信息化条件下的防卫能力。

从世界范围内来看，中国国防费占国内生产总值的比重和占公共支出的比重与其他国家相比，特别是与一些大国相比，均处于较低的水平。以2007年为例，美国国防费占其GDP比重为4.5%，英国为2.7%，法国为1.92%，中国国防费占GDP比重仅为1.38%，见图4－2。

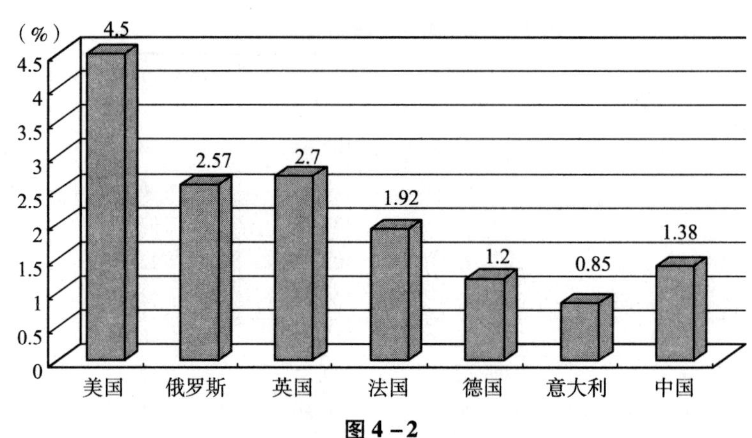

图4－2

资料来源：国务院新闻办公室．2008年中国国防白皮书［N］．人民日报（海外版），2009－01－21．

4.4.3 教育支出

教育是提高人口素质的关键，是将人力资源真正转化为人力资本的孵化器，也是经济增长的源泉与国家发展的基础。100多年前，新古典经济学集大成者马歇尔指出，对教育投入所产生的收益不能简单地以它产生的直接结果来衡量，因为它还“使大多数人有比他们自己通常能利用的大得多的机会”。① 作为一种具有正外部性的非纯公共产品，各国政府都积极参与教育服务的提供，那么，政府参与提供教育服务的理由何在呢？

1. 教育具有正外部性

教育作为一种人力资本投资，具有很强的正外部性，它能促进全社会生产效

① 马歇尔．经济学原理，上卷．北京，商务印书馆，2005：233.

率的提高，会使整个社会因受教育者文化程度的提高而受益。世界银行《1991年世界发展报告》认为，劳动力受教育的平均时间增加 1 年，GDP 就会增加 9%。各国发展实践表明，良好的教育对于民族素质的提高和国家的发展意义重大。基础教育（包括义务教育）越完善，其正外部性越大，社会收益率越高，社会成本越低。

2. 教育有助于促进社会公平

根据舒尔茨的人力资本理论，教育作为一种投资行为，与投入是密切相关的。对于贫困家庭，由于无力进行大量的人力资本投资，受教育程度低，意味着只能从事低报酬的工作，陷入“贫者愈贫”的恶性循环（家庭贫穷→教育初始投资能力弱→人力资本低→就业困难→收入低→教育再投资能力低）。反之，则会进入“富者愈富”的良性循环。作为一种人力资本投资，教育支出显然受到每个家庭预算的制约。如果社会中的贫困家庭子女由于缺乏必要的教育资助，承担不起高昂的学费，许多孩子因此无法接受最基本的教育，由此带来机会的不公平，结果造成“贫困的代际转移”，这对一个国家的长远发展是非常不利的。

3. 人力资本市场的不完全性

对个人而言，一方面教育作为一种人力资本投资，在未来是有较高投资回报率的；另一方面，教育投资的收益又具有不确定性，其收益率的大小受个人的性格、机遇、健康、能力等不确定因素的影响。由于消费者的偏好不合理，大大低估了教育对个人和社会的作用，部分消费者为了眼前的利益，不愿意对其子女进行教育投资。另外，人力资本市场是一个不完全的市场，私营信贷机构一般不愿意冒险为受教育者提供教育贷款，其结果是贫困家庭的学生无法接受足够的教育，这在高等教育领域表现得尤为突出。基于此，政府有必要出面通过各种方式对贫困学生提供补助，帮助其顺利完成学业。

教育具有的公共产品属性及正外部性等特点，决定了提供教育服务是政府天然的责任。但由于不同层次教育对社会和私人带来的正效益的不同，决定了政府在教育资源的配置上也有所区别。由于基础教育具有较强的外部性，如果完全由市场配置教育资源，必然导致投入不足，效率低下，提供规模会小于帕累托最优规模，其后果是文盲增多，国民素质下降，因此应由政府统一进行配置。而高等教育和职业教育对个人的回报率更高，和个人的关系更为密切，可由政府和市场共同进行配置。

客观来说，改革开放以来，我国的教育事业取得长足进步，但与年均超过 9% 的经济增长相比，教育支出的增长相对缓慢，成为教育事业快速发展的掣肘，突出表现在政府对教育支出的支持力度不足；教育支出结构分布不合理；地区之间、城乡之间教育支出差距过大等方面。

如前所述，尽管我国很早就提出财政性教育支出占GDP的比重要达到4%，但至今这一目标从未实现，无论是与发达国家还是与发展中国家相比，都存在较大差距。世界经济实力位居前列的国家，其教育支出占GDP的比重都超过4%。如，美国2004年教育支出占GDP比重为5.7%，英国为5.3%，韩国稍低，也达到4.2%。同时，我国三级教育之间的教育经费分配比例不合理，其中，高等教育所占比例在20%~22%之间，中等教育在35%~37%之间，初等教育在31%~36%之间。作为具有正外部性的教育，初等教育和中等教育的社会效益显然更大，需要政府投入更大的份额。对于尚未完成工业化进程的发展中国家来说，大力发展初等教育和中等教育可以促进本国经济腾飞，社会进步更为有效。

地区之间、城乡之间教育支出的不合理是与我国区域之间经济发展不平衡，城乡之间"二元结构"密不可分的。改革开放以后，我国实行非均衡的区域发展战略，东部与中西部地区的经济差距不断拉大，由此造成各地教育支出的地区差异愈加突出，出现区域之间不均衡的状况。城乡之间教育支出的差异与我国的教育管理体制改革滞后有一定关系。自20世纪80年代后期教育投资和教育管理权下放给地方政府以后，由于经济发展水平的差异，教育支出成为地方政府沉重的包袱，因而造成义务教育出现很多问题。

解决教育支出不足问题是一项长期的艰巨任务。政府应承担起提供主要教育服务的责任，重塑公共经济的理念，将为全民提供良好教育，尤其是均等化的义务教育作为自身的重要工作。毫无疑义，应根据公共经济原则合理划分各级政府的教育责任。教育事关一个国家的竞争力和民族的长远发展，各级政府在提供教育服务方面应发挥主导作用。调查发现，尽管近年来教育支出的绝对额在增加，但其占GDP的相对比重依旧在3%左右徘徊，其中一个重要原因是地方政府在教育领域的支出力度不足。因此，应尽快合理界定各级政府的支出责任。以基础教育为例，应根据各地经济发展状况的不同，决定中央、省级和省级以下政府的支出责任。对于经济欠发达地区，应由中央和省级政府承担主要支出责任，省级以下政府履行教育管理职能。对于经济发达地区，省和县市政府拥有较强的财力，完全可以承担起辖区内的教育支出责任。在教育支出的分配方面，应将更多的财力投向义务教育和职业教育，这是由于这两类教育产生的正外部性更大，也更有利于社会公平目标的实现。此外，还应注意发挥民间资本在推动教育发展方面的作用，政府予以合理引导，使之成为推动教育发展的重要补充力量。

4.4.4 医疗卫生支出

医疗卫生是服务每个社会成员身心健康的社会事业，也是影响经济增长的重要因素之一。据世界银行测算，在过去40年中，世界经济增长的8%～10%应归因于健康人群。各国经济发展成功的实践昭示：国家通过投资健康来改善人力资本存量的质量，是提高人口素质，增加穷人福利的重要手段，同时也是促进经济增长的主要动力。由政府提供基本医疗卫生服务主要基于以下几点考虑：

1. 医疗卫生服务的公共产品属性

从理论角度看，居民基本健康卫生具有很大的外部性，因此基本医疗保障，尤其是公共卫生具有公共产品性质。比如，如果能对传染病患者及时进行诊治，则不但能为其带来健康，而且可以消除其由于没有及时诊治而给社会带来的负面影响。类似的大范围疾病控制，如“非典”疫情和“禽流感”等，接近于纯公共产品，个人在其中受益时，并不妨碍其他人的消费和受益，只有政府才能提供这类公共产品。因而，在任何时期，任何国家的政府对于卫生筹资及医疗卫生发展都负有不可推卸的职责。当然，在普通医疗卫生领域，基于个人疾病风险的不确定性及个人经济能力的差异，政府也必须承担一部分筹资与分配责任。

2. 维护社会公平正义的内在要求

根据公平正义原则，为全体公民提供最基本的医疗保障，使其达到最好的健康水平，并使医疗卫生资源在所有人群中公平分配，是任何国家健康保障制度建设的目标。人人享有医疗卫生服务，尤其是基本医疗卫生服务，是维护社会公平正义的重要体现。一方面，如果仅有少部分人享有医疗卫生服务，那么，这部分人很容易形成一个“特权阶层”；无法享受医疗卫生服务的人则成为弱势群体，加大社会不公。另一方面，没有享受到医疗卫生服务的人会通过其他途径，采用各种办法来谋取这种权利，形成所谓“绿洲效应”，造成社会不公平现象的进一步蔓延。

3. 医疗卫生服务的信息不对称

市场经济条件下，在交易过程中供需双方对于商品或服务的质量、性能等信息了解程度不同，会出现“信息不对称”或“信息不完全”现象。医疗卫生领域同样如此，存在严重的病情、医药和治疗等信息的不对称。病人在接受医疗卫生服务时，不可能像在完全竞争市场上购买一般物品那样，去通过比较“试错”

的方式进行选择。对于需方或患者而言，因为对病情或健康不了解，为了早日康复，对供方的任何要求都不敢轻视，是被动的接受者。由于存在严重的信息不对称，如病人对医疗卫生需求的质量、数量及成本，以及所需要的治疗药物的种类、治疗的方式、治疗的地点等方面的决策都由医生做出，病人通常没有选择和决策的权利。鉴于医疗和医药是缺乏弹性的商品，患者对医药和医疗的需求量不会因其价格上升而明显减少，医生由于掌握信息和知识比患者多得多，明白怎样为病人多提供服务以取得高额酬金，医院同样希望病人多花钱多治疗以增加收入，因而存在严重的诱导消费倾向。患者只能去承受这种由于信息不对称所造成的费用增加。医疗卫生市场存在的这些信息障碍，导致仅靠市场力量很难实现医疗卫生资源的有效配置，政府必须介入其中，进行适当干预，引导医疗卫生市场的健康发展。

医疗卫生支出一直是各国政府重要支出项目之一，从世界范围内来看，美国医疗卫生支出中政府所占份额在40%以上，发达国家超过70%，发展中国家也在45%以上。我国在20世纪70年代末，政府医疗卫生支出占全部医疗卫生支出的比重为28%，进入90年代，下降趋势不但没有扭转，反而加剧，1990年政府支出占全部卫生费用支出的比重为25.1%，社会承担39.2%，个人承担35.7%，到2000年，政府承担的份额下降为15.5%，个人承担的份额则上升为59%，“看病贵，看病难”成为突出的社会问题，直至近两年才稍有改观（见表4-3）。

表4-3　　中国医疗卫生费用支出分担情况

单位：%

年份	政府	社会	个人
1990	25.1	39.2	35.7
1992	20.8	39.3	39.8
1994	19.4	36.6	43.9
1996	17	32.3	50.6
1998	16	29.1	54.8
2000	15.5	25.6	59
2001	15.9	24.1	60
2002	15.7	26.6	57.7
2004	17	29.3	53.6
2006	18.1	32.6	49.3
2007	20.3	34.5	45.1

资料来源：2008年中国卫生统计提要［N］.

当前，我国城乡和区域医疗卫生事业发展不平衡，资源配置不合理，公共卫生和农村、社区医疗卫生工作比较薄弱，医疗保障制度不健全，药品生产流通秩序不规范，医院管理体制和运行机制不完善，政府医疗卫生支出不足，医药费用上涨过快，个人负担过重。面对这些尖锐矛盾，中共中央国务院在 2009 年 3 月出台了《关于深化医药卫生体制改革的意见》，强调建立政府主导的多元卫生投入机制。明确政府、社会与个人的卫生投入责任。确立政府在提供公共卫生和基本医疗服务中的主导地位。[①] 公共卫生服务主要通过政府筹资，向城乡居民均等化提供。基本医疗服务由政府、社会和个人三方合理分担费用。特需医疗服务由个人直接付费或通过商业健康保险支付。

中央政府和地方政府都要增加对卫生的投入，并兼顾供给方和需求方。逐步提高政府卫生投入占卫生总费用的比重，使居民个人基本医疗卫生费用负担有效减轻；政府卫生投入增长幅度要高于经常性财政支出的增长幅度，使政府卫生投入占经常性财政支出的比重逐步提高。新增政府卫生投入重点用于支持公共卫生、农村卫生、城市社区卫生和基本医疗保障。

按照分级负担的原则合理划分中央和地方各级政府卫生投入责任。地方政府承担主要责任，中央政府主要对国家免疫规划、跨地区的重大传染疾病预防控制等公共卫生、城乡居民的基本医疗保障以及有关公立医疗卫生机构建设等给予补助。加大中央、省级财政对困难地区的专项转移支付力度。

完善政府对公共卫生的投入机制。专业公共卫生服务机构的人员经费、发展建设和业务经费由政府全额安排，按照规定取得的服务收入上缴财政专户或纳入预算管理。逐步提高人均公共卫生经费，健全公共卫生服务经费保障机制。

完善政府对城乡基层医疗卫生机构的投入机制。政府负责其举办的乡镇卫生院、城市社区卫生服务中心（站）按国家规定核定的基本建设经费、设备购置经费、人员经费和其承担公共卫生服务的业务经费，使其正常运行。对包括社会力量举办的所有乡镇卫生院和城市社区卫生服务机构，各地都可采取购买服务等方式核定政府补助。支持村卫生室建设，对乡村医生承担的公共卫生服务等任务给予合理补助。

落实公立医院政府补助政策。逐步加大政府投入，主要用于基本建设和设备购置、扶持重点学科发展、符合国家规定的离退休人员费用和补贴政策性亏损等，对承担的公共卫生服务等任务给予专项补助，形成规范合理的公立医院政府投入机制。对中医院（民族医院）、传染病院、精神病院、职业病防治院、妇产医院和儿童医院等在投入政策上予以倾斜。严格控制公立医院建设规模、标准和贷款行为。

---

① 中共中央国务院．关于深化医药卫生体制改革的意见［N］．新华社，2009－04－6.

完善政府对基本医疗保障的投入机制。政府提供必要的资金支持新型农村合作医疗、城镇居民基本医疗保险、城镇职工基本医疗保险和城乡医疗救助制度的建立和完善。保证相关经办机构正常经费。

4.4.5 公共投资支出

公共投资支出是以国家为主体的投资项目的支出，是政府消耗性支出中有别于消费性支出的部分，也是国家积累基金运作的重要形式。

1. 公共投资与私人投资的区别

根据投资主体的不同，社会投资可以分为公共投资和私人投资，两者的区别如下：

（1）公共投资注重为全体居民和各类经济主体的生产和生活提供必需的条件，追求社会效益和经济效益的一致性，公共投资项目一般可以提高国民经济整体效益。私人投资则追求利润回报，所做出的决策都是为实现自身利益最大化。

（2）公共投资的对象具有特殊性。一般来说，公共投资项目通常具有很大的正外部性，如高新技术产业（航空航天技术）、大型能源基础设施、水利基础设施等。如果私人部门不愿介入这些领域，必然会导致投资不足。

（3）公共投资追求社会效益最大化。公共投资不可能也不应该把是否盈利和盈利高低作为进行投资的前提条件，这是与私人投资的本质区别。私人投资往往以是否盈利作为进行投资的标准，社会效益通常不在考虑范围之内。

从理论上讲，一国公共投资支出的大小主要取决于两方面的因素：一是经济体制；二是经济发展阶段。当一国实行计划经济体制时，政府是主要的经济主体和投资主体，公共投资占全社会总投资的比重必然会很高；相反，如果一国实行市场经济体制，社会中的投资主体多元化，民间部门的投资肯定会占很大比重。同时，一国的经济发展阶段不同，公共投资规模也会有很大差异。在经济起飞阶段，需要大量的公共基础设施，公共投资就会保持较高比重；当经济进入成熟阶段后，政府的工作重点相应转移，公共投资的比重自然会有所下降。下面重点介绍基础设施投资和农业投资。

2. 基础设施投资

基础设施是指永久性的成套的工程建筑、设备、设施和它们所提供的为所有企业生产和居民生活都共同需要的服务。一般包括三部分：一是公共设施：电力、电信、自来水卫生设备和排污、固定废弃物的收集和处理、管道煤气；二是公共工程：公路、大坝和排灌管道等水利设施；三是其他交通部门：铁路、市内交通、港口和航道、机场等。

基础设施投资最关键的是投资方式问题，从世界各国实践来看，主要有以下几种投资方式：

（1）政府直接投资无偿提供。这是一种最基本的基础设施投资方式，如市区道路、上下水道等，这些项目具有明显的公共产品性质，虽然单项投资规模不大，但数量很多，再加上极强的非排他性或很高的排他成本，决定了只能由政府进行投资。

（2）政府直接投资，非商业性运营。指政府直接进行基础设施投资，由特定的政府部门进行非营利性经营，这类基础设施包括机场、码头、邮政等，具有明显的公共产品性质，要由政府投资建设。但由于这类基础设施的投资规模一般都比较大，而且从技术上是排他的，排他成本不高，因此政府在提供政策服务时，要向使用者收费，收费标准一般比较低，只要在一定时期内收回投资成本即可。

（3）建设—经营—转让投资（BOT 投资）。政府将一些拟建基础设施项目通过招商转让给某一财团或公司，由其组建一个项目公司进行建设经营，并在双方协定的一定时期内，由该项目公司通过该项目偿还债务、收回投资，协议期满项目产权转让给政府。这种方式最大的特点是鼓励吸引私人投资者特别是国外直接投资者对发电厂、高速公路、能源开发等基础设施进行投资。

（4）财政投融资。这是一种政策性投融资，它既不同于一般的公共投资，也不同于一般的商业性投资，而是介于两者之间的一种新型政府投资方式。财政投融资的来源和运用都是有偿的，不仅要偿还本金，还要支付利息，只是利率相对较低或者无息。财政投融资的资金使用不以营利为目的，但应尽可能收回全部投资成本。财政投融资的资金投向主要是能实现政府在不同经济发展阶段制定的政策目标的领域。财政投融资能够根据经济发展状况及时调整财政投融资预算，减轻经济波动。

3. 农业投资

从产品性质上说，农业产品是典型的私人产品，农产品市场是一个充分竞争的市场，政府不应过多地介入农业生产活动。但是，政府出面对农业进行扶持和保护，以各种政策手段促进农业发展是各国政府的通行做法。这是由于：

（1）农业是一国国民经济的基础。民以食为天，农产品是满足人类生存最基本的生活必需品，同时又为工业发展提供原材料。对于中国而言，农业又吸纳了大量的劳动力，解决了 13 亿人口的吃饭问题，农业稳则天下安。没有农业的发展，其他产业也将失去发展的基础。

（2）农业是风险产业。农业对自然条件和基础设施要求较高，自然风险与市场风险同在，生产难免有周期波动。由于农业基础设施外溢性强、花费高，农户无法进行有效投入，需要政府部门予以扶持和帮助。

（3）农业本身是弱势产业。农业的社会效益远大于直接经济效益，这就导致投资农业往往得不到平均利润，非但吸引不了农业部门外的资金，农业部门内部资金也可能向非农产业逆向流动，如果没有政府的扶持和保护，很难保证农业的正常资金投入，结果将危及农业的基础地位。

改革开放 30 年来，国家财政用于农业的支出尽管总量在增加，但农业支出占财政支出的比重却呈下降趋势，见表 4－4。1992 年，国家财政用于农业支出达 376.02 亿元，占财政支出的比重为 10.05%；1998 年用于农业支出占公共支出的比重达到 10.69%，达到最高点；到 2002 年，国家财政用于农业支出达 1580.76 亿元，是 1992 年支出总额的 4 倍多，但占财政支出的比重却下降为 7.17%，为近年来的最低水平。此后，中央连续出台多个"中央一号文件"，国家用于农业支出占财政支出的比重才有所提高，但仍只恢复到 1998 年的水平。在新形势下，政府应进一步提高对农业和农村的投入，强化对农村公共产品的供给。从理论上讲，农民与市民一样享有生存权与发展权，政府应承担起最基本公共产品的供给责任，促进城乡基本公共服务均等化。

表 4－4　　国家财政用于农业的支出

单位：亿元

年份	合计	支农支出	农业基本建设支出①	农业科技三项费用	农村救济费	其他②	用于农业支出占财政支出的比重（%）
1990	307.84	221.76	66.71	3.11	16.26		9.98
1992	376.02	269.04	85.00	3.00	18.98		10.05
1994	532.98	399.70	107.00	3.00	23.28		9.20
1996	700.43	510.07	141.51	4.94	43.91		8.82
1998	1154.76	626.02	460.70	9.14	58.90		10.69
2000	1231.54	766.89	414.46	9.78	40.41		7.75
2002	1580.76	1102.70	423.80	9.88	44.38		7.17
2004	2337.63	1693.79	542.36	15.61	85.87		9.67
2006	3172.97	2161.35	504.28	21.42	182.04	303.88	7.85

注：①从 1998 年起，农业基本建设支出项包括增发国债安排的支出。
②其他项包括新型农村合作医疗和补助村民委员会支出等。

资料来源：中国统计年鉴（2007）[M]. 中国统计出版社，2007.

4.5 转移性公共支出

与购买性支出不同，转移性公共支出并没有得到商品和劳务的补偿，而是将资金直接转移给受益群体。从内容上看，转移性公共支出主要包括社会保障支出、财政补贴支出和债务利息支出等。这里仅就社会保障支出和财政补贴支出作出分析。

4.5.1 社会保障支出

社会保障是国家或政府为了保证社会稳定，通过立法和行政措施为符合法律规定标准的社会成员提供基本生活保障的行为，在现代社会，它还是政府调节和控制经济运行的重要手段。

1. 社会保障的历史沿革及内涵

社会保障制是生产力发展到一定阶段的产物，是社会进步的重要标志。1883年，为缓和国内矛盾冲突，德国“铁血宰相”俾斯麦颁布《疾病保险法》、《伤残和养老保险法》，这被视为现代社会保障史上的第一个里程碑。1935年，在经历全球性经济危机之后，作为“罗斯福新政”的重要内容之一，美国颁布了《社会保障法》，第一次正式提出“社会保障”的概念，成为现代社会保障史上第二个里程碑。1942年英国《贝弗里奇报告》宣称，要为那些因失业、疾病、退休、生育和鳏寡者等在经济生活中处于不利地位的人们提供社会保障，强调全面性和普遍性原则，是现代社会保障制度的第三个里程碑。经过100多年的发展，社会保障已成为现代国家一项不可或缺的社会经济制度。

在中国，虽然“社会保障”这一概念提出的比较晚，但历史上出现的救灾备荒、扶贫济困、养老抚幼的制度和机构，实际上发挥了社会保障的功能。中国特色的社会保障制度是在新中国成立后逐步建立和发展起来的。《中华人民共和国宪法》明确规定：“中华人民共和国公民在年老、疾病或者丧失劳动能力的情况下，有从国家和社会获得物质帮助的权利，国家应发展为公民享受这些权利所需要的社会保障、社会救济和医疗卫生事业。”

中国社会保障体系主要包括社会保险、社会救助、社会福利、慈善事业四大组成部分。社会保险是社会保障的核心部分，指国家通过立法，多渠道筹集资金，在劳动者暂时或者永久丧失劳动能力以及其他原因中断工作，没有经济收入或者劳动收入减少时，给予经济补助，使他们能够享有基本生活条件的一项社会保障制度。社会保险项目分为养老保险、失业保险、医疗保险、工伤保险和生育保险。社会救助是对因各种原因造成生活困难，不能维持最低生活水平的社会成员，由国家和社会给予一定的物质援助的制度。主要包括最低生活保障、农村五保供养、特困户救助、灾民救助、城市生活无着的流浪乞讨人员救助等。广义的社会福利，是指国家为改善和提高全体社会成员的物质生活和精神生活所提供的福利津贴、福利设施和社会服务的总称。狭义的社会福利，是指国家向老人、儿童、残疾人等社会中需要给予特殊关心的人群提供的必要的生活保障。慈善事业，是私人或社会团体基于慈悲、同情和救助等观念，为灾民、贫民及其他生活困难者举办的施舍、救助活动的统称。慈善活动的对象、范围、标准和项目由施善者确定。

2. 政府提供社会保障的经济理由

那么，为何要实行社会保障，或者说政府介入社会保障制度的理由是什么呢?

从经济学角度分析，社会保障是介于私人产品和公共产品之间的优值品，具有双重性质，这种产品必须由政府介入才能有效发挥作用。政府是社会保障的责任主体，担负着财政责任、组织责任、监管责任以及制度保障责任。

（1）社会保障领域的信息不对称需要政府干预。

信息不对称是指在市场经济活动中，各类人员对有关信息的了解是有差异的；掌握信息比较充分的人员，往往处于比较有利的地位，而信息贫乏的人员，则处于较为不利的地位。美国三位经济学家约瑟夫·斯蒂格利茨、乔治·阿克尔洛夫和迈克尔·斯彭斯就此提出了信息不对称理论并获诺贝尔经济学奖。该理论认为，市场中卖方比买方更了解有关商品的各种信息；掌握更多信息的一方可以通过向信息贫乏的一方传递可靠信息而在市场中获益；买卖双方中拥有信息较少的一方会努力从另一方获取信息；市场信号显示在一定程度上可以弥补信息不对称的问题；信息不对称是市场经济的弊病，要想减少信息不对称对经济产生的危害，政府应在市场体系中发挥强有力的作用。信息不对称理论为很多市场现象提供了解释，并成为现代信息经济学的核心。由于信息不对称，真正为私人提供保障（购买保险）的人通常比不为自己保险的人更易得病，因此，风险较小者不愿意购买保险，由此带来的结果是，保险公司不断提高保费，而越来越少的人买得起保险，保险市场不断萎缩。政府通过强制手段为所有人提供保险，从而避免信息不对称带来的负面效应。

（2）政府抵抗社会风险的能力大于市场。

一般说来，个人在保护自身方面通常是缺乏远见的，很少有人为自己的利益购买足够多的保险。因此，作为“家长”的政府必须强迫他们购买。例如，人们普遍地认为，若没有社会保障，多数人不会积累足够的财产以维持退休后的适当消费。显而易见，政府具有一定的强制力，这种能力确保政府可以做私人企业做不到、做不了的事，从而可以在全社会范围内分散风险。政府有权征税以实现对社会风险的保险，并将其用于收入再分配，解决逆向选择的问题。政府可以采取措施，通过代际转移，使几代人共担风险。政府可以使社会保障支出指数化，减轻通货膨胀对个人的威胁。

(3) 政府干预社会保障促进社会公平，降低决策成本。

社会保障作为实现社会公平的一种必须手段，强调社会成员参与的公平性，即任何社会成员只要符合法律规定的条件，无论其职业、地位、贫困均应被纳入社会保障范围。社会保障制度的一个主要功能就是充当社会的“安全阀”或者“减震器”，是社会公平的“黏合剂”。通过社会保障对国民收入进行再分配，可以消解人们由于社会分配不公而引起的不满和对抗情绪、实现社会安宁和保证良好秩序。无论是发达国家还是发展中国家，都存在一定程度的不公平或不公正，而这种不公平显然是无法通过市场来实现的，必须由政府出面予以纠正。

保险和年金市场非常复杂，对个人来说，选择适当的保单很可能要花费大量的时间和精力。如果公共决策者能为每个人选择合适的方案，个人就不必为做出决策而浪费资源了。因此，从降低决策成本的角度讲，由政府统一提供社会保障更为可行。

(4) 社会保障本身的特殊性。

社会保障是介于公共产品和私人产品之间的一种产品，带有一定程度的均衡贫富的性质，尤其是养老保障、医疗、最低生活保障在保障内容上具有不可或缺性。任何人在年老丧失劳动能力后没有养老金、患病后不能得到及时救治、失去生活来源后没有糊口的经济收入，将会直接影响人的生存与发展。社会保障作为一种“兜底”机制，可以有效解除人们的后顾之忧，为社会成员提供基本的安全保障，从而鼓励人们放心大胆地去创造财富，进一步提高生活质量。也就是说，社会保障制度的特殊性决定了社保制度建立和实施的主体是政府。

当然，与市场不是万能的一样，政府也不是万能的。政府在介入社会保障领域发挥着积极作用的同时，也存在政府失灵的问题。政府强制人们统一购买社会保险，带有明显的强制性，不能全面反映消费者的偏好，带来效率损失。任何企业和个人都不能根据自身的情况加以选择，即这些购买或支付如用于其他方面，也许能取得更大的效益，这种机会成本使得整个社会资源配置未能达到最优化。社会保障运行的机构不断膨胀，人员不断增加，管理费用的提取比例逐年提高，办事效率却越来越低。在委托代理下，政府作为“经济人”，在趋利避害的引导下，由于缺乏监督，也可能做出不理性的行为。

3. 社会保障的基本模式

迄今为止，全球有172个国家和地区至少实行了一种社会保障制度。但由于世界各国的社会制度、经济基础和文化背景等不同，实行社会保障制度的时间有先有后和有长有短。因此，各国社会保障制度在政策取向、制度设计、具体标准等方面既有共同点，也有差异之处。总的来看，世界各国社会保障制度大致可以分为四种主要类型。

（1）普惠型（福利型）保障模式。

普惠型社会保障是在经济较发达、整个社会物质生活水平大幅度提高的基础上实施的一种覆盖非常全面的社会保险模式，又称为福利型社会保险制度。这种保障制度起源于英国的《贝弗里奇报告》，目前实行这一模式的欧洲国家主要有英国、挪威、瑞典、丹麦等。其主要特征是：资金全部来源于国家税收；不过分强调权利与义务的对等，只要符合规定条件（如年龄、收入水平等）就可以申请援助；主张福利的普遍性和统一性，提供“从摇篮到坟墓”的服务。

该模式在20世纪70年代发展到顶峰，进入80年代后，尤其是这些国家进入老龄化阶段以后，政府财政压力加大。许多国家于是开始改革，强调建立由国家、雇主和劳动者三方负担，强调劳动者在社会保险方面责任的社会保险制度。

（2）社会保险型模式。

社会保险型模式是由雇主和雇员定期缴纳社会保险费，不足部分由政府补贴并使投保者享受社会保险金的一种保险模式。这种社会保险往往是强制性保险。一般说来，社会保险制度是在工业化取得一定成效、有雄厚经济基础的情况下实行的。其目标是国家通过制度设置为公民提供一系列的基本生活保障，使公民在老年、失业、疾病、伤残、生育或死亡而需要特别支出的情况下得到一定的经济补偿。该模式起源于德国，随后为西欧、美国和日本等国所仿效。

社会保险型模式近年来面临的主要挑战是：随着人口老龄化进程加快，养老、医疗等社会保障支出增长迅猛，在传统的“代际赡养”模式下，企业和个人的缴费负担日益沉重。这一模式也很难覆盖从未就业的人群，他们的保障问题还需通过其他制度来解决。

（3）国家型保险模式。

国家型保险模式是以公有制为基础的计划经济国家实施的一种社会保险模式。由于该模式是由政府统一包揽的，因而又被称为政府统包型社会保险制度。其宗旨是：最充分地满足无劳动能力者的需要、保护劳动者的健康并维持其工作能力。其主要特征是：受保人不缴纳任何保险费；社会保险待遇偏高（退休金占工资的 70% 以上）；保险待遇与缴费多少无关，而与劳动贡献挂钩；各级工会组织代表国家政权机构管理社会保障事宜。

该模式的首创者是苏联，中国在 20 世纪 50 年代参照该模式建立劳动保险制度，但由于财政能力有限，实际覆盖面较窄，只包括国营企业和国家机关事业单位的工作人员，到后期财政负担加重，保障程度难以提高。20 世纪 80 年代以后，实行国家型保险模式的国家开始向美国、德国等国家学习社会保障经验，探索建立符合本国国情的社会保障制度。

（4）强制储蓄型保障模式。

这种模式也称为公积金计划，以新加坡、智利等国家为代表。这种模式的基本特征是：政府通过立法强制雇主与雇员参与公积金制度，并按照规定缴纳公积金；雇主与雇员缴纳的公积金全部存入受保人的个人账户；个人账户资金投入资本市场运营以实现保值增值；公积金由官方性质的中央公积金管理，政府承担监督职能。

强制储蓄型保障模式的不足在于缺乏必要的互济性，储备基金容易受到通货膨胀等因素的冲击。实行这一模式的国家，一般都有相应的最低保障标准，同时政府对投资风险承担一定责任。

4. 中国的社会保障改革

作为社会主义市场经济体制的基本内容之一，中国已基本形成了较为系统的社会保障体系，在深化改革、促进发展、改善民生和维护稳定中发挥了重要作用。但随着人口老龄化和城镇化进程的加快，社会保障体系建设还存在一些不足之处。突出表现在：一是社会保障公平性不足。社会保障是一种“底线保障”，人人享有基本社会保障是对现代政府的基本要求。中国的社会保障制度缺乏针对农村居民和非就业老年群体的养老保障制度安排。对于被征地农民和关闭破产企业和部分集体企业的退休人员参加养老和社会保险的问题等还没有完全解决，保障的公平性亟待提高。二是保障的可持续性较差。养老保险的制度模式仍未定性，无法为即将到来的老龄化高峰做充分的准备；医疗保险制度设计存在缺陷，引导性和约束性较差；社会保障资金积累和结余资金保值增值渠道狭窄，在利用市场和社会资源方面存在明显不足。三是无法适应流动性要求。中国社会正处于急速的城乡变迁进程中，现行的社会保障体系难以完全适应城镇化快速推进中大量农村劳动力进城就业的要求，尤其是现行养老保险政策无法有效保障农民工权益。社会保障没有实现全覆盖，大量城镇灵活就业人员游离于社会保险制度外等。

构建人人享有基本生活保障，符合中国国情的社会保障制度体系，充分发挥社会保障的“安全网”、“减震器”和“调节器”的作用，当前必须做好以下几方面工作。

（1）重新界定各级政府之间的社会保障事权。公共财政的支持在社会保障中居于重要地位，但中国用于社会保障的财政支出仅相当于全部公共支出的12%左右，与发达国家30%～40%的比例相差很大，这与各级政府在社会保障事权方面的界定不清有关。当前应以调整和完善社会保险统筹层次为重点和突破口，重新界定各级政府之间的社会保障事权。基本养老保险制度应明确实行全国统筹的最终目标并为之积极创造条件。基本养老保险实行全国统筹，有利于平衡各地企业负担水平和便于劳动力的全国流动，创造公平竞争环境。当然，在实现全国统筹以前，应以尽快推进省级统筹作为过渡。医疗保险提高到省级统筹，失业保险和工伤保险统筹层次可由省级人民政府确定。最低生活保障、医疗救助、临时社会救济等社会保障事务的具体管理工作仍由县级政府负责。在不同社会保险项目统筹级次确定以后，要明确实行哪一级统筹就应由哪一级政府对社会保险基金的监管和基金收支平衡承担最终责任，同时通过调整和完善财政体制对各级政府履行本级社会保障事权的能力给予保证。对于超出下一级地方政府承受能力的项目，上一级政府通过转移支付予以补助；对优抚安置等属于中央委托地方组织实施的职责，所需资金由中央财政通过专项转移支付资金予以安排。

（2）加快完善养老保险。党的十七届三中全会提出，要探索建立个人缴费、集体补助、政府补贴相结合的新型农村养老保险制度，这是从根本上改变传统农村养儿防老的重大决策，也是从根本上减少贫困人口的有力之举。近年来各级政府的财力已明显增强，应尽快建立新型农村养老保险制度。对于被征地农民的社会保障和事业单位的养老保险也应予以高度重视，可以先行试点，取得经验后在全国范围内逐步推开。探索适应农民工群体特点的养老保险办法，以较低的费率适应农民工收入普遍较低的现状，以权益累计的形式解决农民工就业不稳的便携性问题，制定农民工跨区域就业的养老保险关系接续及基金的管理办法等。

（3）继续完善医疗保险。建立“三横三纵”医疗保障体系。“三横”即城乡医疗救助制度为保底层、基本医疗保险为主干层、各种补充医疗保险和商业健康保险为补充层。“三纵”即在基本医疗保险中，并列职工医疗保险、城镇居民基本医疗保险和新型农村合作医疗三项制度。在此基础上，推进城乡统筹、地市统筹和门诊统筹，加强药品目录管理、诊疗项目管理和费用结算管理。扩大生育保险的覆盖面，探索将保障范围从职业人群扩大到城乡全体居民，实现全覆盖。

（4）推进社会保障法制化建设。社会保障作为一项由国家强制实施的公共经济制度，必须有完善的法律法规作为保证。当前社会保障体系建设中存在的许多问题和矛盾，与社会保障立法不足密切相关。自 1994 年颁布的《劳动法》中初步确立了社会保险制度的新模式后，中国在社会保障领域的立法已不适应社会保障事业发展的需要，加快社会保障立法势在必行。当前，全国人民代表大会已将《社会保险法》列入立法计划，经过社会各界的讨论和多次修改论证，即将出台。社会保障基础管理条例、企业年金条例等配套法规，也在积极研究之中。通过推进社会保障法制化建设，增强社会保障的强制性、规范性、稳定性，将会有力推动社会保障事业的健康发展，从根本上维护人民群众社会保障权益。

4.5.2 财政补贴支出

财政补贴是政府为了特定的政策目标，向家庭、企业或私人提供的补助和津贴，是各国政府管理与调解社会经济的重要工具。政府通过财政补贴来调解供求关系，稳定市场价格，促进特定产业发展，维护企业和消费者自身利益，从而影响全社会资源配置结构及社会经济的整体发展。目前，世界 80% 以上的国家都利用财政补贴来实现一定的政治经济目标，这是一种世界性的经济现象。

1. 为什么要实行财政补贴?

(1) 市场失灵的存在。在自然垄断的领域，如城市的公共交通、煤气、水电等，市场价格无法有效配置资源，政府必须对这类企业价格实行管制。同时，由于这些领域对生产和生活具有特殊意义，政府往往对其实行低价政策，以向社会中低收入阶层提供福利。由于政府的这种低价政策而产生的企业亏损，应由财政提供补贴，否则这类企业将无法生存。

(2) 扶持弱质产业。农业作为国民经济的基础，同时也是弱质产业。在农业发展过程中，财政补贴具有重要作用。以中国为例，为调动农民生产积极性，政府曾多次提高农副产品收购价格，同时又降低支农工业品零售价格，由此产生的粮食加工企业和支农工业品生产企业的亏损则由财政给予补贴。从而极大地调动了广大农民的生产积极性，促进了农业生产发展。

2. 财政补贴的效应分析

从理论上讲，财政补贴效应是指财政补贴对国民经济和社会生活所产生的影响，包括正效应和负效应两方面。

(1) 财政补贴的正效应。通过财政补贴，可以实现国家的社会福利目标，实现经济社会稳定。当出现经济波动时，政府给某些生产者以价格补贴，市场配置资源主要着眼于效率，它必然将资源导向经济效益高的部门和经济发达地区，同时会引起国民收入分配在不同收入阶层之间发生较大的差异，在这种情况下，适当运用补贴手段，有利于促进落后地区经济发展和调节GDP分配。又如，通过财政补贴可以有力推动产业升级。在实行自主创新战略后，通过实施财政补贴，带动一批具有发展前景的高新技术产业发展，拉动了这些行业的技术改造和产业结构升级，对于增强国家的竞争力具有较大帮助。

（2）财政补贴的负效应。首先，财政补贴加重财政负担，削弱了财政的宏观调控能力。财政补贴要么增加公共支出，要么减少公共收入，并具有刚性增长特征，如果把其当作政策手段长期运用而不加以控制，势必加重财政负担，进而削弱其宏观调控能力。其次，长期补贴会影响经济效率和资源配置效率。财政补贴是在商品价格之外，对该商品由于国家价格体制和政策原因导致价格低于价值或盈利水平低于全国平均水平的部分进行补贴，并不能真实反映补贴商品的成本、利润以及相关商品的比价关系，不利于正确评价企业的经营管理水平和促进企业之间开展公平竞争。最后，对中国而言，长期过多的财政补贴还不利于深化经济体制改革。如果财政补贴数额过大，超越国家财力范围，就会成为国家财政的沉重负担，影响国家在其他公共服务领域的支出。受补贴单位很容易形成既得利益集团，当经济体制改革一旦触及到它们的实际利益时，这些受补贴单位就会演变为阻碍经济体制改革的因素。

3. 财政补贴的主要内容

根据不同的需要，财政补贴可以分为不同的种类。从财政补贴同社会经济运行过程的关系来分类，可分为生产环节补贴、流通环节补贴和消费环节补贴；从政府能否明确安排支出来分类，可分为明补、暗补；从补贴接受主体来看，可分为企业补贴、个人补贴；从补贴是否与具体购买活动相联系进行分类，可分为生产性补贴、生活性补贴；按补贴来源分类，还可分为中央补贴、地方补贴等。在政府预算中，一般是按财政补贴的政策目的进行分类，按照这种分类，财政补贴可分为价格补贴、企业亏损补贴、出口补贴、财政贴息、税式支出等。

（1）价格补贴。它是国家为了稳定市场物价、安定人民生活、发展生产和实现其他政策目标，对某些商品实行购销价格倒挂或持平的价格政策，同时由财政对从事商品生产、供销的企业由此产生的价差损失和亏损给予的补贴。它是我国财政补贴的主要内容，是国家自觉运用价值规律调节经济，促进经济发展的重要举措。

（2）企业亏损补贴。它是指国家在企业发生亏损的时候，为了维持企业生存给予的财政补贴。企业亏损有政策性亏损和经营性亏损之分。前者是指企业因为国家某项经济政策的影响而造成的亏损；后者是由于企业自身经营管理不善所致，这与企业的主观努力程度有关。因此，政府只应对政策性亏损进行补贴。在我国是将企业亏损补贴作为预算收入退库处理，冲减财政收入。由于国有企业所占的比重较大，所以企业亏损补贴有一定的特殊性，虽然我国主要对政策性亏损进行补贴，但实践中因为政策性亏损和经营性亏损难以真正区分，也对部分经营性亏损企业进行补贴。

(3) 财政贴息。指国家财政对于某些企业、某些项目的贷款利息，在一定时期内，按全额或一定比例给予的补贴。其实质等于财政代替企业向银行支付利息。财政贴息是国家财政支持有关企业或项目发展的一种方式。在我国，目前财政贴息适用于以下方面的贷款：第一，促进企业联合，发展优质名牌产品；第二，支持沿海城市和重点城市引进先进技术和设备；第三，发展节能机电产品等。财政贴息在我国预算账务中直接列为财政支出。

(4) 税式支出。在现行税制结构不变的条件下，对于某些纳税个人、企业，或其特定经济行为，实行激励性的区别对待，给予不同的税收减免的优惠待遇(不直接给予现金)。

本章小结

1. 瓦格纳法则是解释政府公共支出不断扩张的基石，时至今日仍具有重要意义。在瓦格纳法则基础上发展起来的其他理论，从不同角度揭示了公共支出增长的一般规律。

2. 公共支出反映政府的政策选择，是政府履行职能的成本，对公共支出效益进行评估是公共经济学理论的一个重要方面，也是研究政府公共经济活动的基础。

3. 购买性支出是政府公共支出的组成部分之一，在保障政府履行公共服务职能、维护国家安全、促进经济增长和社会发展方面具有重要作用。中国目前的购买性公共支出主要包括国防支出、行政费用支出、教育支出、医疗卫生支出、公共投资支出等。

4. 转移性支出在政府公共支出中的地位日益突出，政府通过转移性支出调节收入分配，构建社会安全网，实现社会稳定。中国目前的转移性支出主要包括社会保障支出和财政补贴。

关键术语

公共支出　瓦格纳法则　梯度渐进增长理论　经济发展阶段理论　非均衡增

长理论　公共支出效率　购买性支出　转移性支出　行政费用支出　国防支出　教育支出　医疗卫生支出　公共投资支出　社会保障支出　财政补贴

思考题

1. 运用“瓦格纳法则”解释政府公共支出不断扩张的行为。
2. 怎样衡量公共支出效益?
3. 简述公共支出增长的影响因素。
4. 行政费用支出居高不下的原因是什么，应该如何进行改革?
5. 试析中国公共支出面临的主要问题和进一步改革的思路。

第 5 章

公 共 收 入

重点问题

1. 公共收入的定义与形式
2. 税收的概念及原则
3. 税收的经济效应
4. 公债对经济的影响

案例 5.1 中国的税负到底重不重?

税负痛苦指数是根据各地的公司税率、个人所得税率、富人税率、销售税率/增值税率，以及雇主和雇员的社会保障贡献等计算而得，指数越高意味痛苦程度越高。福布斯公布的 2009 年税负痛苦指数排名中，中国得分 159，其中企业所得税 25%；个人所得税收 45%；个人收入中的 23% 作为社保基金上缴；企业则配套上缴员工个人收入的 49% 作为社保基金；增值税率为 17%。与 2008 年相比，中国由于社保基金方面税负的增加，中国的税收痛苦指数上升了 7 点，排名从 2008 年的第五名上升至第二名，仅次于法国。针对近年来中国税负偏高的质疑，国税总局 2007 年曾在其官方网站上予以驳斥：中国宏观税负目前仍处世界较低水平，所谓中国税负水平位居全球第二或第三位的结论，是没有科学依据的，也是违背事实的。中国 2006 年宏观税负为 18%，比 2005 年小涨 0.5 个百分点，但仍低于发展中国家 3 个百分点左右，比发达国家约低 12 个百分点。部分社会人士认为，这个数字显然不大可信。由于政府权力缺乏有效制约，税收之外的收费问题十分普遍。有专家估计，过去的税费比例一度高达

1∶1，经过治理乱收费之后的税费比例仍达1∶0.6。以江苏为例，2005年非税收入总量为1107亿元，占地方财政总收入的30%以上。如果计入这些政府收入，有专家称，中国的宏观税负将达到31%。这样的比例可是直追发达国家了。

中国的税负到底重不重？你认为呢？

案例5.2　美国加州政府破产之谜

2009年7月1日，由于州议会未能就新财政年度预算方案达成一致，加州州长施瓦辛格宣布加州进入财政紧急状态，这意味着"世界第八大经济体"加州政府陷入破产边缘。加利福尼亚州（简称加州）是美国经济第一大州，2007年GDP为1.8万亿美元，占美国国内生产总值的13%，排名仅次于意大利，相当于世界第八大经济体的产值。从"富可敌国"的最富裕州到"负州"，到底是什么引发了政府财政危机？这在学界的看法大不相同。有学者提出，加州政府一直存在着大量财政赤字。1990～2000年的网络大发展时代是加州税收的黄金时代，加州政府收入大幅增长，但时任州长戴维斯增加政府支出的幅度更大。施瓦辛格接任后，公共支出继续增长，从2003～2009年增加35%。在互联网经济泡沫破裂后，加州收入骤降，政府公共支出却很难下降。也有学者认为，加州政府是被过高社会福利压垮的，全州人均福利支出高出全美平均水平的70%，比其他州高出2倍。同时，加州庞大的低收入移民人口又使政府负担不断加重。金融危机爆发，加州政府再也撑不下去了。

国内有人在研究美国加州政府破产问题时提出，地方政府破产一定是坏事吗？同一些地方政府大量欠债、转债、赖债相比，哪个更好一些呢？

政府的收入与支出是一个硬币的两面，政府的支出是建立在政府取得收入的基础之上的。加州政府之所以深陷财政危机，是由于政府的收入无法满足庞大的公共支出需求。由此可见，研究政府的公共收入，维护政府收支平衡在现代社会具有重要意义。一般来说，政府的经济活动可以分为两个阶段，一是取得公共收入阶段，即政府将私人部门的一部分社会资源转移到公共部门的过程；二是公共支出阶段，即政府以其所取得的社会资源生产或提供公共产品的过程。中国的公共收入有哪些形式？公共收入应坚持哪些原则？作为公共收入主体部分的税收具有怎样的特征？我们现在的税收负担是高还是低？这些都是本章将要讨论的内容。

5.1　公共收入概述

5.1.1　公共收入的定义与形式

公共收入（public revenue），亦称财政收入或政府收入，是指以政府为核心的公共部门为履行公共职能，满足公共支出的需要，依据一定的权力原则，向私人部门和个人筹措的所有的货币资金的总和。

公共收入的形式是指政府取得收入的具体方式，即政府通过何种方式将各种资源集中到自己手里，成为由政府统一支配的公共资源。公共收入有多种形式，主要包括税收收入、公债收入、国有资产收益、公共收费收入和其他收入等形式。

1. 税收收入

税收是政府凭借其政治权力，强制地、无偿地、固定地取得公共收入的手段。美国的《现代经济学词典》给税收下的定义是：“税收的作用在于为了应付政府开支的需要而筹集的稳定的财政资金。税收具有强制性，它可以直接向居民或公司征收。”英国的《新大英百科全书》给税收做出更详细的定义：“在现代经济中，税收是国家公共收入最重要的来源。税收是强制的和固定的征收；它通常被认为是对政府公共收入的捐献，用以满足政府开支的需要，而并不表明是为了某一特定的目的。税收是无偿的，它不必通过交换来取得。这一点与政府的其他收入大不相同，如出售公共财产或发行公债等。税收总是为了全体纳税人的福利而征收，每一纳税人在不受任何利益支配的情况下承担了纳税义务。”

2. 公债

公债是政府为履行其职能，依据信用原则，有偿、灵活地取得公共收入的一种形式。公债的发行或认购是建立在资金持有者自愿承受的基础上的。对于公债，买与不买或认购多少，完全由资金持有者自主决定。公债的发行是有偿的。通过发行公债取得的公共收入，政府必须按期偿还，除此之外，还要按事先约定的条件，向认购者支付一定数额的利息。公债发行与否以及发行多少，一般完全由政府根据公共收支的状况，灵活地加以确定。

3. 规费

规费是政府部门为社会成员提供某种特定服务或实施行政管理所收取的手续费和工本费。规费通常分为两类：一是司法规费，它又可细分为诉讼规费和非诉讼规费，前者如刑事诉讼费、民事诉讼费；后者如出生登记费、财产转让登记费、遗产管理登记费和结婚登记费等。二是行政规费，即政府部门及其授权单位在行使管理职能的过程中，依法收取的费用。行政规费的种类很多，包括经济规费（如商标登记费、商品检验费、度量衡鉴定费）、教育规费（如毕业证书费）、内务规费（如户籍规费）等。

4. 使用费

使用费是政府对其提供的特定公共设施的使用者按照一定的标准收取的费用。根据受益原则，享受政府所提供的特定的公共产品或服务，理应为此支付一部分费用，即谁受益谁出钱。对政府所提供的诸如公路、桥梁和娱乐设施等收取使用费，是和受益原则的要求相一致的。政府对其所提供的公共产品或服务收取的使用费，往往只相当于其为提供该种物品或服务所花费的成本费用的一部分。

5. 国有资产收益

国有资产收益是指政府以资产所有者的身份从国有资产经营性或非经营性收入中取得的税后利润、股权转让及国有资产转让费等形式的收益。国有资产收益主要包括经营性国有资产收益、非经营性国有资产收益等类型。与税收相比，国有资产收益是国家作为资产所有者身份取得的，收入变化波动较大。

6. 政府引致的通货膨胀

政府引致的通货膨胀也称为“通货膨胀税”，是指为了弥补政府提供的公共产品或服务的费用而扩大货币供给，从而造成物价的普遍上涨。其结果是人们手中持有的货币购买力下降，政府部门所能支配的资源及公共收入增加，这实际上是一种社会资源的再分配。通货膨胀会带来严重的社会后果，各国政府在通常情况下极少使用。

5.1.2　公共收入的原则

在公共收入中，税收占据最重要的地位，因此公共收入的原则更多地以税收原则的方式体现出来。在西方最早明确提出税收原则的，是英国古典经济学家威廉·配第，他提出税收公平、方便、节省等基本原则。不过，英国古典经济学创始人亚当·斯密在其著名的《国富论》一书中提出了税收四原则，即公平、确实、便利与征费最少原则产生了更为深远的影响。19 世纪下半叶，德国经济学家瓦格纳将税收原则分为四项：（1）财政政策原则，又称财政收入原则，即税收应能取得充分收入，且有弹性；（2）国民经济原则，即选择适当的税源和税种；（3）社会公正原则，即税收应普遍并平等征收；（4）税务行政原则，即税收要确实，征收费用最少，且方便纳税人。这里简单地介绍一下受益原则、支付能力原则和效率原则。

1. 受益原则（benefit principle）

所谓受益原则，是指政府所提供的公共产品或服务的成本费用的分担，应与社会成员从政府所提供的公共产品和服务中所获得的效益相联系。诚如亚当·斯密在《国富论》中所讲“一切公民，都须在可能范围内，按照各自能力的比例，即按照各自在国家保护下享得收入的比例，缴纳国赋以维持政府所需”。但是，大多数政府提供的服务被集体消费掉，因而很难将其具体分配到个人，并且在许多情况下，从政府提供的服务中获得的收益可能与特定的经济活动有关，因此，政府应当选择多种融资方式来体现受益原则。在受益原则下，个人所缴纳的份额正好反映其从公共产品与劳务中得到的边际效用，这不仅体现了等价交换的原则，也使经济资源在公共部门和私人部门之间得到最佳配置。从这个方面来看，规费和使用费是最理想的公共收入形式。规费和使用费具有类似价格的功能，它可以将公共产品或服务的成本费用分配给其消费者。

2. 支付能力原则（ability to pay principle）

支付能力原则要求把政府支出负担的分配与个人支付能力联系起来，能力高者负担重一些，能力低者负担轻一些，无能力者无负担。这一原则是建立在财政负担分配与个人从政府活动中获得的收益无关的基础上的。支付能力原则可以从两个方面来体现：一是横向公平，即要求纳税能力相同的人负担相同的税收；二是纵向公平，即要求纳税能力不同的人负担不同的税收。

支付能力原则的关键在于怎样测度社会成员的支付能力，经济学家们这一点上存在很多争议。客观说主张以纳税人拥有财富的多少来衡量其支付能力，其中包括收入、财产和支出。主观说则主张以纳税人因纳税而感受到的效用牺牲程度大小来衡量其支付能力，具体又包括均等牺牲、比例牺牲和最小牺牲三种尺度。均等牺牲，即不同的个人因财政负担所牺牲的效用总量应当相等；比例牺牲，即不同纳税人或财政负担人因纳税牺牲的总效用量与纳税前的全部所得的总效用量之比应当相等；最小牺牲，即财政需要量的分担应使每个负担者的最后一个单位货币的边际效用相等。

3. 效率（efficiency）原则

在公共经济学中，税收的效率原则是指税制的设计应尽可能有利于资源的合理配置，有利于市场机制的有效运行。一般来说，效率原则可以分为税收经济效率和税收行政效率两方面。

（1）税收经济效率。

政府征税实际上是将社会资源从纳税人手中转移到政府手中的过程，必将会对经济产生影响。如果这种影响只限于征税数额本身，那么，这只是税收对经济造成的正常负担，如果在这种正常负担之外，社会经济活动和社会资源配置状态因此受到了干扰和阻碍，那就产生了税收的额外负担。税收的额外收益则是指除了所征的税收以外，还提高了资源配置效率、优化了产业结构、促进了社会经济稳定发展的正效应。

为了实现税收的经济效率，应该尽量降低税收的额外负担，同时最大可能地发挥税收的正效应来提高额外收益。实现税收经济效率原则的根本途径在于尽可能保持税收对市场机制的“中性”影响，即政府征税使社会付出的代价应以征税额为限，不给社会和纳税人承受超额负担，同时政府征税应当避免对市场机制运行产生不良影响。但是，税收中性只是理想状态，现实中任何税收都是“中性”与“非中性”的权衡，在实际经济生活中，政府通常试图以税收作为调控工具体现政策意图。

（2）税收行政效率。

税收行政效率也称为税收征收效率，是指努力使税收行政优化，最大限度地减少国家征税对产业活动的额外负担，以最少的征收费用或者最小的额外损失取得同样或较多的税收收入。

税收行政效率可以从征税成本和纳税成本两方面来考察。征税成本也称征税费用，是指税务部门在征税过程中所发生的各种费用，比如税务机关的房屋建筑、设备购置和日常办公所需的费用，税务人员的工薪支出等。纳税成本也称纳税费用，是纳税人依法办理纳税事务所发生的费用，比如，纳税人完成纳税申报所花费的时间和交通费用，纳税人雇佣税务顾问、会计师所花费的费用等。由于税收的纳税成本相对来说难以计算，特别是纳税人所花费的时间代价难以用货币计算，因而在实际中对行政效率的考察通常只关注征税成本，但随着政府行政观念的转变，必须努力降低两种成本来提高税收行政效率。

5.1.3 公共收入的规模

公共收入规模即是一个国家财政实力的大小。一般来讲，考察一国的公共收入规模的指标分为绝对指标和相对指标。绝对指标即是公共收入总额，是指一个时期内各种公共收入的总量，主要反映一国政府或一级政府的财力大小。相对指标是指公共收入占 GDP 的比重或公共收入增长速度与经济增长速度之比，主要反映一国政府集中财力的能力。

从世界范围内来看，发达国家公共收入占 GDP 的比重一般在 30% ~40%，少数国家接近 50%；发展中国家这一比重略低一些，约在 20% ~25%。经过多年的经济发展，我国公共收入占 GDP 比重近年来有所提升，目前大约在 20% 左右。这一比例不仅低于经济发达国家，也低于一般发展中国家。公共收入占 GDP 比重过低，影响了政府财政的宏观调控能力。随着政府职能范围的扩大，公共收入占 GDP 比重也在呈上升的趋势。

在绝对规模方面，改革开放以来，我国公共收入随着经济的不断增长而增长。1978 年，公共收入为 1132.3 亿元；1999 年突破万亿大关，达到 11444.1 亿元；2008 年，全国公共收入已经达到 61300 亿元，约为 1978 年的 54.2 倍。尤其是进入新世纪后，我国公共收入呈快速增长势头（见表 5 -1），2002 年全国公共收入不足 2 万亿元，到 2006 年接近 4 万亿元，再到 2008 年突破 6 万亿元，公共收入增速远高于同期经济增速。

表 5 -1　　公共收入增长变化趋势　　单位：亿元，%

年份	公共收入	比上年增长	公共收入占 GDP 比重
1978	1132.3	29.5	31.2
1980	1159.9	1.2	25.7
1985	2004.8	22.0	22.4
1990	2937.1	10.2	15.8
1995	6242.2	19.6	10.7
1998	9876.0	14.2	12.6
2000	13395.2	17.0	15.0

续表

年份	公共收入	比上年增长	公共收入占 GDP 比重
2002	18903.6	15.4	15.7
2004	26396.5	21.6	16.5
2006	38760.2	22.5	18.3
2008	61300.0	19.5	20.4

注：2008 年数据来自《政府工作报告（2009 年）》。
资料来源：中国统计年鉴（2008）［M］，中国统计出版社，2008.

5.2 税收理论

5.2.1 税收的概念

古今中外，有国家就有税收。学者们一直在探索国家为什么要向居民征税？居民为何要向政府纳税？这是个看似简单实际上却很复杂的问题。直到资本主义生产方式出现以后，税收问题才从理论上得以系统的研究。

1776 年，经济学鼻祖亚当·斯密指出："公共资本和土地，即君主或国家所特有的两项收入源泉，既不宜用以支付也不够支付一个大的文明国家的必要费用，于是，这必要费用的大部分就必须取决于这种或那种税收。也就是说，人民必须拿出自己的一部分收入给君主或国家，作为一种公共收入。"① 显然，亚当·斯密是从国家支出需要与收入来源重要性的角度来认识税收的。

马克思指出，税收是从一个处于私人地位的生产者身上扣除的一切，又会直接和间接地用来为处于社会成员地位的这个生产者谋福利。

美国新古典综合派著名经济学家萨缪尔森对税收定义的突破，在于其提出了税收除了强制征收以保证政府支出外，还具有再分配的经济性质。税收的再分配作用表现在：一方面，通过征税对社会资源进行再分配；另一方面，政府将征收的税款用于转移支付，对社会财富再进行一次分配。

1973 年出版的《新大英百科全书》认为，"在现代经济中，税收是国家财政收入最重要的来源。税收是强制的和固定的征收，它通常被认为是对政府收入的捐献，用以满足政府开支的需要，而并不表明是为了某一特定的目的。税收是无偿的，它不是通过交换来取得。这一点与政府的其他收入大不相同。如出售公共

① 亚当·斯密．国民财富的性质和原因的研究（下卷）［M］．商务印书馆，1974：383.

财产和发行公债等。税收总是为了全体纳税人的福利而征收，每一个纳税人在不受任何利益支配的情况下承担了纳税义务。”

世界银行对税收和收费的定义作了如下区分：税收是无偿性和强制性的支付。它主要由中央政府征收。而使用费则是为交换公共部门所提供的特别产品和服务而进行的支付，它主要由国有企业和地方政府征收。

从以上关于税收的各种定义可以看出，不同的政府职能对税收的理解和获得有所不同，但基本特征有相似之处——税收分配的依据是政治权力，是为了满足政府经费开支的需要而征收的，税收属于分配范畴，分配的主体是国家或政府，税收是强制的、无偿征收的，同时，其征收又有一定限度。

5.2.2　税收的特征

政府可以通过多种形式取得履行其职能所需要的公共收入，但相比较而言，税收是当代政府取得收入最重要的形式。在市场经济条件下，税收在公共收入中的比重通常在 80% 以上，发达国家的这一比例甚至在 90% 以上。这是由于税收具有以下三大特征：

1. 强制性

税收的强制性，指国家征税是凭借国家政治权力、通过颁布法律、法令进行的，是一种强制的课税。税法是国家法律的一个重要组成部分，任何人必须遵守税法，依法纳税，否则就会受到法律的制裁。富兰克林曾经说过：“世界上只有两件事是不可避免的，那就是税收和死亡。”当然，这种强制性并非国家的暴政，征纳双方都被纳入国家的法律体系之中，是一种强制性与义务性、法制性的结合。税收的强制性特征使它有别于公债、规费收入等公共收入形式。

2. 无偿性

税收的无偿性，指国家征税以后，税款即成为国家所有，不再直接归还给纳税人，也不向纳税人支付任何形式的代价和报酬。列宁认为，所谓赋税，就是国家不付任何报酬而向居民取得东西。从政府与企业、个人的关系看，政府获得税收最终都要转化为公共支出用于各种公共产品，满足社会公共需要。单个纳税人总会或多或少从中获得受益，尽管其所获收益与所纳税款价值上未必相等。

3. 固定性

税收的固定性，指国家征税前，税法就以法律形式规定了征税对象以及统一的比例或数额。纳税人只要取得了税法规定的应该纳税的收入，发生了应该纳税的行为，或者拥有了应该纳税的财产等，就必须按照预定的标准如数纳税。税收的固定性并不表明税收制度的固定不变，它并不排除税收制度随着经济、政治形势的发展而做出某些调整，但这种调整应通过法律形式予以确定，并在一段时期内保持相对稳定。

上述三个基本特征是一切税收的共性，一种公共收入是否为税收，取决于它是否同时具备这三个基本特征。这三大特征是内在统一，有机联系的。税收的无偿性决定其必须强制征收，而税收的强制性和无偿性又决定必须按照一定的比例征收，否则会影响正常的经济活动，最终危及政权的稳定。

5.2.3 税收要素

税收要素是构成税收制度的基本因素。税收制度规定了谁征税、向谁征税、征什么税、征收多少以及如何征收等一系列问题，具体而言，包括以下要素：

1. 课税权主体

课税权主体是指被赋予征集税收的行政权力的各级政府及其征税机构，它说明了是谁征税。课税权主体一般分为两类：

（1）本国政府与外国政府。本国政府是当然的课税权主体，它开征的各种税收被称为本国税；由于国际经济往来的存在，外国政府有时也能对存在或发生于本国内的一部分应税行为或课税标的物课征税收，这被称为外国税。

（2）中央政府与地方政府。在实行分税制的国家中，中央政府与地方政府有着不同的征税权，征收不同种类的税收，存在着中央税与地方税之别。这种划分体现了中央政府和地方政府的职能分工不同，也体现了中央和地方政府之间的一种财政关系。

2. 课税主体

课税主体是课税客体的对称，是按照税法规定的直接负有纳税义务的单位和个人，亦称“纳税人”或“纳税义务人”。纳税人可以划分为以下两类：

（1）自然人和法人。这是最为常见的分类。自然人是天然的纳税主体。自然人作为纳税人必须具备属于本国公民，或在所在国居住或从事经济活动的外国公民的条件，课于自然人个人的税收如个人所得税、遗产税等。“法人”则是相对于或区别于自然人来说的。它是指依法成立并能独立地行使法定权力和承担法律义务的社会组织，如社团、公司、企业等。课于法人的税收如企业所得税、增值税、营业税等。

（2）买方主体与卖方主体。在商品和要素市场上，依据其所处的位置不同而形成了买方主体和卖方主体，税收也有了买方税和卖方税之分。买方税是向买方主体（或是购买方）课征的税收，如对消费者的支出课征的税收即为买方税；卖方税是向卖方主体（或称销售方）课征的税收。做出这种区分的意义在于，课征于买方还是卖方的税收，在征收管理的难度上会有显著的不同。

与纳税人有联系的概念有二：一个概念是负税人，即从经济角度而言，实际承担了税负的主体。在税负不能转嫁时，负税人与纳税人是一致的，如对一般劳动者课征的个人所得税以及对一部分企业课征的法人所得税，由于不存在税负转嫁的可能，纳税人就是负税人。在税负可以转嫁的条件下，负税人和纳税人是分离的，如消费税是由消费品的生产者或经营者缴纳的，但纳税人可以把税款加在消费品价格上转嫁给消费者。因此，生产者或经营者只是纳税人，真正的负税人则是消费者。另一个概念是扣缴义务人，即指税法规定的在其经营活动中负有代扣税款并向国库缴纳税款义务的单位，同时，税务机关按规定付给扣缴义务人代扣手续费。

3. 课税客体

课税客体又称为征税对象，它是指税法规定的征税的目的物，也就是对什么课税。课税客体规定着征税的范围，是确定税种的主要标志。课税对象是税收制度中的核心要素。这是因为它体现着不同税种课税的基本界限。即凡是列入课税对象的，就属于该税的课征范围；凡是未列入课税对象的，就不属于该税的课征范围。现代国家的征税客体主要包括所得、商品和财产三大类，国家的税制往往也以相对应的所得税、商品税和财产税为主体。与课税对象密切相关的三个概念是税源、税目与课税依据。

（1）税源，即税收的经济来源或最终出处。理论上讲，税源归根结底是国民收入。它主要表明税收收入的来源，最终反映了纳税人的负担能力，因此，培育税源是政府的一项重要工作。

（2）税目，是对某个税种在税法中具体规定应当征收的项目，是课税客体的具体化。一个税种的征税范围，往往需要根据不同情况，具体划分不同类型的项目，以便确定征税、免税和适用于不同的税率。

（3）课税依据，就是课税对象的计量单位和征收标准。它可以规定为课税对象的价格，也可以规定为课税对象的数量。课税依据的设计，一般要考虑课税对象的性质、课税目的、税收管理人员的水平和社会环境等多种因素。

4. 税率

税率是税法规定的每一单位课税对象与应纳税额之间的比例，它是税收制度的一个核心要素。在课税对象确定以后，税率的高低决定了纳税人应纳税额的大小。税率的高低关系到政府财政收入的数量和纳税人负担的大小，是税制设计的中心环节。

(1) 名义税率与实际税率。

名义税率是税法规定的税率。实际税率是纳税人实际缴纳的税额占课税对象的比例。在多数情况下，名义税率是与实际税率存在一定差异的，这主要是由于税收优惠、税收规避及税收管理中的漏洞所致。

(2) 平均税率与边际税率。

平均税率指的是全部应征税额占课税对象数额的比例。用公式表示为：

$$平均税率=(全部应征税额)/(课税对象数额)\times 100\%$$

边际税率指的是课税对象数额的增量中税额增量所占的比例。可用公式表示为：

$$边际税率=(\Delta 全部应征税额)/(\Delta 课税对象数额)\times 100\%$$

(3) 比例税率、累进税率与定额税率。

比例税率指的是按照课税表规定一个课税比率，无论课税标准大小，比率不变。现实生活中，比例税率应用最广。其优点是计算征收简便，有利于促进平等条件下的竞争，缺点是与纳税人的负担能力不完全适应。

比例税率在实际应用中又有三种形式：单一比例税率、差别比例税率和幅度比例税率。单一比例税率即指一个税种只规定一个比例税率，我国现行税制中的企业所得税即采用单一比例税率。差别比例税率指的是按不同的税种分别制定高低不同的比例税率。消费税、营业税则采用差别比例税率。通常来说，凡是通过规定税目将征收对象划类的税种，都采用差别比例税率。幅度比例税率，即国家只规定税率的上限和下限，各地可以因地制宜地在规定的限度内自行确定一个比例税率，如现行营业税的娱乐业税率为 5% ~20% 。

累进税率，就是按照课税对象数额的大小，规定不同等级的税率，课税对象数额越大，税率越高。累进税率分为全额累进和超额累进税率：前者是指全部税额都按其适用的最高税率计税，后者仅就各级的超过部分适用其对应的高一级税率。两者各有其特点，主要表现在三个方面：一是在最高边际税率相同的前提下，全额累进税的累进程度高于超额累进税，税负也较重；二是在应税所得额级距的临界点附近，全额累进税会出现税负增加额超过应税所得额增加额的不合理现象，而超额累进税则不存在此问题。三是在计算方法上，全额累进计算简便，超额累进计算复杂，为了克服这一计算上的缺陷，在实际工作中常使用“速算扣除数”法简化计算超额累进税额，其计算公式为：

$$\begin{aligned}应纳税额 &= 用全额累进方法计算的税额 - 速算扣除数\\ &= (应纳税所得额 \times 适用税率) - 速算扣除数\end{aligned}$$

其中：

$$速算扣除数 = 全额累进额 - 超额累进额$$

由于超额累进税率比全额累进税率有较大的优越性，所以实际工作中一般都使用超额累进税率计算税额。

累进税率中最高税率与最低税率之间的差额叫做税带。某种税制的税带宽，说明该税种的级差大。近年来的税带有缩小的趋势，反映了对收入分配平等观念的转变，以及对高边际税率所带来的负经济效果的反思。累进税率优点是能够适应纳税人的负担能力，税收负担较为合理，缺点是计算征收手续较为复杂。

定额税率又叫固定税率，是根据征税对象的计量单位直接规定固定的征税数额，而不采取百分比的形式，一般适用于从量征税的情况。定额税率在表现形式上可分为单一定额税率和差别定额税率两种，前者是指在同一税种中只采用一种定额税率，后者是指在同一税种中同时采用几个定额税率。差额税率按其适用范围又可分为三种类型：地区差别定额税率；幅度定额税率，如土地使用税；分级定额税率，如车船使用税等。采用定额税率可以简化计算过程，但由于价格等因素的影响，一般在辅助税种中使用，如我国过去的盐税、车船使用牌照税、现行的资源税以及消费税中的个别税目，即采用这种税率。

5. 课税环节

课税环节指的是《税法》规定的在商品流转过程中和劳务活动中应当缴纳税款的环节，它表明了纳税行为在什么阶段发生，以及是单一环节征税还是多环节征税。单一环节的税收是指仅在某一环节进行课征的税，例如我国现行的消费税，仅在生产环节征一道税；多环节的税收指的是在商品流转或收入形成和分配过程中对两个或两个以上的环节进行课征的税收，例如我国已经废止实行的生产型增值税。课税环节的选择依据主要是：保证税款及时入库，正确发挥税收调节作用，以及尽可能减少征纳成本。因此，进行税制设计时应慎重选择纳税环节，一经确定，不得随意变动。

6. 减税和免税

减税和免税，指的是依据《税法》规定对某些特殊情况给予减轻或免除税收负担的一种税收措施或特殊调节手段。减税是对应纳税额减征一部分；免税是对应纳税额全部免税，从而起到照顾专门纳税人或调节经济的作用。减免税体现了国家一定时期的经济和社会政策，有较强的政策目的性和针对性，是一个重要的税制要素。

减免税只是一种临时性、补充性的措施，是一种特殊的调节手段，只能在税法规定的范围内进行。超出这个范围随意减免税就会导致不公平竞争，造成税款流失，降低税收效率。

7. 附加和加成

这是与减免税相对应的在一些税种中实行加成、附加征税的制度规定，是加重纳税人负担的一种措施。

附加是地方附加的简称，指的是地方政府在正税以外附加征收的一部分税款。一般来说，它是为解决地方机动财力的需要，留给地方使用，不纳入国家预算构成预算外资金。如我国先后征收过工商营业税附加、工商统一税附加、农业税附加、城市房地产税附加、工商所得税附加、中外合资经营企业所得税附加等。

加成，是加成征收的简称，是针对纳税人的一种加税措施，是为了调节某一纳税人的收入而规定的。加一成就等于增加正税税额的10%，加两成就增加20%，以此类推。

5.2.4 税收的分类

现代国家的税收都是由多种税组成的复合税制。为了研究各种税的特点，建立合理的税制结构和加强征收管理，需要将复杂的税种按照一定的标志进行分类。

1. 按税收能否转嫁分类

依据税负能否转嫁，税收可以分为直接税和间接税。凡税负不能转嫁于他人，由纳税人直接承担税负的税种，即为直接税，如各类所得税、土地使用税和一般财产税。凡税负可以转嫁于他人，纳税人只是间接承担税负的税种，即为间接税，如我国现行的增值税、消费税等就是典型的间接税。

2. 按征税对象的性质分类

依据征税对象的不同，税收可以分为流转税类（商品税类）、所得税类、财产税类与行为税类等。这一分类通常被认为是税收的最重要、最基本的分类。流转税类通常是指对商品的流转额和非商品的营业额所征收的那一类税收，如消费税、增值税、营业税、关税等。所得税类通常是指对纳税人的各种所得征收的那一类税收，如个人所得税、公司所得税等。财产税类一般是指对纳税人的动产或不动产课征的税收，如房产税、车船税、遗产及赠与税等。行为税类是指以某些特定行为为课税对象的税，如印花税等。

3. 按税收计征标准分类

依据税收计征标准的不同，税收可分为从量税和从价税。凡以征税对象的数量、重量、容量等为标准从量计征的税种，为从量税，也称“从量计征”，从量税不受征税对象价格变动的影响，计算简便，税负水平较为固定，如资源税。凡以征税对象的价格为标准从价计征的税种，为从价税，也称“从价计征”。通常来说，从价税直接受价格变动影响，与国家经济发展形势密切相关；从量税仅是随着课征商品数量的变化而相应变化，与国家经济发展形势的好坏无关。

4. 按税收与价格的关系分类

依据税收与价格的关系，税收可分为价内税和价外税。凡在征税对象的价格之中包含有税款的税，为价内税，如我国现行的消费税。价内税的税款是作为征税对象的商品或劳务的价格的有机组成部分，该税款需随商品交换价值的实现方可收回。并且，随着商品的流转会出现“税上加税”的重复征税问题。凡税款独立于征税对象的价格之外的税，为价外税，如增值税。价外税比价内税更容易转嫁，且一般不存在重复征税问题。

5. 按税收权限标准分类

依据税收管理权和税收收入归属的不同，税收可分为中央税和地方税。凡由国家最高权力机关或经其授权进行税收立法，且税收管理权和收入支配权归属于中央政府的税收，为中央税，简称国税。凡由地方权力机关通过立法决定征收，且税收管理权和收入支配权归属于地方政府的税收，为地方税，简称地税。有时某些税种的税收收入由中央政府和地方政府按分成比例共同享有，这些税种便统称为中央与地方共享税，简称共享税。

6. 按课税标准是否具有依附性分类

依据课税标准是否具有依附性，税收可分为独立税和附加税：凡不需依附于其他税种而仅依自己的课税标准独立课征的税，为独立税，也称主税。多数税种均为独立税。凡需附加于其他税种之上课征的税为附加税。狭义上的附加税仅指以其他税种的课税额作为自己的课税标准的税；广义上的附加税还包括直接以其他税种的课税标准作为自己的课税标准的税。我国的附加税主要有城乡维护建设税、教育费附加税等。

5.3 税收的经济效应

税收经济效应是指纳税人因政府征税而在其经济选择或经济行为方面做出的反应，以及对社会经济活动的影响。征税对纳税人经济行为的影响可能是多方面的，既可能影响他们的消费行为，也可能通过对市场价格机制的干扰影响他们的生产行为。税收的经济效应通常表现为替代效应和收入效应，涉及纳税人的工作、消费、投资和储蓄等方面。

5.3.1 税收与储蓄

储蓄在经济生活中占有重要地位，如果人们将其部分收入储蓄起来，他们手中掌握的一部分经济资源就可投向生产部门。在国内总产值中，储蓄是影响投资量的一个重要因素，投资受到私人储蓄、政府储蓄和国外储蓄的影响，其中私人储蓄对投资的影响更大。这不仅因为在短期内储蓄水平的变化会影响经济活动水平，而且从长时期看，储蓄水平还可影响经济增长率。因此，分析税收对储蓄的影响是非常重要的。税收对储蓄的影响可以分为收入效应和替代效应，这两种效应对储蓄的作用方向是不一致的。

1. 税收对储蓄的收入效应

税收对储蓄的收入效应是指征税后纳税人的可支配收入减少，他们在做消费决策时，现期消费量和预期消费量都要减少。从这个方面来讲，税收是通过影响收入来影响储蓄与消费的。从税收角度分析，决定储蓄的因素主要是纳税人可支配收入和税后利息率，若因征税压低了纳税人的可支配收入，进而促使其减少消费，为维持既定的储蓄水平而增加储蓄，在此情况下，政府征税会促进纳税人私人储蓄的增加，税收对私人储蓄就发生了收入效应。所得税对储蓄“重复征税”的性质也有收入效应。税收对储蓄的收入效应的大小由平均税率决定，平均税率越高，收入效应越大，反之，则越小。

2. 税收对储蓄的替代效应

税收对储蓄的替代效应是指各种税收对储蓄报酬率的影响。政府课税减少了纳税人的实际利息收入或储蓄数额，储蓄的收益下降了，从而降低了储蓄对纳税人的吸引力，促进纳税人以消费代替储蓄。从这个方面讲，税收是通过影响利率来影响储蓄与消费的。纳税人在取得收入时要课征所得税，在将收入储蓄取得利息后，又必须缴纳所得税，这就是储蓄的重复征税。由于替代效应的作用，征税以后私人储蓄量下降，现期消费量增加。

替代效应的大小，由所得税的边际税率决定。边际税率越高，累进程度越大，税收对私人储蓄的妨碍作用越大。因此，为了降低替代效应，应降低所得税的税率，使投资者有更多的储蓄用于投资，同时对利息所得实行减免，提高人们的储蓄愿望，可以促进投资的提高和经济增长。

3. 税收对储蓄影响的综合分析

税收对储蓄的收入效应和替代效应，对储蓄的作用方向是不一致的。影响个人储蓄的因素可能很多，不同税收的累进程度大小是决定其收入效应的重要因素。累进程度较大的税要比累进程度较小的税给社会富裕成员带来较重的负担。由于富人用于储蓄的收入占全部收入的比重要比穷人的大，因而累进程度较大的税给储蓄所带来的负担较重。

5.3.2　税收与投资

税收对投资的影响，除去因其对储蓄水平的间接影响外，这一效应还通过对投资收益率和折旧因素的影响来实现。

储蓄虽然为投资提供了可利用的资源，但储蓄并不是一定能够转化为投资。纳税人的投资行为，是为了追求资金的最大利润，在其生产的边际成本没有达到边际利润水平时，纳税人会不断增加投资。在政府征税的条件下，纳税人的投资行为最终取决于税后收益的大小，即由投资收益的状况所决定。决定投资收益的是税后的可支配投资收益，而不是税前投资收益。投资成本中包括的折旧多少，也是由税收制度决定的。因此，税收对投资的影响是通过税收对纳税人的投资收益率和折旧的影响而实现的。

1. 税收对投资影响的替代效应

税收对总收益率的影响，首先是由于纳税的缘故使总收益率下降了。如果其影响降低了投资对纳税人的吸引力，造成纳税人以消费替代投资，即发生了税收对投资的替代效应。

2. 税收对投资影响的收入效应

总收益率下降的趋势，也可能受到其他因素的限制，比如折旧因素。由于折旧可以直接从应税收入中扣除，可以降低课税所得。如果其影响减少了纳税人的可支配收益，促使纳税人为维持以往的收益水平而增加投资，即发生了税收对投资的收入效应。

3. 税收对投资影响的综合分析

限制总收益率的下降趋势，即税收鼓励投资的因素：一是在应税收入中扣除折旧，从而阻止总收益率下降的趋势；二是因为投资可以享受在应税所得额中直接扣除一部分由投资带来的收益的优惠。税收通过公司税税率和折旧率来影响投资。加速折旧和投资性贷款等鼓励投资的形式，可增加净收益率。前者有利于长期投资，后者有利于短期投资。通过税收制度规定的税收折旧率与实际折旧率通常并不一致。若两者相等，税收对私人投资的影响表现为刺激性；若前者低于后者，税收对私人投资的影响表现为抑制性。公司所得税一般允许在应税收入中折扣折旧。为了鼓励投资，很多国家的税收制度允许采用加速折旧。

影响投资的税收因素除折旧外，还表现在对公司所得税的课征上。有些国家的税收制度，为了鼓励投资，允许从应税额中直接扣除一部分投资成本。此外，政府某些间接税种，如消费税、增值税、营业税、关税等也会通过直接影响消费而间接地影响纳税人的投资行为。因为对商品征税，会使消费能力降低，减少社会购买力，影响销售，利润减少，从而导致投资规模缩小。

根据这些特点，政府可视不同的经济环境，在需要减轻税收对纳税人投资的妨碍作用时，采取必要的措施，如降低公司所得税率，使折旧率高于企业的实际折旧率，适当降低税率等，提高有效需求，扩大投资规模。

5.3.3 税收与分配

税收对分配的影响，是指政府通过税收参与国民收入分配。由于税收的种类、性质及其征收方法不同，对国民收入分配会产生不同的影响。通过税收，可能会使国民收入分配更趋不公平，也可能会使国民收入分配趋向公平。

1. 征税方法不同对分配的影响

就征税方法而言，税收制度中有累进税、比例税和累退税。累退税最具促进国民收入分配不均的趋势，比例税及轻缓的累进税也具有促进国民收入分配不均的趋势，只有较高的累进税才能抑制国民收入分配不均的现象。

2. 计税方式不同对分配的影响

就计税方式而言，对一般消费品课税，有从价税和从量税。纳税人在一般消费品的消费数量上差异不大，但在消费价格上有较大的差异。如果政府对消费品从量课税，则会加大国民收入分配不公；如果政府对消费品从价课税，则会起到公平分配的作用。

3. 税收性质不同对分配的影响

就税收性质而言，人头税最易加大分配不公；消费支出税由于仅对消费支出课税，不能反映纳税人的负担能力，也有可能造成分配的不公；所得税是对资本、劳动产生的所得课税，具有平等分配的可能；遗产税也具有平等分配的可能；一般财产税由于分级累进课征，也可以限制财富分配的不平等。

5.3.4　税收与生产及消费

税收除对储蓄、投资等有影响外，还对生产和消费产生影响。

1. 税收对生产的影响

税收通过对市场价格机制的干扰，来影响纳税人的生产行为。由于政府征税，会造成生产者减少课税商品和重税商品的生产量，增加无税商品和轻税商品的生产量，这就产生了税收对生产者选择的替代效应。由于政府征税，造成生产者可支配生产要素的减少，从而使生产者降低了生产量，产生了税收对生产者选择的收入效应。

2. 税收对消费的影响

税收使商品价格发生变化，也使纳税人收入受到影响，因而必然会对消费产生一定的影响。政府的课税造成消费者减少对课税商品和重税商品的购买量，增加无税商品和轻税商品的购买量，因此，发生了税收对消费者选择的替代效应。政府的课税造成消费者可支配收入减少，从而使消费者降低了商品购买量，发生了税收对消费者选择的收入效应。

3. 税收对消费影响的综合分析

税收从许多方面影响着消费，并会进一步影响到储蓄和投资。这一影响因商品的性质、课税范围，以及纳税人的经济实力等因素的不同而有所差异。

（1）税收、需求弹性与消费。从商品本身的性质来看，需求弹性大的商品，如奢侈品、易于被替代的产品、用途广泛的产品和非耐用品等并非生活必需品，对这类产品增加税收价格上涨时，消费量会急剧削减。而对需求弹性小的商品，如生活必需品、不易替代产品、用途狭窄产品和耐用品等生活必需品，征税后即使价格上涨较高，消费量也不会发生大的变动。

（2）征税范围、税种与消费。从税收征收范围来看，课税范围狭窄的税种，对产品购买的替代效应强，需求具有弹性。如果课税范围只包括少数几种产品，购买者可改变购买选择，减少课税商品的消费量，增加其他替代品的消费。这样，社会总消费量可能不变，改变的只是消费结构。课税范围宽广的税种，不易对产品购买者产生替代效应需求，缺乏弹性。如果课税范围涉及大部分产品，消费量不会因课税和价格的提高而减少。

（3）纳税、收入水平与消费。从纳税人的经济实力看，低收入者由于其收入主要用于维持基本生活需要，征税后收入减少，迫使其降低消费水平，消费量减少的数额与纳税人所负担的税额大体相等。对高收入者征税，纳税人一般不会因纳税而减少消费，只会减少其一部分储蓄，即使其消费有所降低，也不会与其所增加的纳税额等量。因此，征税对低收入阶层消费的影响较大。

5.3.5 税收与劳动供给

由于劳动者总是追求效用最大化的，而劳动者的效用主要由收入和闲暇两部分组成，税收对劳动者的影响主要是影响到劳动对收入或闲暇的选择或者是两者的替换。作为劳动者个人的纳税人来说，税收是对他们个人收入的一部分扣除。因而，征税会使他们对工作产生不同的反应：一是收入效应，二是替代效应。

1. 税收对劳动供给的收入效应

税收对纳税人劳动供给的收入效应，指政府课税会直接减少纳税人的可支配收入，纳税人为了维持征税前的收入水平，便会增加劳动量，减少闲暇，更加勤奋地努力工作。一般说来，开征某种税的目的是希望这种税的收入效应能够激励纳税人更加发奋工作，其原理是由于征税使纳税人的收入减少，使他们不得不减少闲暇等其他方面的享受，更加努力地工作。从深层次的意义上讲，这一效应会进一步影响纳税人对其支出的分配，以及影响其消费和储蓄的数额。

收入效应的大小，是由某人的总收入与其缴纳的税款之间的比例，即平均税率所决定的，且与平均税率变动方向一致。也就是说，平均税率高，税收对纳税人产生的收入效应就大；反之，收入效应则低。

2. 税收对劳动供给的替代效应

税收对纳税人工作努力的替代效应，是指由于政府征税，降低了闲暇相对于劳动的价格，从而引起纳税人利用闲暇来替代劳动。经济学的替代效应是用来说明相对价格变化及其所造成的和个人支出模式变化之间的关系。对纳税人来说，经济福利不仅存在于由劳动所获得的物资收入之中，也存在于由闲暇所获得的精神享受之中。当所得税率提高后，如果人们从增加的劳动收入之中得到的好处并不很大，他们就不会多干工作，而宁愿选择休息，即用闲暇来代替工作。这样，征税的结果是造成工作努力的下降。

当纳税人在追求福利最大化时，使他们的工作达到某一点，在这一点上，少量超额工作所获得的利益恰好等于把同等时间作为闲暇所获得的利益。如果低于这个水平，则工作的边际利益大于闲暇的边际利益；如果高于这个水平，则相反。因此，在课征所得税的情况下，替代效应的大小由其边际税率决定，且与边际税率同方向变动，即边际税率高，替代效应大；反之，替代效应则低。

3. 税收对劳动供给影响的综合分析

税收效应分析并不能预测税收变化对劳动力供给水平的总影响，因为税收对纳税人工作努力的收入效应和替代效应作用方向是相反的。在收入效应下，税收会激励纳税人为取得更多的收入而努力地工作。而在替代效应下，税收会减少纳税人的工作热情，即对纳税人工作起反激励作用。两种效应相互抵消或相互作用后的净效应如何，取决于不同税种的特点，以及纳税人对它们的不同反应。因此，税收变化对工作努力所产生的实际效应取决于税收的收入效应和替代效应的相对强度，还取决于许多实际工作中的复杂因素。

从不同的税种对工作努力的效应比较来看，人头税按固定的数额征收，不会随着收入额的增减而发生变化，不会改变收入和闲暇之间的相对价格，因此，这一税种不具有妨碍工作努力的替代效应，而会激励纳税人努力工作，增加收入。对劳务等征收的比例税，其边际税率与平均税率相等，对纳税人工作努力的影响要大些，具有一定的替代效应，在某种程度上会刺激人们选择闲暇代替劳动。累进所得税对纳税人工作努力的影响最大，其边际税率大于平均税率，使其替代效应较大，有碍于增加工作努力。间接税由于具有累退性质，即随着收入的增加，纳税人所缴纳的税款占收入的比重反而下降，其边际税率低于平均税率，替代效应较小，与上述税种相比，间接税对纳税人的工作努力具有更大的激励作用。

5.3.6 税收与经济结构

税收的效率原则要求课税应有助于实现经济结构的调整。由于一国的产业经济结构直接关系到该国经济发展的整体实力进而影响到全体人民的生活水平，因此，必须建立合理的经济结构才可以增进社会福利，满足人们的需要。然而，课税对经济结构的影响本身又是客观存在的，所以政府应根据税收对经济结构的影响和实现资源最优配置，来确定税收。

1. 不同产业之间的结构调整

政府对不同产业实行不同的税收政策，会影响资源的流向，从而起到促进经济结构调整的作用。如果某一产业需要负担税收，而其他产业不需要负担税收或负税较轻，则经济资源将从这一产业中流出；如果纳税人权衡因资源的重新配置导致收入损失低于支付较少税收后的所得，则经济资源的重新配置于纳税人是有效率的，反之则是无效的。政府可以有意识地采用不同产业的税收政策影响各种不同产业的均衡、协调发展，从而实现经济结构的科学化、合理化。

2. 不同地区之间的结构调整

如某一地区的资本与劳动的税收过高，该地的资源就会到其他税负较轻的地区。政府运用税收的再分配作用，可以进行地区之间的资源重新配置，即通过征税，促使某一地区的资源，向其他地区移动，实现地区经济结构的调整。尽管地区之间存在的税制差异会为纳税人避税创造条件，但政府出于各种目的，有时会有意地制定地区之间的税制差异。

5.4 税收负担、税负转嫁与归宿

5.4.1 税收负担

税收负担简称“税负”，是纳税人因履行纳税义务而承受的一种经济负担。从绝对额考察，它是指纳税人缴纳的税款额，即税收负担额；从相对额考察，它是指纳税人缴纳的税额占计税依据价值的比重，即税收负担率。税收负担具体体现国家的税收政策，是税收的核心和灵魂，直接关系到国家、企业和个人之间的利益分配关系。衡量税收负担的指标有两种：宏观税收负担和微观税收负担。宏观税收负担，是指一个国家所有纳税人税收负担的总和，也称为总体税收负担，即社会的总体税负水平。微观税收负担，是指单个纳税人向国家缴纳的税收与其产出的对比关系，即个人或企业的税负水平。

1. 宏观税收负担

宏观税收负担的高低，表明政府在国民经济总量分配中集中程度的大小，也反映了政府财政控制能力的强弱。反映宏观税收负担的指标主要有国民生产总值负担率、国内生产总值负担率和国民收入负担率三种。

（1）国民生产总值负担率（T/GNP）。是指一定时期（通常为一年）内，一国税收收入总额与同期国民生产总值的比率。它反映一个国家在一定时期内所有部门提供的全部产品和服务所承受的税收负担状况。国民生产总值（GNP）通常指一个国家在一定时期内（通常为一年）以市场价格表示的国民经济各部门生产的最终产品和劳务的价值总额。计算公式如下：

国民生产总值负担率 =（税收收入总额 ÷ 国民生产总值）×100%

（2）国内生产总值负担率（T/GDP）。是指一定时期（通常为一年）内，一国税收收入总额与同期国内生产总值的比率。国内生产总值（GDP）是指一个国家在一定时期内（通常为一年）以市场价格表示的本国居民和外国居民在其领土范围内所生产的最终产品和劳务的价值总额。计算公式如下：

国内生产总值负担率 =（税收收入总额 ÷ 国内生产总值）×100%

（3）国民收入负担率（T/NI）。是指一定时期（通常为一年）内，一国税收收入总额与同期国民收入的比率。国民收入（NI）是指一个国家物质生产部门的劳动者在一定时期（通常为一年）内新创造的价值总和。计算公式如下：

国民收入负担率 =（税收收入总额 ÷ 国民收入总额）×100%

2. 微观税收负担

微观税收负担，是指单个纳税人的税收负担及其相互关系，其衡量方式主要有企业税收负担率和个人税收负担率两种。

（1）企业税收负担率，即企业承受的税收负担，其指标可分为两大类：企业总体税收负担率和企业个别税种负担率。企业总体税收负担率计算公式如下：

企业总体税收负担率 =（各种税收总额 ÷ 同期利润总额）×100%

企业个别税种负担率以企业所得税负担率为例，这是反映在一定时间内，企业所缴纳的所得税总额与同期企业实现的利润总额的比率。计算公式如下：

企业所得税负担率 =（企业实纳所得税额 ÷ 同期利润总额）×100%

（2）个人税收负担率，是指在一定时间内，个人所承受的税收负担。在现实生活中，个人的税收负担来自于多个方面，如在购买商品时，就要负担被转嫁的增值税和营业税等，因此个人整体的税收负担在现实操作中很难衡量，较为可行的是计算个人所得税负担率，通过衡量一定时期内个人缴纳的所得税与个人收入总额的比较而得出，计算公式如下：

个人所得税负担率＝(个人实纳所得税额÷个人收入总额)×100%

总的来看，宏观税收负担指标能较为客观地反映一个国家的总体税收负担的高低。但对于微观税收负担而言，由于存在税收转嫁，税收负担的实际承担者与纳税者容易出现背离，因而微观税收负担并不能完全反映纳税者的实际负担状况。

5.4.2 税收转嫁与归宿的含义

税收转嫁是指在商品交换中，纳税人通过各种途径将其缴纳的税款全部或部分地转移给他人负担的过程。具体可以从以下几个方面来理解：（1）纳税人是唯一的税收转嫁主体，纳税人为实现自身利益最大化，通过转嫁实现纳税人与负税人的分离。当纳税人不是负税人或纳税人不承担全部税负时，就发生税负转嫁。（2）价格变动是税收转嫁的基本途径，也就是说，政府在征税后，纳税人要么通过提高商品、要素的供给价格，要么压低商品、要素的购买价格，或是两者并用来转嫁税收。（3）税收转嫁的实质是既定税负在纳税人之间的一种再分配，并不改变税收收入的总量。

税收归宿是税收转嫁过程的终点，亦即税收负担的实际承受者。由于税收转嫁这种经济现象有可能发生，也可能不发生，因而税收归宿可分为直接归宿和间接归宿。直接归宿是指纳税人所纳税款无法转嫁，完全由自己负担。间接税负是指由于税收发生了转嫁，税负部分地或全部转嫁给他人负担，由此导致法律上的纳税义务人和经济上的实际税负承担者不一致。

5.4.3 税收转嫁与归宿的形式

税收转嫁的形式主要包括：前转、后转、混转、辗转、税收资本化、消转。

1. 前转

前转也称为顺转，是指纳税人在进行交易时，按照课税商品的流转方向，用提高价格的办法，把所纳税款向前转嫁给商品的购买者或消费者。前转是税收转嫁的基本形式。从理论上讲，前转可以一次完成，也可以多次完成。

2. 后转

后转也称逆转，是指纳税人在进行交易时，用压低价格的办法，把税款向后转嫁给货物或劳务的供应者。例如，纳税人通过压低购进原材料的价格，将税收转嫁给原材料的生产者。与前转一样，后转也是税收转嫁的基本形式，其他形式都由它们衍生。后转可以一次完成，也可以多次完成。

3. 混转

混转也称散转，是指一个纳税人同时运用前转和后转，将所纳税款部分向前转嫁给商品购买者，部分向后转嫁给商品供应者。

4. 辗转

辗转是指发生多次的税收转嫁行为。

5. 税收资本化

税收资本化是税收转嫁的一种特殊形式，是指在特定的商品交易中，买方将购入商品在以后年度所必须支付的税额，在购入商品的价格中预先一次性扣除，从而降低商品的成交价格。此后，税款名义上尽管虽由买主按期纳税，实际上税款已经由卖主负担了。从税收转嫁的方向上看，税收资本化是后转的一种特例。

6. 消转

消转是指纳税人用降低商品课税成本的办法使税负从新增利润中得到抵补，即通过提高劳动生产率等措施降低成本、增加利润、消化税收负担。从严格意义上来说，消转不能算是一种税收转嫁形式，因为此时并不存在税收转嫁。

总的来看，税收转嫁的基本形式只有两种，前转和后转，其他形式都是这两种形式的变形。

5.5 公 债

公共支出的规模不断增长，要求公共收入的规模也相应扩大。由于政府增加税收容易招致纳税人的普遍反对，公债就出现了。公债作为政府增加公共收入的手段是有偿使用的，相对于税收的无偿性、强制性、固定性，对于购买者有较大的吸引力。在现代社会，公债的重要性和发挥的作用越来越大。

5.5.1 公债的概念及分类

公债是政府以债务人的身份，依据借贷原则取得财政收入的方式。同税收一样，公债也是公共收入的主要形式之一。现代大多数国家都在法律中明确规定：当政府在确实有必要时，有权以债务人的身份向个人、企业、社会团体、金融机构以及他国政府借款。借款形成的收入是政府的债务收入，同时也是政府的一种负债，政府必须按借贷时的约定方式向债权人支付利息和偿还本金。因此，在债务活动中形成的这种关系是一种双方自愿的交易关系，这完全不同于税收所反映的政府向纳税人单方面进行的强制性与无偿性的征收所形成的征纳关系。

1. 公债相关概念

（1）国债和公债：公债有时也被称为国债，在法律不允许地方政府借贷的国家，这两个概念是一致的，即都是指中央政府的借贷。在允许地方政府借贷的国家，一般只把中央政府的借贷称为国债，而地方政府的借贷只能称为公债或地方债。

（2）国家信用与公债：国家信用也可称为政府信用或财政信用。国家信用通常由中央政府信用和地方政府信用组成。国家信用是指政府依据信用原则进行的财政活动，它包括两方面内容：一是政府作为信用关系的债务人而进行的公债活动；二是政府作为债权人所进行的活动。因此，公债只是国家信用活动中的一部分。但国家信用活动的绝大部分内容都表现为公债活动，国家信用的产生以及现代各国的国家信用的实际活动都体现了国家信用的这个特点，因此，很多时候人们就以国家信用来指公债活动。

（3）公债券与公债：政府与债权人之间形成的公共借贷关系，可以通过两种方式来建立。一种是通过借贷合同向金融机构或外国政府直接借款；另一种是通过发行有固定债务面额的书面凭证，向社会公众借款。这种书面凭证就是公债券。不过，随着现代化交易系统的出现，这种凭证式的有形公债券已逐步被记账式无形债券所代替。

2. 公债与私债的区别

虽然政府与公债持有者之间是一种债权债务关系，但是公债又与私债不同。与私债相比，公债有以下几个特征：

（1）公债有严格的法律约束。公债与私债不同，私债虽然也受国家法律保护，但国家只对私债制定一个总的法律和原则，不可能对每项私人债都做出具体规定。

（2）公债具有最高的信誉度和安全性。私债是以私人信用为依据，由于作为私人信用保障的私人财产的有限性，其信用基础比较薄弱，从而对债权人来说其风险较大。公债则不同，公债发行依据的是国家信用，政府以国家主权和资源作为承担公债还本付息责任的基础。

（3）公债收益性稳定。公债由于风险最小，安全可靠，政府又有着高度的信誉，其市场价格发生波动的程度相对于其他债券来说，通常要小得多。

（4）公债的运行也具有不同于私人债的特点。公债创造借贷资本的能力比私人借贷大得多。

3. 公债与税收的区别

公债和税收都是政府的公共收入来源，但两者之间的差异较大，主要表现在税收是政府强制获取的，且不能完全对应偿还。而公债是按法律规定或合同约定发生的债权和债务关系，是必须还本付息的。从本质上看，公债和税收有如下三大区别：

（1）税收与公债的发行包含的交易成分不同。税收的征收过程中纳税者与政府之间存在一种交易，即公众一方面作为纳税者支付税金；另一方面，政府为其提供公共服务。但是这种服务并不能保证纳税人都是受益人，因此税收的征收过程仍然需要通过强制手段来实施。税收包含的交易不是自愿的市场交易。公债的发行则不同，其中包含两种交易：一种是与税收过程类似的交易，即购买公债券的个人与政府提供的公共服务的交易；另一种是发行公债的政府与认购公债券的个人之间存在着类似于私人债务关系的完全自愿的交易，这与市场交易意义是相同的。

（2）税收负担与公债负担的归宿时期不同。政府通过征税获得公共收入，税收负担落在当期公众身上，而公债的最终负担将落在发行公债之后的纳税者身上。

（3）税收和公债的经济效应不同。税收和公债将引起不同的个人行为，税收会影响当期个人消费行为与资本积累行为，而公债可以说是一种特殊的储蓄形式，不改变现期个人的支配收入与财富存量，从而不会改变消费支出与资本积累水平。

4. 公债的分类

根据不同的标准，公债可以有以下分类。

（1）按照发行地域不同，可将公债分为内债和外债。内债是政府在本国境内发行的公债，其认购主体通常是本国公民和经济实体，内债的债权人是本国公民和法人，公债的发行与还本付息一般以本国货币为计量单位。外债是政府在本国境外发行的公债，外债的债权人是外国政府、国际金融组织、外国银行、外国企业和个人，公债的发行与还本付息基本上以外币计量。

国内公债和国外公债的区别不仅在于两者所处的地域不同，更主要的差别在于：形成债务收入的资金来源不同，国内公债的资金来自于国内资金，这只是国内资金在政府部门与非政府部门之间的一种再分配，不会因借贷而增加国内资金的总量。而国外公债的资金来源于国外，因此政府借债可以在一定时期内增加本国支配的资金总量。在国内和国外发行公债，对本国经济运行会产生不同的影响，因此，按发行地域来划分公债有着重要的意义。值得指出的是，内外债的区分标志是公债发行的地域特征，它与认购的国别和认购货币的国别无关。外国公民在发行国境内以外币购买公债，也作内债视之；反之，如果本国公民在境外购买公债，则以外债视之。

（2）按债务主体可将公债分为中央债和地方债。中央债也被称为国债，中央政府发行的公债，由中央政府决定发行，所筹资金由中央政府支配使用，借款期满后由中央政府还本付息；地方债是地方政府发行的公债，发行所筹资金由地方政府支配使用，借款期满后由地方政府还本付息。

实行财政联邦主义的西方国家里，中央政府和地方政府具有独立的财政收支体系，中央债和地方债也分别成为中央和地方政府各自独立的财政收支来源。在我国，地方政府尚无自行发行公债的权力，因而我国现阶段的公债基本上可以等同于国债。

（3）按不同的发行方式，可将公债分为国家借款和发行债券。国家借款是指国家以非债券形式举借的债务，是以收款凭证或其他记账方式来确立债权债务关系。国家借款是最早出现的国家举债的形式，但通常只能在应债主体较少的条件下进行，应用范围较窄。如中国向外国商业银行和国际金融组织取得的借款。

发行债券是指政府以发行一定面值的公债券，供债权人认购的方式举借的债务，是以发达的信用制度为基础的举债方式。在这种方式下，债券成为债权债务关系确立的凭证。它具有普遍、安全、持久等优点，也便于流通。如世界各国发行的国库券、中长期债券、国际债券等。

（4）按偿债期限可分为定期公债和不定期公债。定期公债也称有期公债，它是政府明确规定有偿还期限的公债，是公债的主要形式，定期公债一般可分为三种不同的期限类型。

短期公债：通常指一年期以内的政府债务，其时间一般以周为单位，其内容包括政府向中央银行的直接短期贷款、透支和国库券等。其中最典型的短期公债形式是国库券，又叫做国库周转券，它的特点是用于解决国库由于税收入库与支出拨付在时间上的脱节而造成的财政资金短缺，因此国库券的还本资金通常是当年的税收。

中期公债：中期公债一般指一年以上十年以内的政府借债。中期公债一般可根据期限长短的不同将其用于不同的财政支出项目，因而是弥补年度预算赤字的主要手段。

长期公债：长期公债的期限通常在十年以上，有的可长达二三十年。长期公债一般多用于特定的公共支出项目融资。

不定期公债也称无期公债，它是发行时尚未规定偿还期限的公债。这种公债的购买者可以定期凭票息获得政府的利息支付，政府在财政资金充裕时可以随时从市场上买回这种债券以消解债务。不定期公债往往可以上市流通，持有人可以在债券市场上抛售债券换回本金。不定期公债不受还债期限的约束，在很大程度上失去了信用关系的时限性特征，因此已经不能算作完全意义上的信用形式。此外，不定期公债还有无限期转移债务负担的缺陷，因此，除非万不得已，一般不易发行此种公债。

（5）按发行性质的差异可分为强制公债和自愿公债。根据公债的债权债务关系的建立是否自愿为标准，可将公债分为强制公债和自愿公债。

强制公债是国家凭借政权的力量，以强制购买的方式发行的公债，认购主体无论愿意与否，均必须购买，一般以分摊的方式发行。第二次世界大战时，英国政府发行的强制公债，就是要求人们在缴税时按一定比例认购。强制公债是一种不完全的国家信用活动，往往是在国家财政处于极度困难的环境时才被采用。

自愿公债是指国家按照信用原则，以经济利益吸引购买者自愿认购而发行的公债。从公债特性可知，公债应该是完全建立在自愿基础上的，因而它是一种完全意义上的国家信用行为，易于公民接受，因此现代各国的公债一般都是自愿公债。

（6）按照利率的确定方式不同，可以分为固定利率公债和浮动利率公债。固定利率公债的利息在发行时就确立下来不再变动，无论今后物价怎样变化也不做调整，以后公债利息支付都按既定利率来计算。而浮动利率公债的利息率则可以随时根据物价指数或市场利息率的变动而进行调整。在一般情况下，公债大多数采用固定利率，仅在通货膨胀比较严重，或通货膨胀预期较高时采用浮动利率公债，以利于公债的发行。

（7）按照流动性的强弱分为可流通公债和不可流通公债。可流通公债也称可上市公债或出售公债。它能够在证券市场上自由买卖和转让，这种债券的发行往往以不记名的形式进行。可流通公债的市场价格由市场利率、公债的供求情况，以及公债的到期时间等因素决定。可流通公债所具有的可流动性使投资者可以在需要时随时兑现公债，从而可以降低投资者的机会成本，提高其投资收益率，进而对投资者有较大的吸引力。

不可流通公债也称非上市公债或不可出售公债。而不可流通公债不能在证券市场上公开出售，只能由政府到期还本付息，这种债券的发行有时采用记名的形式。不可流通公债由于其流动性差，因此其投资的机会成本也比较高，国家往往在利率、偿还方式等方面给予更优惠的条件，必要时还要给予保值补贴。

（8）根据债务本位的不同，可将公债分为货币公债、实物公债和折实公债。货币公债是以货币为债务本位发行的公债，它分为以本国货币发行的本币公债和以外国货币发行的外币公债。现代各国发行的公债基本上都是货币公债，因为货币公债便于计算、发行和管理。

实物公债是指以实物为基本单位发行的公债。折实公债是以多种特定量的实物为综合计算单位、折合市价所发行的公债，它是介于货币公债与实物公债之间的公债种类。折实公债的发行都以货币形式进行，其发行单位是以一定实物的价格为标准综合折算的，这是它与货币公债和实物公债相区别的地方。折实公债是在币值不稳、通货膨胀严重的情况下采用。

另外，还有其他一些分类，如按照公债有无特殊用途进行分类，可分为特种公债与一般性公债；按照有无担保进行分类，可分为担保公债与无担保公债，等等。

5.5.2 公债对经济的影响

公债已经成为各国政府运用宏观经济政策必不可少的手段。公债既有促进经济发展的积极影响，也有加大财政赤字，造成通货膨胀等消极影响。如果运用得当，公债对社会经济的发展可以起到积极的促进作用，反之则相反。

1. 公债对经济的积极影响

公债可以调节社会总供给与总需求，使社会资金得到充分运用，减轻经济周期波动；公债可以广泛吸收社会小额游资，集中用于政府投资，有助于整个社会经济的发展；公债能弥补财政赤字，起到积极的影响；公债可以有效地调节金融市场的运行状况。

2. 公债对经济的消极影响

公债对经济的消极影响表现为：利用公债政策有一定的限度，超过限度则会带来一定的副作用。如果是长期推行赤字财政政策，将会成为财政的沉重负担，会对经济发展产生不利影响。

3. 公债政策的利弊权衡

运用公债政策时应权衡利害。因为，发行公债对经济既能产生积极的影响，又能产生消极的影响。从公债的发行环境看，公债发行要首先看其对经济发展有无稳定作用。公债政策在经济衰退和繁荣阶段都可发挥良好的调节作用。经济繁荣时期社会资金投向利润高的行业，容易形成过度繁荣，政府发行公债可以吸收部分社会资金，防止通货膨胀局面的出现。当经济衰退时，消费与投资都不足，政府可以运用公债政策扩大公共支出，以免资本冻结而阻碍经济发展。此外，当国民纳税负担能力较低，增加税收较困难时，运用公债为政府的公共支出筹资是较好的选择。

从公债收入的使用来看，公债收入的使用方向不同将对经济产生不同的影响。如果公债收入用于政府投资，可以增加资本累积，使公共设施和基础设施得到改善，加速经济发展的进程。特别是在经济衰退时期，政府将公债用于各种公共设施，可以提高就业率，增大有效需求，刺激私人投资，通过财政乘数扩大生产，促进经济的复苏和繁荣。

4. 公债政策与通货膨胀的控制

公债政策是指政府在公债总额的增减、公债结构的变动和利率的升降等方面所制定的方针和采取的措施，这些具体措施通常涉及通货膨胀问题。

（1）公债发行方式和通货膨胀。不同的公债发行方式对经济的影响是不同的。公债采取公开发行方式向私人部门推销，是政府通过公债将私人购买力归为自己支配。从整个社会来讲，仅仅是购买力的转移，一般不会引起通货膨胀。

商业银行是以其吸取存款或创造信用的方式购买公债。假如商业银行以它吸取的存款购买公债，那么和公开发行一样不会引起通货膨胀。假如商业银行以创造信用方法购买公债，造成流通手段和支付手段的增加，使流通中的货币量超过其客观需要量，会引起通货膨胀。

当公债由中央银行承购时，中央银行通常用创造信用的方式购买，把所认购的公债金额列入政府往来账户，政府根据账户上的虚假存款开具支票或支取现金以安排各种政府支出，这就直接增加流通中的货币量，会造成通货膨胀。

（2）公债的结构和通货膨胀。公债是否会引起通货膨胀与公债结构有着密切关系。不同种类、不同期限和不同持有者结构的公债，对通货膨胀的影响是不同的。从公债种类结构方面看，可交易公债能在证券市场上买卖，所以，能影响流通中的货币量，可能会引起通货膨胀；而不可交易的公债则不能在证券市场上买卖，对通货膨胀的影响较小。

从公债期限结构方面看，长期公债流动性较小，对通货膨胀的影响也较小；中短期公债的流动性较大，容易引起通货膨胀。这是因为商业银行购买中短期公债的目的，一方面是为了获得利息收入，另一方面是为了随时抛售以增强其清偿能力。

从持有者结构方面看，不同的持有者结构对通货膨胀的作用也是不同的。中央银行持有公债是为了调节经济，需要不断地抛出和购进，操作不当会引起通货膨胀。在私人投资者持有的公债中，商业银行主要持有中短期公债，保险公司和储蓄银行等持有长期公债，个人投资者也主要持有长期公债，因此，通货膨胀的风险主要来自商业银行。商业银行和中央银行在证券市场上买卖公债的行为会引起通货膨胀。

5.5.3 公债的发行及管理

公债的发行是指公债由政府售出或被投资者认购的过程。它是公债运行的起点和基础环节，公债的发行要遵循一定的原则，其核心是确定公债的发行条件和公债的发行方式。

1. 公债发行的原则

公债不仅是国家筹措资金的金融工具，而且也是现代国家宏观调控的杠杆。因此，其发行原则的确立主要以协调社会经济运转为基础，遵循景气原则、稳定市场秩序原则和发行成本最小原则。

（1）景气发行原则：指公债发行要以推动和协调国家经济发展为目标，在发行规模上受制于一定时期的经济发展水平。

（2）稳定市场秩序原则：指公债的发行量要被控制在一个合理的范围内，与国民经济的承受能力和政府的偿还能力相适应，以稳定市场秩序。

（3）节约便利原则：指由发行公债所发生的各种费用支出应尽量节约，最大限度地降低其筹资的成本。

2. 公债发行的条件

公债发行条件涉及的问题较多，直接影响到政府的偿债能力和投资者的收益大小，从而关系到公债能否顺利推销，政府能否如期筹集到所需资金等一系列问题。公债的发行条件主要有公债发行期限、发行利率、发行价格和公债面值率等。

（1）公债发行期限：公债的发行期限是根据公共财政对长短期资金的需求、已发公债的偿还时间、未来市场利率水平的变化趋势等因素来确定的。公债期限是否合理，对于公债的发行以及能否如期还本付息至关重要。在设计公债期限时，应考虑以下因素：

①已发公债期限结构：必须先对已发行但还未偿还的公债期限结构状况进行分析，使还本付息支出均匀分布，防止出现偿债高峰。

②政府筹资目的：公债发行的期限结构应尽可能与政府的筹资、用资目的相吻合。

③市场利率水平：公债发行期限结构的成本受到现在和以后的市场利率水平的影响，因此需对市场利率的走势进行分析。

④公债交易市场的发育程度：如果公债交易市场发育成熟，开发程度高且流通性强，发行中长期债券就比较顺利；反之，如果流通性不强、变现能力差，投资者就不愿购买中长期债券，因而只能发行短期债券。

⑤政府的宏观调控政策：在现代市场经济条件下，政府可以通过发行期限结构长短不同的公债来对经济波动进行调控。

（2）公债发行利率：公债发行利率是衡量投资者参与公债发行市场投资收益的重要指标。公债利率的高低，通常受金融市场利率水平、国家的信用状况、社会资金的供给量以及公债的期限长短和付息方式等因素影响。

①金融市场利率水平：市场利率一般是指证券市场上各种证券的平均利率水平。市场利率决定着公债发行的利率，公债发行的利率必须与市场利率同方向变化。如果公债利率水平确定得过高，不但会增加国家财政的负担，而且还可能引起市场利率的上扬，抑制经济发展；如果利率水平确定得较低，则会使公债很难找到投资者。

②政府的信用状况：公债是一种特殊的债务形式，政府的信用状况与公债的发行利率呈反方向变化。如果国家信用很好，意味着公债风险小、收益稳定可靠，则公债利率可以确定得较低些；如果国家信用较差，意味着公债风险比较大，则公债利率必须确定得高一些，因为只有这样才能吸引到公债投资者。

③社会资金供给量：公债利率应当反映资金供求的关系。一般来说，如果资金供应量充足，公债利率可以确定得低些；如果资金供应量缺乏，则公债利率必须确定得高一些。如果在设计公债利率时忽视了社会资金供给量这一重要因素，将有碍于公债的发行，增大筹资成本。

④公债期限的长短：由于公债期限的长短对公债投资者的收益及资金的流动性和安全性有重大影响，所以决定着公债的利率水平。从公债期限来看，如果公

债期限较长，意味着投资的风险较大，因而必须将公债的利率定得高一些，才能吸引投资者；如果公债期限较短，意味着资金的流动性好。而且风险小，所以可以将公债的利率定得低一些。但当公债的设计服从于宏观调控时，公债利率有可能与期限相背离。

⑤公债的付息方式：公债的付息方式一般分为一次性付息和分次付息两种。一次性付息又分为单利计息和复利计息，单利计息指公债到期还本时一次支付所有应付的利息，利息按本金计算，到期前应付的利息不加入本金计算；复利计息指公债到期还本时，将公债还本偿还前按年所生利息加入本金计算，逐期增加计息基数。由于单利计息和复利计息对公债投资者的影响不同，所以，在实际收益率相等的情况下，单利计息公债的票面利率一般会高于复利计息的票面利率。

（3）公债发行价格：公债发行价格，是指公债券的出售价格或购买价格。政府债券的发行价格不一定就是票面值，它可以低于票面值发行，少数情况下，也可高丁票面值发行。根据公债发行价格与面值的关系，公债发行价格分为三类，即平价发行、折价发行和溢价发行。

平价发行：是指与公债票面名义价值相等的发行价格。平价发行一般要有两个条件：一是市场利率要与公债发行利率大体一致；二是政府的信用必须良好。只有政府的信用良好，认购者才乐于按票面值认购，公债发行的任务才能获得足够保障。

折价发行：是指低于公债票面名义价值的发行价格。按这种价格发行公债，筹集到的收入数额要小于到期应归还的本金数额。采用这种形式发行公债，主要是因为公债的票面利率低于实际的市场利率，为了弥补认购者因此而遭受的损失，以折价形式作为补偿，这样才可能吸引公债投资者。与折价发行类似的还有贴现发行，就是按贴现利率计算出贴现利息，用票面金额扣除贴现利息后的公债发行方式。公债到期时，按票面金额兑付，不再计算利息。贴现发行虽然与折价发行都是以低于票面金额的价格出售公债，但折价发行按票面额兑取本金时还要取得利息，贴现发行则只按票面金额兑付。

溢价发行：是指高于公债票面名义价值的发行价格。按这种价格发行公债，筹集到的收入数额要大于债务到期时应归还的本金数额。溢价发行比较有利于国家财政收入，但在正常情况下，是难以推行的。

目前，中国公债的发行价格主要有两种方式：一是附有票面利率的公债以面值发行，即平价发行；二是无票面利率的公债以低于面值的价格发行，即贴现发行。

3. 公债发行的方式

公债发行的方式是指作为公债发行体的中央财政代表国家与广大投资者之间

推销与购买公债时所采取的方式。公债的发行方式多种多样，从世界各国的情况看，公债发行方式主要有四种，即固定收益出售方式、公募拍卖方式、连续经销方式和直接销售方式。

固定收益出售方式，是一种在金融市场上按预先确定的发行条件推销公债的方式。其特点是：认购期限短、发行条件固定、推销机构不限及主要适用于可转让的中长期公债的推销等。

公募拍卖方式，是一种由发行人在金融市场上通过公开招标推销公债的方式。其主要特点是：发行条件通过投标决定；拍卖过程由财政部门或中央银行直接负责组织，即以它们为推销机构；主要使用于中短期公债，特别是国库券的推销。

连续经销方式，是指推销机构受发行人委托，在公债市场上设专门柜台经销并拥有较大灵活性的公债推销方式。其主要特点是：经销期限不定、发行条件不定、随行就市，主要适用于不可转让债券，特别是对居民个人发行的储蓄债券的推销等。

直接销售方式，是指债券的推销机构只限于政府财政部门，而不通过任何中介或代理机构进行销售。认购主要限于有组织的集体投资者，主要是商业银行、保险公司、养老基金及政府信托基金等。直接销售方式主要适用于某些特殊类型的公债发行，它是一种由财政部门与认购者直接谈判确定发行条件的推销方式。其特点是：个人投资者不能以此种方式认购公债。发行条件通过直接谈判确定，一般是由财政部门召集，由相关投资者分别就预备发行公债的利率、出售价格、期限等条件进行谈判，协商确定；主要适用于某些特殊类型公债的推销。

5.5.4　公债的规模

公债的规模是指国家负债的总水平，是公共收入规模的影响因素之一。公债规模的内容包括当年公债的发行规模、历年公债累积总规模、尚未归还的公债总规模等。

公债作为弥补财政赤字、筹措建设资金、调控经济运行的重要手段，在社会经济生活中有着重要的作用。但公债的发行并不是一个无限的量，公债规模也存在一个适度的问题。如果公债规模失控，不但难以发挥其应有的正效应，反而会给国家财政和社会经济的正常运转带来消极影响。

在现实生活中，公债的发行量要受到很多因素制约，这些因素主要有：

1. 社会应债能力

社会上个人和应债机构的资金能力是制约公债规模的重要因素。公债的发行量首先受认购者承受能力的制约，一般来说，公债发行规模不能超过全社会的应债能力，否则会影响全社会的积累与消费的比例关系。公债的发行对象主要是个人和应债机构，认购者的承受能力，自然是指个人和应债机构的承受能力。

个人的承受能力，是指一定时期内居民个人对公债的认购能力。这一能力又主要受制于两个因素，即居民的收入水平和社会平均消费水平。一般来说，居民对公债认购能力与其收入水平成正比关系，而与社会平均消费水平成反比关系。居民收入水平越高，社会平均消费水平越低，则其收入中可能用于购买公债的部分可能就越多，其对公债的承受能力也就越强，反之亦然。公债发行规模占城乡居民储蓄存款的比例是衡量居民个人应债能力的一个重要指标。

各应债机构的承受能力，是指一定时期各经济实体对公债的认购能力。制约这一能力的因素也有两个，即各经济法人实体自有资金的数量和维持正常积累及兴办各项事业对资金的正常需要量。各经济实体对公债的认购能力与前者成正比，与后者成反比。即各经济实体自有资金越多，企业积累规模及事业发展对资金的需要量越小，则其中可动员于购买公债的份额越大，反之则反是。

2. 政府偿债能力

政府的偿债能力，是指政府作为债务主体对其所借债务还本付息的能力。公债是有偿使用的，不论其期限长短，最终都是要偿还的。公债在借入期可以增加财政可支配资金，但其偿还期则要增加公共支出。公债的发行规模也要受偿债能力的制约，如果过量发行公债，就有可能导致政府的债务危机和国民对政府的信任危机。

政府的偿还能力通常由公共收入增长速度和国内生产总值（GDP）增长速度两个因素决定。前者反映了一定时期财政收入规模扩大的趋势，后者反映了一定时期经济发展的状况及国民经济发展对公债的承受能力。其中，GDP 增长速度是根本，公共收入增长速度则取决于政府的公共收入政策。如果 GDP 增长速度越快，则一定时期的 GDP 在满足正常的投资和消费后，有较大的余地为政府所调度，此时，如果正常的公共收入不足以抵偿债务，政府可以通过继续发行新债来归还旧债，从而缓解政府的还债负担。在 GDP 增速一定的情况下，公共收入的规模越大，则公共收入在满足了其他正常支出后，可能用于归还到期公债本息的资金越多，政府对公债的偿还能力越强，反之则越弱。

3. 公债的使用效应

公债的使用效应是公债规模的又一重要因素，适度的公债规模不仅要从有关指标的相对数和绝对数来看，还要从公债最终的使用效应来考察。如果公债用于投资收益较高的生产性建设项目，公债再投资的收益可以满足还本付息的需要，不会形成国家的债务负担，在这种情况下，公债的规模可以大一些；如果公债用于社会效应项目，或公债再投资的收益不足以支付公债的还本付息，这会造成国家的新的负担，则公债规模就应小一些。

4. 其他因素

除了社会的应债能力、政府的偿债能力和公债的使用效应等制约公债发行量的主要因素之外，社会总供给的结构和外贸出口创汇能力也是控制公债规模时应该予以考虑的。

在确定公债发行量时，要对公债再分配所引起的物资需求结构的变化进行估计，这时候社会总供给量的结构就成为其发行量的一个制约因素，物资供给不足将会引起资源配置低效。这是因为，发行公债会引起国民财富分配结构的变化，进而引起社会需求内部结构的变化。在通常情况下，这种变化主要表现为消费需求向投资需求的转化，或者投资需求内部结构的重组，这必然受到一定时期既定的供给结构的制约。

外汇出口创汇能力主要是制约外债规模的一个重要因素。外债需用外汇偿还。因此，外债的规模不仅受国内经济发展的制约，而且还受外贸出口创汇能力的制约。外贸出口创汇能力强，则外汇收入在应付了正常外汇支出后仍有较大的余额偿付到期外债本息，外债的规模就可以大一些；反之，则只能小一些。

5.5.5　国债政策及其完善

国债在中国的改革发展中起着非常重要的作用。

积极开展公开市场业务，其操作要按照经济办法，有利于国债市场的发展，否则就会使国债市场变得扭曲。在试办公开市场业务阶段，一方面要注意货币政策工具除了通过调整商业银行备付金来调节货币流动量外，还有释放中央银行利率、调整指导性信号的作用，故而在加大利用这一工具力量的同时，应允许更多的金融机构参与这一市场行列；另一方面，配合这一政策工具的启用和运作，为进一步缩小信贷规模控制的范围，有些必须在信贷上给予必要支持的骨干重点项目和企业，可以交由政策性银行办理财政贴息，从而对商业银行的贷款管理能够过渡到真正由其自行按资产负债比例管理要求决定的模式上。这一点很重要，因为在商业银行仍有大量信贷规模控制的情况下，不会有真正的利率市场化。这些努力的目的是使央行公开市场业务操作这一新型调控工具开始推动银行体制改革，使央行买进、卖出债券成为利率调整的主要依据，从而改变央行对利率的直

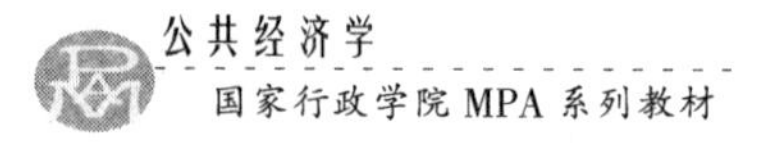

接决定的做法。

可考虑建立全国性的国债中央登记托管结算公司，这有利于打破目前国债交易市场相互分割的局面，促使全国市场一体化，使国债交易可以安全、便捷地进行，保证国债的流通真正具有全国性。这样做，还可以降低交易成本，吸引更多的投资者参与国债市场，有利于风险控制，为交易提供安全的技术保障和法律保证，为国家有关部门运用国债政策对宏观经济调控提供市场渠道和技术支持。

发展国债市场在促进利率市场化方面有重要的作用，首先应抓住金融投资对象暂时较少、国债比较好销的有利时机，修改有关国债一级自营商制度的一些规定，取消最低限额基数承销的规定，相应规定每家自营商最高承销份额，以防止市场垄断局面的出现。坚持每期国债的全额用于招标发行做法。其次，在增加金融二级市场国债品种和数量的同时，大力发展国债回购交易市场，创造条件改变目前上海证券交易所将市场价值折扣为面值的综合标准回购交易合同的做法，逐步做到在防止债券卖空和资金透支的前提下，实现市场交易对等性，使国债回购收益率成为市场程度再强一些的参考指标，目的是以此促进银行体制改革的速度的加快和程度的加深。

国债市场的规模还与储蓄率高低有一定关系。中国居民有较高的储蓄率，而且储蓄中又很大一部分是长期资金，我们可以将其中的一部分吸收到长期的国债投资上来。我国和日本是储蓄优先型，储蓄优先型的国家通常积累率较高，有利于经济发展。我们应该充分利用这一特点，建立一个合理的储蓄—投资结构，将这部分资金中的一定比例转化为国家债券，以利于国家的重点建设，以利于发展关系国民经济全局的事业。可以鼓励居民将自己的长期存款直接转化为国债，也可以鼓励专业银行用长期存款买进一部分国债。个人需要现金，银行周转有困难，都可以在二级市场上转让持有的国债。专业银行还可以用债券作为抵押向中央银行借款，或将债券卖给中央银行。

国债规模——压缩和继续扩大的争论，理论界和实际部门对此争议都很大。有专家认为，目前保持适度的发行规模的增长是最合理的选择。首先，从财政政策的角度来看。财政赤字有逐年扩大的趋势，而且这种趋势在近几年日益严重。为了有效执行财政政策，必须保持财政收入基本上与财政支出平衡。而在目前要达到这一点，发行国债是唯一最佳途径，国债发行规模的扩大势在必行。另外，执行货币政策，需要有一个良好的国债量的基础。一定量的流通国债规模是公开市场业务的条件。目前，在市场上，可供流通的国债显然远远不能满足货币政策的需要，这就不可避免地要求增加国债的数量，尤其是短期的、可流通的国债的数量。所以，一定量的国债规模的增长是需要的。但是，国债也不可能无限度地增长，应该确定一个界限。这个界限的确定，从财政政策的角度来看，要从财政需要和其承受能力之间的平衡来确定。在今后一段时间里，我国的国债发行要注意以下几点：

（1）改善国债的品种期限结构。国债期限结构要合理搭配，扩大短期国债，合理发展中长期国债。根据投资人的需求和资金本身的特点，国债应该采用不同的期限。为适应国债发行多期限化和短期化的需要，每年发行工作应该连续不断地进行，保持每个月或每季度都有发行。

（2）继续走市场化道路，并使之进一步完善。我国国债发行方式要多种形式搭配，以市场发行为主，行政发行为辅，并逐步发展到完全通过市场发行，以降低发行成本。同时还应大力推行发行利率市场化的进程。

（3）加强国债使用监管。财政通过发行国债筹集的资金，首先补充重点项目的资金不足，将国债收入优先用于生产性建设项目，弥补国家建设资金的不足，同时根据这些项目的投资所得偿还国债，自行创造还债来源，实现国债规模的均衡发展及自身良性循环。

本章小结

1. 公共收入是公共部门为了履行公共职能，满足公共支出的需要，依据一定的权力原则，向私人部门和个人筹措的所有的货币资金的总和。

2. 公共收入由税收、公债及其他非税收入等组成，税收是政府取得收入最重要的形式，税收包含多种不同要素，依据不同标准，可将税收分为不同的种类。

3. 征税对纳税人经济行为的影响可能是多方面的，既可能影响他们的消费行为，也可能通过对市场价格机制的干扰影响他们的生产行为，通常涉及纳税人的工作、消费、投资和储蓄等方面。

4. 公债是政府以债务人的身份、依据借贷原则取得公共收入的方式。公债按照不同的标准，可进行不同的分类。

关键术语

公共收入　公共收入原则　税收　税收要素　直接税　间接税　税收的经济效应　收入效应　替代效应　税收负担　税收转嫁　税收归宿　公债　私债　国债

思考题

1. 公共收入包括哪些组成形式?
2. 试述税收的经济效应。
3. 什么是税收转嫁和归宿?
4. 公债的经济效应体现在哪些方面?

第 *6* 章

公 共 税 制

重点问题

1. 公共税制的分类
2. 增值税的基本知识
3. 所得税的类型
4. 财产税的种类

案例 6.1 征收物业税能抑制中国房价吗？

在怎样抑制中国大城市房价高涨的争论中，有一种观点提出，征收物业税是根本之举。他们的理由是，目前国内房地产存在的主要矛盾是投资性和投机性需求太强，导致供求缺口过大而使房价迅猛上涨。征收物业税可以使那些投资性、投机性买房行为的成本大大增加，其购买需求偏好必定下降，更多存量房屋会抛向市场，增加供给总量。这样既可以舒缓供求紧张状况，减少市场过度投机，又可以改善买房需求的结构，增加使用者买房比例，政府还可以拿到更多税收，一举而四得。世界上大多数市场经济国家都对房地产征收物业税，目前我们的时机和环境也已经成熟了。然而，反对者也不在少数。后者认为，开征物业税提高了置业者的持有成本，由于20世纪70年的土地出让金被纳入到物业税中逐年征收，“炒房”者反而能够以小博大，更好地使用少量资金炒作更多住房，根本无法抑制投资性和投机性购买需求。换句话说，开征物业税不鼓励置业者长期持有物业，只会刺激他们追求短期炒作收益，对抑制国内大城市的房价高涨，只能适得其反，是不智的政策行为。

物业税——征还是不征？的确是个问题。

案例6.2　个人所得税起征点：提高抑或维持？

个税改革关乎公平与民生，是最近几年“两会”期间的热点话题。个税改革的核心问题是起征点的确定，对此，激烈的争论一直不断。社会舆论的主流意见认为，目前2000元的个税起征点太低了。以2000元为起征点，势必形成个人所得税主要由社会工薪阶层和中低收入者人群承担，而高收入人群所占的税负比例则较小。这样的税制安排，显然背离了设置个人所得税所具有的调节贫富差别的功能，是社会公平正义的一种反向调节。个税起征点应该较大幅度提高。但不同的观点认为，上述意见看似有理，实际理想主义成分居多。因为提高个税起征点的余地很有限，简单提高起征点对普通工薪阶层意义并不大。他们测算，比如个税起征点调高到4000元以后，实际缴纳个税的人口数量占全国劳动人口的30%左右，而这30%人群中的高薪人士不到1%，但他们所缴纳的税额却占到全部个税的35%以上。如果再次提高起征点，月收入4000元以下的普通工薪阶层，每月也只有减税几十元，并没有得到真正好处。对于月收入很高的阶层来说，却降低几百甚至几千元。因此，个税改革不是简单的调高起征点的问题，而应当从优化税制的角度进行考虑，推动政府对个人所得税的税制进行系统改革。

你同意哪一种观点呢？

英国经济学家科尔贝曾说过：“税收这种技术，就是拔最多的鹅毛，听最少的鹅叫。”从理论上讲，一个好的税收体制应该是透明的，它应使每一个纳税人都清楚地知道他为什么纳税，纳了多少税，而不是“被人拔了毛”还毫不知情。在西方国家，税收及其分配一直是政治家们永远关注的核心议题。在中国，公共税制也引起了越来越多人的重视，中国目前有哪些税种？对人们生产生活的影响是怎样的？中国公共税制下一步改革的方向是什么？这些都是本章讨论的问题。

6.1　商品税制

商品税也称为流转税，通常是指对商品的流转额和非商品营业额课征的税收的统称。商品流转额是指在商品生产和经营过程中，商品销售收入额或购进商品支付的金额；非商品流转额是指非商品经营的各种劳务而发生的货币金额，即提供劳务所取得的营业收入或取得劳务支付的货币金额。目前，中国的商品税主要包括增值税、消费税、营业税与关税等。

6.1.1　增值税

1. 增值税概述

增值税（Value-Added Tax，VAT）是商品税的一种形式，是对销售货物和提供劳务的过程中增加的价值征收的，是目前各国普遍征收的一种税收，其课税依据是课税商品或劳务在产销的每一阶段新增的价值，即增值额。

理论界比较一致的观点是，美国耶鲁大学经济学教授亚当斯最早提出增值税概念，他在 1917 年在国家税务学会《营业税》（*The Taxation of Business*）报告中首先提出了对增值额征税的概念，指出对营业毛利（销售额 - 进货额）课税比对利润课税的公司所得额好得多，这一营业毛利相当于工资薪金、租金、利息和利润之和，即相当于增值额。1954 年，法国正式实施增值税。但增值税在世界范围内的推广是在 20 世纪 60 年代以后。1962 年，欧共体的财政金融委员会建议所有的欧共体成员国都采用增值税作为统一的销售税形式。此后 10 年，所有欧共体成员国陆续采用了这一税制，到目前为止，世界上已有 100 多个国家实行增值税制。中国从 1979 年起，先后在湖北、上海、广西和湖南等地实行增值税试点。1993 年 12 月 13 日，国务院正式发布《中华人民共和国增值税暂行条例》，并于 1994 年 1 月 1 日实施。此后，增值税成为中国现行第一大税种。

与周转税相比，增值税有效消除了重复征税，更符合税收中性原则，下面用一个例子予以说明。假定某商品甲从最初的生产到销售到消费者手中经过四个生产环节，增值税或周转税税率均为 15%，其每一阶段的增值税和周转税的税收负担，见表 6 - 1。

表 6－1　　增值税与周转税税负比较　　单位：元

生产流通环节	购进额	销售额	增值额	增值税税额	周转税税额
1	0	1000	1000	150	150
2	1000	2000	1000	150	300
3	2000	4000	2000	300	600
4	4000	5000	1000	150	750
总　计	7000	12000	5000	750	1800

从表 6－1 中可以看出，商品甲从生产到消费者手中需经过四个环节，同样的商品，同样的流通环节，周转税的税负是增值税的 2.4 倍。因此，对于企业而言，为减少税负，必须尽量减少商品的流通环节，尽可能地将商品的生产、批发与零售等环节都合并到一个企业内部，这样税负变轻。但这会导致生产的大而全，是与现代社会专业化分工背道而驰的，不利于资源配置效率的提高，增值税的流行自然在情理之中。

2. 增值税类型

根据各国增值税制对固定资产处理方法的不同，可以将增值税分为生产型增值税、消费型增值税和收入型增值税。

（1）生产型增值税。

又称毛收入型增值税，是指对购进固定资产的价值不能做出任何扣除，其折旧作为增值额的一部分据以课税。从另一个方面来看，生产型增值税的税基等于商品或劳务的销售收入，减去用于生产的中间性产品与劳务的支出（厂房、机器等固定资产折旧额除外）。用公式表示如下：

增值额＝销售收入－外购中间产品及劳务支出
＝工资、薪金＋折旧＋租金＋利润＋利息
＝消费＋投资

生产型增值税课税范围广，有利于保证财政目标的实现，但由于固定资产不做扣除，仍然存在一定程度的重复征税，提高了企业投资成本。长期以来，我国一直实行生产型增值税。

（2）消费型增值税。

消费型增值税是指允许纳税人在计算增值税额时，从商品和劳务销售额中扣除当期购进的固定资产总额。也就是说，厂商的资本投入品不算入产品增加值，这样，从全社会的角度来看，增值税相当于只对消费品征税，其税基总值与全部消费品总值一致，故称消费型增值税。用公式表示如下：

增值额 = 销售收入 - 外购中间产品及劳务支出 - 同期购入的资本品价值
= 消费

实行消费型增值税有利于鼓励投资，尤其是民间投资；有利于促进产业结构调整和技术升级，有利于提高产品的竞争力。尽管在短期内将导致税基的减少，对财政收入造成一定的影响，但是有利于消除重复征税，促进税制的优化，降低企业负担，降低税收管理成本，提高税收管理效率。世界上大多数国家都实行消费型增值税，我国目前已从长期实行的生产型增值税转向消费型增值税。

(3) 收入型增值税。

又称为净所得型增值税，是指对购进固定资产价款，只允许抵扣当期应计入产品成本的折旧部分。收入型增值税征税范围介于生产型增值税和消费型增值税之间，企业的税收负担比消费型增值税高，比生产型增值税低。可用公式表示如下：

增值额 = 销售收入 - 外购中间产品及劳务支出 - 同期固定资产折旧
= 工资、薪金 + 租金 + 利息 + 利润
= 消费 + 净投资

3. 增值税的计算

增值税以增值额为课税对象，其计算方法可分为两种：

一种是直接征税法。先求出商品或劳务的增值额，再乘以税率，进而求出应纳税额。在该种计算方法中又可进一步分为加法和减法两种。加法是将构成增值额的各要素，如工资、利润、租金等加起来，求出增值额，然后再乘以增值税税率，计算出应纳增值税额。其计算公式是：

应纳增值税 =（工资、薪金 + 租金 + 利息 + 利润 + 其他增值项目）× 税率

减法是以产品销售额减去法定扣除额，如外购的原材料、固定资产、燃料、包装物等的余额作为增值额，然后乘以增值税税率，计算出应纳增值税税额。其计算公式是：

应纳增值税 =（销售收入总额 - 法定外购扣除项目）× 税率

另一种是间接征税法。企业就本期销售收入乘以税率，得出相应税额，再从中减去同期各项进货已纳税额，从而得出应纳税净额。这种方法也称为抵免法、扣税法。由于这种方法不必计算出增值额，较为简便易行，适应现实需要，是国际上通行的增值税计算方法，中国增值税制也采用此法。

4. 中国的增值税制

1993 年 12 月 13 日，国务院发布了《中华人民共和国增值税暂行条例》，1994 年 1 月 1 日正式施行。增值税已成为中央政府最主要的收入来源，也是地方

政府收入的重要来源之一。2008年，增值税收入占全部税收收入的比重为42.5%，居各税之首。

（1）增值税的纳税人。

在中国境内销售、进口货物，提供加工、修理、修配劳务的国有企业、集体企业、私营企业、外商投资企业、外国企业、股份制企业、其他企业、事业单位、社会团体、国家机关、军队、其他单位、个体经营者和其他个人，是增值税的纳税人。为了简化征管手续，节约征税成本，将纳税人分为一般纳税人和小规模纳税人。一般纳税人，是指年应税销售额超过财政部规定的小规模纳税人标准的企业和企业性单位。小规模纳税人，则是指年销售额在规定标准以下，并且会计核算不健全，无法按规定报送有关税务资料的纳税人。对于小规模纳税人销售货物采取更为简便的征税办法。

（2）增值税的征收范围。

增值税的征收范围包括在中国境内销售货物，提供加工、修理修配劳务及进口货物。在实际征税过程中，有些销售行为既涉及增值税应税货物，又涉及营业税的应税劳务，被视为混合销售行为，相关法规对这些特殊情况的征税问题做出专门规定：纳税人销售货物并负责运输，销售货物为增值税征收范围，运输为营业税征收范围。对此的税务处理方法是，对主营货物的生产、批发或零售的纳税人（指纳税人年货物销售的营业额占其全部营业额的50%以上），全部视为销售货物征收增值税，而不征收营业税；对非主营货物的生产、批发或零售的其他纳税人，全部视为营业税应税劳务，而不再征收增值税。

纳税人在从事增值税应税行为的同时，还从事营业税应税行为，且这两者之间并无直接的联系和从属关系，这属于兼营行为。对此的税务处理方法是要求纳税人将两者分开核算，分别纳税，如果不能分别核算或者分别核算不准确的，由主管税务机关核定其销售额和营业额。

（3）增值税的税率。

增值税税率，通常包括基本税率、低税率、零税率及征收率等。具体规定如下：纳税人销售或进口货物，提供加工、修理修配劳务，适用基本税率，税率为17%；纳税人销售或进口粮食、食用植物油、自来水、暖气、热气、冷气、煤气、石油等、天然气、沼气、居民用煤炭制品、图书、报纸、杂志、饲料、花费、农药、农机农膜及国务院规定的其他货物，适用低税率，税率为13%；纳税人出口货物，除国务院另有规定的，适用零税率；小规模纳税人销售货物或提供应税劳务，采用6%或4%的征收率。

（4）增值税的转型。

所谓增值税转型，就是将生产型增值税转为消费型增值税。世界上绝大多数征收增值税的国家都实行消费型增值税，只有中国和印度尼西亚等国家实行生产型增值税。从满足财政收入需要看，生产型增值税因进项税额扣除的范围小，税基较大，在税率相同的条件下，比消费型增值税能取得更多的财政收入。其缺陷在于，纳税人购进固定资产所含的税款不予抵扣，造成了谁投资谁就要纳税的现象，不利于鼓励投资。资本有机构成不同的企业之间税负不平衡、不公平，特别是高新技术产业和基础产业固定资产投资比重大，税收负担重，不利于产业政策的实施。

为消除重复征税因素，刺激投资，拉动内需并推动经济结构的战略性调整，从 2004 年 7 月 1 日起，中国对东北地区的装备制造业等八大行业实施了增值税转型试点，并通过采取投资过快增长行业暂不纳入试点范围和实行增量抵扣等办法，较好地解决了部分行业过热和财政减收等突出问题。从 2007 年 7 月起，试点范围被扩大至中部地区 6 省份 26 个城市的 8 个行业。2008 年 7 月和 8 月间，内蒙古东部 5 个市（盟）和四川地震受灾严重地区又被纳入第 3 批试点范围。2008 年 11 月 5 日，国务院召开国务院常务会议，研究部署进一步扩大内需促进经济平稳较快增长的措施时要求在全国所有地区、所有行业全面实施增值税转型改革，鼓励企业技术改造。新方案于 2009 年 1 月 1 日起实施。

与生产型增值税相比，消费型增值税有利于鼓励投资，特别是民间投资，有利于促进产业结构调整和技术升级，有利于提高产品的竞争力。实行消费型增值税有助于解决重复征税问题，将使得非抵扣项目大为减少，征收和缴纳将变得相对简便易行，从而有助于减少偷逃税行为的发生。当然，实行消费型增值税在短期内会导致税基的减少，对财政收入造成一定的负面影响，但从长远看，实行消费型增值税将刺激投资，促进产业结构的调整，财政收入总量也会随之逐步增长，因而仍是利大于弊的。

6.1.2　消费税

1. 消费税概述

消费税是 1994 年税制改革时新设置的一个税种，是对规定的消费品和消费行为征收的，是目前世界各国普遍征收的一种税收。消费税征收的目的是为了调节产品结构，引导消费方向，优化资源配置，缩小贫富差距，实现社会公平，保证国家财政收入。

从理论上看，消费税具有以下几个特征：（1）消费税征收只对特殊消费品和消费行为征收，即国家可以根据宏观产业政策和消费政策的要求，有目的地、有重点地选择一些消费品征收消费税，以适当地限制某些特殊消费品的消费需求。（2）消费税税率具有一定差别性，根据不同消费品的种类、档次及调节需要，实行差别税率。（3）消费税税收负担转嫁性，最终都转嫁到消费者身上。（4）征税环节的单一性，一般采取在产品出厂销售或从国外进口应税消费品时进行征收。

2. 消费税的纳税人

消费税的纳税人包括在中国境内生产和进口应税消费品的国有企业、集体企业、私营企业、外商投资企业、外国企业、股份制企业、其他企业、事业单位、社会团体、国家机关、军队、其他单位、个体经营者和其他个人。委托加工应税消费品和在零售环节销售某些应税消费品的企业、单位和个人，也是消费税的纳税人。

3. 消费税的征税对象

消费税的征税对象是在中国境内生产、委托加工和进口的消费税暂行条例规定的应税消费品。2006 年消费税在调整后确定的征收品目共有 14 个：过度消费对人类健康、社会秩序和生态环境等方面造成危害的特殊消费品，如烟、酒及酒精、鞭炮焰火等；高能耗及高档消费品、奢侈品、非生活必需品，如摩托车、小电视、电视轮胎、高尔夫球及球具、高档手表、游艇等；为节约资源，不可再生消费品，如成品油、木制一次性筷子、实木地板等。

4. 消费税的税率及计算

中国消费税的税率采用比例税率和定额税率两种做法，对部分酒类按吨规定定额税率；成品油等按升规定定额税率；部分应税产品则适用比例税率。与此相对应，消费税应纳税额的计算也采用从价计税和从量计税两种方法。

（1）对那些供求矛盾突出、价格差异较大、计量单位不规范的消费品采用从价计税，其计算公式为：

应纳税额 = 应纳消费品销售额 × 适用税率

（2）对那些供求基本平衡、价格差异不大、计量单位规范的消费品则实行从量计税，其计算公式为：

应纳税额 = 应纳消费品数量 × 适用税额标准

（3）自产自用应税消费品用于连续生产应税消费品的，不纳税；用于其他方面的，有同类消费品销售价格的，按照纳税人生产的同类消费品销售价格计算纳税，没有同类消费品销售价格的，组成计税价格。

$$组成计税价格 = (成本 + 利润) \div (1 - 消费税税率)$$

$$应纳税额 = 组成计税价格 \times 适用税率$$

(4) 委托加工应税消费品的，由受托方交货时代扣、代缴消费税。按照受托方的同类消费品销售价格计算纳税，没有同类消费品销售价格的，组成计税价格。

$$组成计税价格 = (材料成本 + 加工费) \div (1 - 消费税税率)$$

$$应纳税额 = 组成计税价格 \times 适用税率$$

(5) 进口应税消费品，按照组成计税价格计算纳税。计算公式为：

$$组成计税价格 = (关税完税价格 + 关税) \div (1 - 消费税税率)$$

$$应纳税额 = 组成计税价格 \times 消费税税率$$

(6) 零售金银首饰的纳税人在计税时，应将含税的销售额换算为不含增值税税额的销售额。

$$金银首饰的应税销售额 = 含增值税的销售额 \div (1 + 增值税税率或征收率)$$

对于生产、批发、零售单位用于馈赠、赞助、集资、广告、样品、职工福利、奖励等方面或未分别核算销售的，按照组成计税价格计算纳税。

$$组成计税价格 = 购进原价 \times (1 + 利润率) \div (1 - 金银首饰消费税税率)$$

$$应纳税额 = 组成计税价格 \times 金银首饰消费税税率$$

5. 消费税的纳税环节

(1) 生产环节。纳税人生产的应税消费品，由生产者于销售时纳税。其中，自产自用的用于本企业连续生产应税消费品的不纳税；用于其他方面的，于移送使用时纳税。委托加工的应税消费品，由受托方在向委托方交货时代扣、代缴。如果受托方是个体经营者，委托方需在收回加工应税消费品后向所在地主管税务机关缴纳消费税。

(2) 进口环节。纳税人进口的应税消费品，由进口报关者于报关进口时纳税。

(3) 零售环节。金银首饰消费税由零售者在零售环节缴纳。

6.1.3 营业税

1. 营业税概述

营业税是对在中国境内提供应税劳务、转让无形资产或销售不动产的单位和个人，就其所取得的营业额征收的一种税。营业税属于流转税制中的一个主要税种。营业税征税范围广、税源普遍，涉及国民经济中第三产业领域，具有很强的成长性。以营业额为计税依据，按行业设计税目税率，计算方法简便。

2. 营业税的纳税人

营业税的纳税人是在中国境内提供应税劳务、转让无形资产或销售不动产的单位和个人。

3. 营业税的征税范围

营业税的征税范围包括在中国境内提供规定的劳务、转让无形资产或销售不动产。应税劳务是指属于建筑业、金融保险业、交通运输业、邮电通信业、娱乐业、服务业税目征收范围的劳务。

4. 营业税的税目、税率

营业税共设9个税目，一律采用比例税率，见表6-2。

表6-2　营业税的税目、税率　　单位：%

税　目	征收范围	税率
交通运输业	陆路运输、水路运输、航空运输、管道运输、装卸搬运	3
建筑业	建筑、安装、修缮、装饰、其他工程作业	3
金融保险业	金融：贷款、融资租赁、金融商品转让、金融经纪业和其他金融业务、保险	5
邮电通信业	邮政、电信、快递	3
文化体育业	文化、体育	3
娱乐业	歌厅、舞厅、卡拉OK歌舞厅、音乐茶座、高尔夫球、壁球、网球、射击、游艺机、跑马、狩猎（包括钓鱼）、游艇、赛车（专供儿童娱乐的游艇、赛车除外）等游艺项目、台球、保龄球、其他游艺项目	20
服务业	代理业、旅店业、饮食业、旅游业、仓储业、租赁业、广告业、打包、咨询业等	5
转让无形资产	转让土地使用权、专利权、非专利技术、商标权、著作权、商誉、电影拷贝播映权	5
销售不动产	销售建筑物和其他土地附着物	5

5. 营业税的计算

纳税人提供应税劳务、转让无形资产或者销售不动产，根据营业额和规定的税率计算应纳税额。纳税人的营业额为纳税人提供应税劳务、转让无形资产或者销售不动产向对方收取的全部价款和价外费用。其计算公式为：

$$应纳税额 = 营业额 \times 税率$$

6.1.4　关税

1. 关税概述

关税是指一个国家或地区根据其政治、经济需要，由海关对进出国境（或关境）的货物和物品征收的一种税。关税是世界各国普遍征收的一个税种，在各国一般属于国家最高行政单位指定税率的高级税种，对于对外贸易发达的国家而言，关税往往是国家税收乃至国家财政的主要收入。

2. 关税的分类

根据不同的标准，可将关税分为不同类别：

（1）根据征收目的，关税分为财政关税和保护关税。财政关税是以增加国家财政收入为主要目的而征收的关税。通常把进口数量多、消费量大的商品列入征税范围。保护关税是为了保护本国工农业生产或经济稳定增长为目的而征收的关税，也称为关税壁垒。通过对进口商品征收高额关税，进而削弱进口商品在本国市场的竞争力，以达到保护本国经济发展的目的。

（2）根据商品流向，关税分为进口关税、出口关税和过境关税。进口关税是对国外输入本国国境或关境的货物和物品征收的一种税。出口关税是对本国出口的货物在运出国境时征收的一种关税。征收出口关税会增加出口货物的成本，不利于本国货物在国际市场的竞争。过境关税是本国对于外国通过其关境运往第三国的商品征收的一种税，目前绝大多数国家都不征收过境关税。

（3）根据课税标准，关税分为从量关税、从价关税、混合关税、选择关税和滑动关税。从量关税是以进出口商品的重量、数量、长度、容积等为基础而课征的关税。从价关税是以进出口商品的价格为基础而课征的关税。混合关税是从量关税与从价关税合并征收的关税。选择关税是指对同一种货物在税则中规定有从量、从价两种关税税率，在征税时选择其中征税额较多的一种关税，也可选择税额较少的一种为计税标准计征。滑动关税是指根据进口商品价格的变化而升降税率的关税，可以起到稳定进口商品价格的作用。

3. 关税的构成要素

作为税收体系中的组成部分之一，中国的关税制度为促进国家的经济建设发挥了重要作用，其基本构成要素如下：

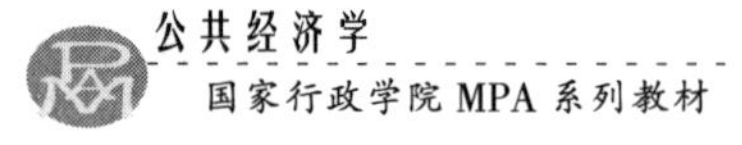

（1）关税的纳税人。

关税的纳税人包括进口中国准许进口的货物的收货人、出口中国准许出口的货物的发货人和中国准许进境物品的所有人，他们分别应当依法缴纳进口关税和出口关税。

（2）关税的课税对象。

中国现行关税的课税以《海关进出口税则》规定的应税入境货物流转额和应税出境货物流转额为课税对象。只要应税货物通过中国关境，就应对其流转额征税。

（3）关税的税则和税率。

中国现行关税税则是根据国家关税政策，通过一定的国家立法程序制定、公布、实施的对进出口的应税和免税商品加以系统分类的一览表。关税税则一般包括国家实施税则法令、税则的归类总规则、税目表等内容。

中国现行的关税税率，分为进口税率和出口税率两个部分。进口关税设置最惠国税率、协定税率、特惠税率、普通税率、关税配额税率等多种税率。对于进口货物在一定期限内可以实行暂定税率。出口关税设置出口税率，对于出口货物在一定期限内也可实行暂定税率。

（4）关税的计税依据。

中国关税的计税依据主要采用从价计征的办法，以货物的完税价格为计税依据征收关税。进口货物的完税价格由海关以符合规定条件的成交价格、该货物运抵中国境内输入地点起卸以前的运输及相关费用、保险费为基础审查确定。出口货物的完税价格由海关以该货物的成交价格、该货物运至中国境内输出地点装载以前的运输及其相关费用、保险费为基础审查确定。出口关税不计入完税价格。

6.2 所得税制

所得税又称所得课税、收益税，指国家对法人、自然人和其他经济组织在一定时期内的各种所得征收的一类税收。所得税18世纪末创始于英国。当时正值英法战争时期，为筹措战争经费，英国首相W. 皮特（1759～1806年）创设了一种新税，名为“三级税”，实为所得税的雏形。但因税法不健全，漏税甚多，遂于1799年废除“三级税”而采用新所得税法，从而奠定了英国所得税制度的基础。19世纪以后，资本主义国家相继开征所得税，由于所得税以所得的多少为负担能力的标准，比较符合公平、普遍的原则，并具有经济调节功能，因而被大多数西方经济学家视为良税，得以在世界各国迅速推广。

6.2.1　所得税的特点与类型

与其他税类相比，所得税有其独特的特点，具体表现在以下几个方面：

1. 所得税的特点

（1）税负负担的直接性。所得税的课税对象是纳税人的最终所得，一般由企业或个人作为纳税人履行纳税义务，税负很难进行转嫁，纳税人就是负税人。

（2）税负较公平。所得税一般以净所得为征税依据，其立法依据的原则是："所得多的多征、所得少的少征、无所得不征"，体现了量能负担原则。商品税则不论纳税人盈亏与否，只要发生营业行为就应纳税。就个人所得税而言，一般都规定了起征点、免征额及扣除项目，有助于缩小收入差距，体现了税收的公平原则。

（3）计税复杂，稽征难度大。鉴于所得税的课税对象是纳税人的所得额，对企业来说，需要核算企业的收入、成本、费用、利润等，计算企业应税所得；对于个人来说，需要计算个人的收入、免税额、扣除额等，征收成本高，难度大。

（4）税收收入有弹性。在一般情况下，随着经济发展形势的变化，企业和个人的所得也会随之而变化。当经济繁荣时，个人收入普遍增加，所适用的所得税税率也将上升，税负加重，反之亦然。政府可以根据需要灵活地进行调整。

2. 所得税的类型

根据纳税人的不同，可将所得税划分为个人所得税和企业所得税两种。个人所得税是以个人所得为课税对象征收的所得税，企业所得税是以企业所得为课税对象的所得税。一般来说，由于纳税人和课税对象不同，个人所得税和企业所得税不会出现交叉。但在某些情况下，个人所得税和企业所得税虽具有不同的纳税人，却有可能具有相同的课税对象，出现重复征税的情况。例如，对个人投资所得，在企业利润未分配前先征收企业所得税，在企业利润分配之后再征个人所得税，出现了对同一对象的重复征税。因此，处理好企业所得税和个人所得税之间的征收关系，避免出现重复征税，这是所得税改革必须解决的问题。

6.2.2　个人所得税

个人所得税是对个人取得的各项应税所得所征收的一种税，是世界各国普遍征收的税种。中国在1980年第五届全国人民代表大会第三次会议通过了《中华人民共和国个人所得税法》（以下简称《个人所得税法》），此后进行了四次修正。现在施行的《个人所得税法》是2007年十届全国人大常委会第三十一次会议通过的。

1. 个人所得税的纳税人

个人所得税以所得人为纳税人，具体分为两种情况：一是居民纳税义务人。在中国境内有住所，或者无住所而在境内居住满1年的个人，是居民纳税义务人，应当承担无限纳税义务，即就其在中国境内和境外取得的所得，依法缴纳个人所得税。二是非居民纳税义务人。在中国境内无住所又不居住或者无住所而在境内居住不满一年的个人，是非居民纳税义务人，承担有限纳税义务，仅就其从中国境内取得的所得，依法缴纳个人所得税。

2. 个人所得税征税对象

现行《个人所得税法》规定下列11项个人所得应纳个人所得税。

（1）工资、薪金所得，是指个人因任职或受雇而取得的工资、薪金、奖金、年终加薪、劳动分红、津贴、补贴以及与任职或受雇有关的其他所得。

（2）个体工商户的生产、经营所得，是指经工商行政管理部门批准开业并领取营业执照的城乡个体工商户，从事工业、手工业、建筑业、交通运输业、商业、饮食业、服务业、修理业及其他行业的生产、经营取得的所得；个人经政府有关部门批准，取得营业执照，从事办学、医疗、咨询以及其他有偿服务活动取得的所得；其他个人从事个体工商业生产、经营取得的所得，即个人临时从事生产、经营活动取得的所得；以及个体工商户和个人取得的与生产、经营有关的各项应税所得。

（3）对企事业单位的承包经营、承租经营所得，是指个人承包经营、承租经营以及转包、转租取得的所得，包括个人按月或者按次取得的工资、薪金性质的所得。

（4）劳务报酬所得，是指个人从事设计、装潢、安装、制图、化验、测试、医疗、法律、会计、咨询、讲学、新闻、广播、翻译、审稿、书画、雕刻、影视、录音、录像、演出、表演、广告、展览、技术服务、介绍服务、经济服务、代办服务以及其他劳务取得的所得。

（5）稿酬所得，是指个人因其作品以图书、报纸形式出版、发表而取得的所得。

（6）特许权使用费所得，是指个人提供专利权、著作权、商标权、非专利技术以及其他特许权的使用权取得的所得。提供著作权的使用权取得的所得，不包括稿酬所得。

(7) 利息、股息、红利所得，是指个人拥有债权、股权而取得的利息、股息、红利所得。利息是指个人的存款利息、货款利息和购买各种债券的利息。股息是指股票持有人根据股份制公司章程规定，凭股票定期从股份公司取得的投资利益。红利是指股份公司或企业根据应分配的利润按股份分配超过股息部分的利润。

(8) 财产租赁所得，是指个人出租建筑物，土地使用权、机器设备车船以及其他财产取得的所得。

(9) 财产转让所得，是指个人转让有价证券、股权、建筑物、土地使用权、机器设备、车船以及其他自有财产给他人或单位而取得的所得，包括转让不动产和动产而取得的所得。

(10) 偶然所得，是指个人取得的所得是非经常性的，属于各种机遇性所得，包括得奖、中奖、中彩以及其他偶然性质的所得（含奖金、实物和有价证券）。

(11) 其他所得，除上述10项应税项目以外，其他所得应确定征税的，由国务院财政部门确定。

3. 个人所得税税率

个人所得税的税率包括累进税率和比例税率两种：

(1) 工资、薪金所得，适用九级超额累进税率，税率为5%～45%，见表6-3。

表6-3　　个人所得税税率（Ⅰ）

（工资、薪金所得适用）

级数	全月应纳税所得额	税率（%）	速算扣除数（元）
1	不超过500元的	5	0
2	超过500元至2000元的部分	10	25
3	超过2000元至5000元的部分	15	125
4	超过5000元至20000元的部分	20	375
5	超过20000元至40000元的部分	25	1375
6	超过40000元至60000元的部分	30	3375
7	超过60000元至80000元的部分	35	6375
8	超过80000元至100000元的部分	40	10375
9	超过100000元的部分	45	15375

注：本表所称全月应纳税所得额是指依照《个人所得税法》规定，以每月收入额减除费用2000元后的余额或者减除附加减除费用后的余额。

(2) 个体工商户的生产、经营所得和对企事业单位的承包经营、承租经营所得，适用 5% ~35% 的超额累进税率，见表 6 -4。

表 6 -4　　　　个人所得税税率（Ⅱ）

（生产经营、承包承租经营所得适用）

级数	全年应纳税所得额	税率（%）	速算扣除数（元）
1	不超过 5000 元的	5	0
2	超过 5000 元至 10000 元的部分	10	250
3	超过 10000 元至 30000 元的部分	20	1250
4	超过 30000 元至 50000 元的部分	30	4250
5	超过 50000 元的部分	35	6750

注：本表所称全年应纳税所得额是指依照《个人所得税法》规定，以每一纳税年度的收入总额，减除成本、费用以及损失后的余额。

(3) 稿酬所得，适用比例税率，税率为 20%，并按应纳税额减征 30%。

(4) 劳务报酬所得，适用比例税率，税率为 20%。对劳务报酬所得一次收入畸高的，可以实行加成征收，具体办法由国务院规定。

(5) 特许权使用费所得，利息、股息、红利所得，财产租赁所得，财产转让所得，偶然所得和其他所得，适用比例税率，税率为 20%。国务院根据全国人大常委会的授权，决定从 2007 年 8 月 15 日起，储蓄存款利息所得个人所得税的税率由原来的 20% 调减为 5%。

4. 个人所得税的计征

个人所得税应纳税额以应纳所得额为计税依据，根据《个人所得税法》，各主要收入项目的应税所得额分别计算如下：

(1) 工资、薪金所得，以每月收入额减除费用 2000 元后的余额，为应纳税所得额。

(2) 个体工商户的生产、经营所得，以每一纳税年度的收入总额，减除成本、费用以及损失后的余额，为应纳税所得额。

(3) 对企事业单位的承包经营、承租经营所得，以每一纳税年度的收入总额，减除必要费用后的余额，为应纳税所得额。

(4) 劳务报酬所得、稿酬所得、特许权使用费所得、财产租赁所得，每次收入不超过 4000 元的，减除费用 800 元；4000 元以上的，减除 20% 的费用，其余额为应纳税所得额。

(5) 财产转让所得，以转让财产的收入额减除财产原值和合理费用后的余额，为应纳税所得额。

（6）利息、股息、红利所得，偶然所得和其他所得，以每次收入额为应纳税所得额。

6.2.3　企业所得税

企业所得税是对中华人民共和国境内企业所得按照一定税率课征的税。2008年1月1日起，新《企业所得税法》正式实施，中国实现了内外资企业所得税的统一。

1. 企业所得税的纳税人

企业和其他取得收入的组织（统称企业）为企业所得税的纳税人。企业分为居民企业和非居民企业。居民企业，是指依法在中国境内成立，或者依照外国（地区）法律成立但实际管理机构在中国境内的企业。非居民企业，是指依照外国（地区）法律成立且实际管理机构不在中国境内，但在中国境内设立机构、场所的，或者在中国境内未设立机构、场所，但有来源于中国境内所得的企业。

2. 企业所得税的征税对象

居民企业应当就其来源于中国境内、境外的所得缴纳企业所得税。非居民企业就其来源于中国境内的所得缴纳企业所得税。

3. 企业所得税税率

现行企业所得税的税率为25%。非居民企业在中国未设立机构、场所的，或者虽设立机构、场所但取得的所得与其设机构、场所没有实际联系的，应当就其来源于中国境内的所得缴纳企业所得税，适用税率为20%。此外还有一些特殊规定。

4. 应纳税所得额

应纳税所得额是企业每一纳税年度的收入总额，减除不征税收入、免税收入、各项扣除以及允许弥补的以前年度亏损后的余额。

5. 应纳税额

企业的应纳税所得额乘以适用税率，减除依照本法关于税收优惠的规定减免和抵免的税额后的余额，为应纳税额。

6. 税收优惠

新《企业所得税法》在促进技术创新和科技进步、鼓励基础设施建设、鼓励农业发展及环境保护与节能、支持安全生产、促进公益事业和照顾弱势群体，以及自然灾害专项减免税等方面制定多项优惠措施。例如，国家对重点扶持和鼓励发展的产业和项目，给予企业所得税优惠。符合条件的小型微利企业，减按20%的税率征收企业所得税。国家需要重点扶持的高新技术企业，减按15%的税率征收企业所得税。民族自治地方的自治机关对本民族自治地方的企业应缴纳的企业所得税中属于地方分享的部分，可以决定减征或者免征。自治州、自治县决定减征或者免征的，须报省、自治区、直辖市人民政府批准。

7. 征收管理

居民企业以企业登记注册地为纳税地点；但登记注册地在境外的，以实际管理机构所在地为纳税地点。居民企业在中国境内设立不具有法人资格的营业机构的，应当汇总计算并缴纳企业所得税。非居民企业在中国境内设立两个或者两个以上机构、场所的，经税务机关审核批准，可以选择由其主要机构、场所汇总缴纳企业所得税。

企业所得税按纳税年度计算，纳税年度自公历1月1日起至12月31日止。企业所得税分月或分季预缴。企业应当自月份或者季度终了之日起15日内，向税务机关报送预缴企业所得税纳税申报表，预缴税款。企业应当自年度终了之日起5个月内，向税务机关报送年度企业所得税纳税申报表，并汇算清缴，结清应缴应退税款。

6.3 其他税制

中国的税种除了商品税和所得税两大税制外，还有其他各类税种，这些税种大致可以分为三类：财产税类、资源税类和行为税类。尽管这些税种在税收收入中所占比重不及商品税和所得税，但在发挥税收的调节作用方面依然占有重要地位。

6.3.1 财产税

财产税是以法人和自然人拥有和归其支配的财产为对象所征收的一类税收。

财产税历史悠久，曾是各国政府收入的主要来源，尽管随着经济社会的发展，财产税的主体地位已被商品税和流转税所取代，现在世界上许多国家仍以财产税作为地方政府的主要来源。

1. 财产税的特点

财产税的优点在于：财产税属于直接税，土地、房产等不动产的位置固定，标志明显，作为课税对象具有收入上的稳定性，税负不易转嫁。征收财产税可以防止财产过于集中于社会少数人，调节财富的分配，体现社会分配的公正性。纳税人的财产分布地不尽一致，当地政府易于了解，便于地方因地制宜地进行征收管理。

财产税的缺点是收入弹性弱，无法适应形势的变化而及时筹措资金；对财产的估价较为困难，征收方法较难确定。减少私人投资者的资本收益，从而降低私人投资者的积极性，在商品经济不发达时不利于资本的形成。

2. 财产税的类型

根据不同标准，可将财产税分为不同类型：

（1）根据财产税课征方式的不同，分为一般财产税和个别财产税。一般财产税，又称为综合财产税，是对纳税人拥有或支配的多种财产综合课征的税收；个别财产税，也称特别财产税，是对纳税人拥有或支配的某些特定财产（如土地、房产等），分别课征的税收。

（2）根据课征对象的不同，分为静态财产税和动态财产税。静态财产税是对一定时间的静态财产（土地、房屋等），依其数量或价值课征的财产税。动态财产税是对财产的转移、变动（财产继承、财产增值等）课征的财产税。

（3）根据课税依据的不同，分为财产价值税和财产增值税。财产价值税也称为财产净值税，以财产的全部价值额为课税依据，不论财产是否有收益，一律按财产价值课税。财产增值税也称为财产收益税或资本所得税，以财产的增值额为课税依据，具有所得税性质，许多国家也将其列入所得课税体系。

3. 房产税

房产税是以房屋为征税对象，按照房价或房产租金收入向房产所有人或经营人征收的一种税。现行的房产税征收依据是《中华人民共和国房产税暂行条例》（1986 年 10 月 1 日施行）。

（1）房产税的纳税义务人。

房产税由产权所有人缴纳。我国房屋的产权所有人，主要分为国家（国有）、集体和个人三种。产权属于全民所有的，由经营管理的单位缴纳。产权出典的，由承典人缴纳。产权所有人、承典人不在房产所在地的，产权未确定及租典纠纷未解决的，由房产代管人或者使用人纳税。纳税单位和个人无租使用房产管理部门、免税及纳税单位的房产，应由使用人代为缴纳房产税。

（2）房产税的征税对象。

房产税的征税对象是房产，即有屋面和围护结构，能够遮风避雨，可供人们在其中生产、学习、工作、娱乐、居住或储藏物资的场所。

（3）房产税的征税范围。

房产税的征税范围为：城市、县城、建制镇和工矿区。

（4）房产税的计税依据和税率。

房产税的计税依据是指房产价值和房租收入。一般分为从价计征和从租计征两种。"从价计征"，是指按照房产原值一次减除10%～30%后的余值计算缴纳；"从租计征"是指以房产租金收入计算缴纳。

现行房产税采用的是比例税率，实行从价税率，依标准房价计征的，税率为1.2%；实行从租计征的，税率为12%。

4. 城市房地产税

城市房地产税是依据房地产的计税价值或租金收入对城市房地产征收的一种税。城市房地产税的基本税法是1951年国务院颁布的《中华人民共和国城市房地产税暂行条例》。1984年税制改革后，仅对外商投资企业、外国企业、港澳台同胞和华侨投资兴办的企业及外籍人员继续征收城市房地产税。

（1）城市房地产税的纳税人。

城市房地产税由产权所有人缴纳。

（2）城市房地产税的征收范围。

城市房地产税的征收范围为城市、县城、建制镇和工矿区。

（3）城市房地产税的税率。

城市房地产税的税率分为两种：按照房产价值计算应纳税额的，适用税率为1.2%；按照房租收入计算应纳税额的，适用税率为18%。

5. 土地增值税

土地增值税是对有偿转让国有土地使用权及地上建筑物和其他附着物产权、取得增值性收入的单位和个人征收的一种税。现行的《中华人民共和国土地增值税暂行条例》是国务院于1993年12月发布，从1994年1月1日正式施行的。

（1）土地增值税的纳税人。

土地增值税的纳税人包括在中国境内以出售或者其他方式有偿转让国有土地

使用权、地上建筑物（包括地上、地下的各种附属设施）及其附着物并取得收入的各类企业、单位、个体经营者和其他个人。

（2）土地增值税的计税依据和税率。

土地增值税以纳税人转让房地产取得的增值额为计税依据。增值额为纳税人转让房地产取得的收入减除规定扣除项目金额以后的余额，实行四级超额累进税率，见表 6－5。

表 6－5　　土地增值税税率　　单位：%

级数	增值额与扣除项目金额的比率	税率	速算扣除数
1	不超过 50% 的部分	30	0
2	超过 50% ~100% 的部分	40	5
3	超过 100% ~200% 的部分	50	15
4	超过 200% 部分	60	35

（3）转让房地产增值额的确定。

转让房地产的增值额，是纳税人转让房地产的收入减除税法规定的扣除项目金额后的余额。计算增值额的扣除项目包括：取得土地使用权所支付的金额；开发土地的成本、费用；新建房及配套设施的成本、费用，或者旧房及建筑物的评估价格；与转让房地产有关的税金；财政部规定的其他扣除项目。

（4）土地增值税的减免税规定。

下列情形之一的免征土地增值税：一是纳税人建造普通标准住宅出售，增值额未超过扣除项目金额 20% 的；二是因国家建设需要依法征用、收回的房地产。

6. 车船税

车船税是对规定的车辆和船舶征收的一种税。国务院 2006 年 12 月 29 日发布《中华人民共和国车船税暂行条例》并从 2007 年 1 月 1 日起施行。

（1）车船税的纳税人。

车船税的纳税人为在中国境内的车辆和船舶的所有人或者管理人。包括国有企业、集体企业、私营企业、外商投资企业、外国企业、股份制企业、其他企业、事业单位、社会团体、国家机关、军队、其他单位、个体经营者和其他个人。

（2）车船税的计税标准和方法。

车船税的计征标准是，载客汽车和摩托车的计税单位为辆，载货汽车和三轮车、低速货车的计税单位为自重吨位，船舶的计税单位为净吨位。

车船税以应纳税车辆的数量或者自重吨位和应纳税船舶净吨位为计税依据，按照规定的适用税额标准计算应纳税额。

（3）车船税的免税规定。

非机动车辆和船舶（不包括非机动驳船）；符合规定的残疾人机动轮椅车、电动自行车；拖拉机；捕捞、养殖渔船；军队、武警专用的车辆和船舶；公安机关、国家安全机关、监狱、劳动教养管理机关和人民法院、人民检察院领取警用牌照的车辆和执行警务的专用船舶；按照有关规定已经缴纳船舶吨税的船舶；按照中国有关法律和中国缔结或者参加的国际条约的规定应当免税的外国驻华使馆、领事馆和国际组织驻华机构及有关人员的车辆和船舶。

6.3.2 资源税

资源税是为了保护和促进自然资源的合理开发与利用，适当调节自然资源级差收入，对规定的自然资源征收的一种税收。现行的《中华人民共和国资源税暂行条例》是国务院在1993年12月25日颁布，从1994年1月1日起施行的。

资源税只对特定资源征收，征税范围较窄；实行差别税额从量征收；具有级差收入税的特点。征收资源税有利于调节资源级差收入，保证企业在同一水平上竞争；有利于加强资源管理，促进企业合理开发和利用资源；有利于发挥税收杠杆的整体功能。

1. 资源税的纳税人

在中华人民共和国境内开采应税矿产品或者生产盐的单位和个人，为资源税的纳税义务人。单位包括国有企业、集体企业、私有企业、股份制企业、外商投资企业、外国企业、其他企业和行政单位、事业单位、军事单位、社会团体及其他单位；个人是指个体经营者及其他个人。

2. 资源税的征收范围

资源税的征税范围共有七类：原油、天然气、煤炭、其他非金属矿原矿、黑色金属矿原矿、有色金属矿原矿和盐。

3. 资源税的税率税额

资源税分产品类别从量定额计征，实行等级幅度税额标准。不同资源产品税额不同；同一资源产品因产品质量和产区不同，税额也不同。对划分资源等级而未列举名称的，由省、市、自治区人民政府根据纳税人资源状况，比照邻近矿山税额标准，在浮动30%的范围内核定，并报财政部和国家税务总局备案。资源税税目、税额幅度（见表6－6）。

表6－6　资源税税目、税额标准

税　　目	税额标准
一、原油	8～30元/吨
二、天然气	2～15元/千立方米
三、煤炭	0.3～5元/吨
四、其他非金属矿原矿	0.5～20元/吨或立方米
五、黑色金属矿原矿	2～30元/吨
六、有色金属矿原矿	0.4～30元/吨
七、盐	
1. 固体盐	10～60元/吨
2. 液体盐	2～10元/吨

4. 资源税的计征

资源税的应纳税额按照应税产品的课税数量和规定的单位税额计算。资源税的课税数量：纳税人开采或者生产应税产品销售的，以销售数量为课税数量；纳税人开采或者生产应税产品自用的，以自用数量为课税数量，应纳税计算公式为：

应纳税额 = 课税数量 × 单位税额

5. 资源税的减免

免征或减征资源税的项目包括：开采原油过程中用于加热、修井的原油，可以免征资源税；纳税人在开采或者生产应税产品过程中由于意外事故、自然灾害等原因遭受重大损失的，可以由所在省（自治区、直辖市）人民政府酌情给予免征或者减征资源税的照顾；冶金独立矿山和联合企业矿山生产的铁矿石可以减征40%的资源税；国务院规定的其他可以减征、免征资源税的项目。

6.3.3　行为税

行为税是国家为了对某些特定行为进行限制或开辟某些财源而课征的一类税收。例如，针对一些奢侈性的社会消费行为，征收娱乐税、筵席税；针对牲畜交易和屠宰等行为，征收交易税、屠宰税，等等。行为税具有征收对象单一，资源分散、收入零星的特点，一般作为地方政府筹集地方财政资金的一种手段。我国现行的行为税包括：印花税、契税、车辆购置税、城市维护建设税、教育附加以及耕地占用税。此外，我国曾开征但现已停征的固定资产投资方向调节税、屠宰税和筵席税等也属于行为税。本部分重点介绍印花税。

1. 印花税概述

印花税是对经济活动中书立、领受的凭证征收的，是国际上常见的税种之一。新中国成立后曾开征过印花税，后并入其他税种。1988 年国务院颁布《中华人民共和国印花税暂行条例》并于当年正式实施。

2. 印花税的纳税人

印花税的纳税人包括在中国境内书立、领受规定的经济凭证的单位和个人。按照书立、使用、领受应税凭证的不同，可分为立合同人、立据人、立账簿人、领受人和使用人。

3. 印花税的征收范围

印花税的征收范围包括以下五类：购销、加工承揽、建设工程承包、财产租赁、货物运输、仓储保管、借款、财产保险、技术合同和具有合同性质的凭证；产权转移数据；营业账簿；权利、许可证照；经财政部确定征税的其他凭证。

4. 印花税的税率

印花税的税率采用比例税率和定额税率两种：（1）各类经济合同及具有合同性质的凭证、记载资金的账簿、产权转移证据等，适用比例税率；（2）其他营业账簿、权利许可证照等，适用定额税率。

5. 印花税的计征

印花税以应税凭证记载的金额、费用、收入额或者凭证的件数为计税依据，按照规定的适用税率或者税额标准计算应纳税额。计算公式为：

应纳税额 = 计税金额 × 适用税率

应纳税额 = 凭证数量 × 单位税额

本章小结

1. 商品税是指对商品和劳务的流转额为征税对象的统称。商品税会直接影响市场经济活动，管理相对简便，收入较为稳定，是我国现行税制体系的核心组成部分。目前，我国的商品税主要包括增值税、消费税、营业税与关税等。

2. 所得税是以所得额为征税对象的税种的统称。所得税体现了税收公平原则，计算较为复杂，是我国现行税制体系中仅次于商品税的主体税系。目前，我国的所得税主要包括个人所得税和企业所得税。

3. 财产税、资源税和行为税是我国现行税制体系的重要组成部分。财产税对纳税人所拥有和支配的财产征收；资源税则以各种特定自然资源为课税对象；行为税是以纳税人的某些特定行为为课税对象。

关键术语

税制　商品税　所得税　财产税　资源税　行为税　增值税　营业税　消费税　关税　个人所得税　企业所得税　房产税　城市房地产税　土地增值税　印花税

思考题

1. 试述生产型增值税转向消费型增值税的必要性。
2. 我国现行个人所得税制存在的主要问题及改革方向。
3. 为促进经济持续发展，当前应重点推进哪些税种的改革?

第7章
公共预算

重点问题

1. 公共预算的概念、分类及原则
2. 公共预算管理的程序
3. 中国公共预算存在的问题及改革的方向

案例7.1 香港特别行政区政府是这样做预算的

香港特别行政区政府的预算，常常被市场经济教科书称为是最好的政府预算模式。政府开支项目的罗列非常清楚，最近几年收支统计都有据可查。纳税人缴纳的每一分钱怎么花，花在哪里，都能在特别行政区政府网站上找到相应数据，且可以随时从网上下载全部内容。香港特别行政区政府财政年度从每年4月1日开始，至次年3月31日结束。特别行政区财政司司长在向立法会正式发表财政预算案前3~4个月，便通过报章、网络、开公众咨询会，走访商户等方式来听取公众意见，切身感受经济调整对民生的影响，获得反馈后进行修改。财政司长公布预算案后，会安排政府的各个部门到立法会接受提问。然后立法会到3月底会做一个辩论，最后表决预算案是否通过。财政预算案通过之后，特别行政区政府会就教育、医疗等向立法会提出比较仔细的开支立法，大概会花三四个月完成。特别行政区政府的每一项预算项目都细化到了具体人工和资金数量，因此审核方能够很容易地从绩效角度判断预算内容的投资收益；而每个项目都有对应的具体的问责官员，因此在提交部门预算时，各部门都必须审慎，否则其部门首长就有可能被公众质疑。特别行政区政府预算的特色不仅在于“向民众公开”，而且还需“经民众同意”，因为预算的对象是纳税人的钱，花纳税人的钱理所当然地必须获得纳税人的认可。

案例7.2 广州市政府预算公开意义何在?

2009年10月，为了回应民间组织对“公共预算公开”的呼吁，广州市财政局通过官方网站公开了该市114个政府部门的2009年度预算，在社会上引起强烈反响。该局网站一度因超负荷下载浏览而“瘫痪”。广州公布政府“账本”，对于财政部门来说是“革自己的命”，脱掉了“财神爷”的神秘外衣，一时间赢得各方赞誉。有学者指出，将公共预算上网向全社会公开是建设现代预算国家的题中应有之义，公共预算不向社会公开反而是政府和纳税人关系非正常化的表现。政府公共预算公开，不仅在于让老百姓知道政府在未来一年或更长时间内打算做什么事情、这些事情分别花了多少钱、是不是应该花这么多钱、这些钱花了之后有没有效果，更重要的是，还能消除误解，让老百姓认识到政府是一个“看得见的政府”。但是，也有学者提出，目前这种方法虽然很热闹，却没有多少实际意义。这是因为，政府预算报告是一种专业程度很高的文件，一般人根本看不明白。其中最关键、最核心的问题和矛盾，对于没有受过专门训练的财务人员也很难真正搞清楚。在西方发达国家，有专业人员通过专门立法程序来做政府预算的审查。现在中国老百姓大多数缺少预算知识，一些人大代表对政府预算报告根本看不懂，真正有效的政府预算公开，还有赖于今后政治、经济体制改革的深化。但无论如何，广州市政府的预算公开已经迈出了第一步。

公共预算事关国家的政治、经济社会发展，与所有人都密切相关。毛泽东曾指出：“国家预算是一个重大问题，里面反映着整个国家的政策，因为它规定着政府活动的范围和方向。”由此可见，公共预算在社会经济生活中的重要性。作为公共预算的组成部分之一，中国的国防预算每年都会在国际社会引起很大的反响。那么，什么是公共预算？简单说来，公共预算是指政府在每一财政年度经立法程序批准的全部公共收支计划，是存在于市场经济中并且与公共财政相适应的国家预算类型。公共预算体现着政府集中性的财政分配关系，是政府实现其职能的重要工具。本章将对公共预算予以详细的介绍。

7.1 公共预算概述

公共预算是一国财政体系的重要组成部分，是国家财政的核心。公共预算是社会发展到封建社会末期资本主义初期的产物，即是国家财政发展到一定阶段的产物。当国家财政要求制定统一的年度收支计划，而且要求经过一定的立法程序审查批准时才出现公共预算。

7.1.1 公共预算起源与演进

“预算”一词是英文“budget”的中译，其英文原意是皮包，即英王的司库官携带的向议会提交的说明国王财政需求文件的皮包，这个皮包就被称为“budget”。后来，人们就用这个词来表示“预算”。从“预算”一词的起源上可知公共预算制度最早形成于英国。

从某种意义上说，英国近代史就是一部国王和议会争夺财政权和预算权的历史。经过长期的斗争，英国财政逐渐从皇家财政转变为国家财政。12 世纪初期，英王约翰不断扩军备战，王室财政面临巨大压力，国王与议会之间的矛盾不断激化。1215 年，英王约翰被迫与反叛贵族签署《大宪章》。《大宪章》第十二条明确指出“除非得到共议会的同意，国王不得征收任何赋税”。这标志着英国公共预算制度的萌芽。18 世纪 60 年代开始的工业革命使英国成为世界上第一个工业化国家，议会在与国王争夺预算控制权的过程中取得了胜利，英国公共预算制度也随之不断完善。从 1760 年起，财政大臣必须于每个财政年度开始之前，向议会提交公共预算，以此寻求议会拨款，开始成为惯例。只有在议会就预算立法之后，才可以征缴赋税，预算拨款成为次年开支的限界。1832 年，英国议会又通过一项法律。规定财政大臣每年必须向议会提出全部“财政收支计划书”，并由议会批准。至此，具有现代意义的英国公共预算制度正式建立起来。

进入 20 世纪后，美国逐渐成为公共预算制度改革的领跑者。20 世纪 50 年代，美国开始实施绩效预算，多个国家学习借鉴。60 年代，在约翰逊总统支持下，规划—项目—预算制度（PPBS）在美国兴起，OECD 许多成员也采用了这一体系。20 世纪 70 年代，美国又采用了零基预算，世界许多国家也借鉴了这一做法。从 20 世纪 80 年代开始，美国、英国、澳大利亚等国又开始探索以结果为导向的公共预算改革，重视公共预算支出绩效，在世界范围内产生深远影响。

7.1.2　公共预算分类

公共预算在初期仅是政府将财政收支按照一定的程序填入规定的表格就算完成。随着经济社会发展的日趋复杂化，公共预算逐步演变成为满足多种需要的包括多种分类形式的复杂系统。

1. 按不同的编制形式，分为单式预算和复式预算

单式预算是将政府的全部财政收支汇编在一个统一的预算表中。单式预算可以统一反映政府未来年度可以筹集和使用的社会产品总量，便于政府统筹安排财政资金。同时，单式预算结构简单，方法简便，能明确地反映预算的全貌，便于立法机构的审议和社会公众的了解及监督。其缺点是不能明确地反映各项收支的差别，不利于政府对财政收支活动进行经济分析和比较，难以具体反映财政赤字的成因。

复式预算是将预算年度内的全部财政收支按收入来源和支出性质，分别编制两个或两个以上的预算，从而形成两个或两个以上的收支对照表。复式预算既能反映财政预算资金的流向和流量，又能全面反映资金性质和收支结构。复式预算的代表形式是双重预算，一是经常预算，主要包括政府一般性行政费用支出，如日常活动的经费支出及一般性拨款等。二是资本预算，主要包括政府的各项资本性支出，如政府贷款及偿还国债等支出。复式预算的优点是能够较为具体地反映预算的平衡情况及预算赤字和盈余的成因，缺点是打破了预算的整体性，增加了编制的难度。

2. 按预算的编制方法，分为增量预算和零基预算

增量预算是指预算年度的财政收支计划指标的确定，是以上年度财政收支执行数为基础，再考虑新的年度国家经济社会发展需要加以调整确定。增量预算与以前年度财政收支的执行情况及新的财政年度国家经济发展趋势密切相关，从总的收支趋势来看，增量预算是逐年上升的。

零基预算是指在确定下一年度财政收支计划指标时，对所有的政府收支完全不考虑以前的水平，重新以零为起点来确定预算指标。零基预算的优点是有利于优化支出结构，提高预算效率，控制预算规模，缺点是编制工作量较大，遇到的阻力也较大，因此在现实中增量预算较为流行。

3. 按不同的政府级别，分为中央预算和地方预算

一个国家的政府是由不同层级的政府组成的，一般而言，有一级政府就有一级预算。中央政府以下的各级政府通常称为地方政府。因此，根据不同的政府级别，将公共预算分为中央预算和地方预算。

中央预算是经法定程序批准的中央政府的年度财政收支计划，是中央政府履行职能的基本财力保证。中央预算由中央各部门（含直属单位）的预算组成，并包括地方向中央上解的收入数额和中央对地方返还或者给予补助的数额。

地方预算是经法定程序批准的地方各级政府的年度财政收支计划的统称，由各省、自治区、直辖市总预算组成。各级地方预算由本级各部门（含直属单位）的预算组成。各级地方预算包括下级政府向上级政府上解的收入数额和上级政府对下级政府返还或者给予补助的数额。

4. 按不同的收支管理范围，分为总预算和单位预算

总预算是由本级政府预算和下一级总预算汇总编制而成的，反映本行政区域内政府收支活动的总体情况。全国总预算由中央政府本级预算和各省、自治区、直辖市总预算汇总编制而成，省级总预算是由省级政府本级预算和下属各地市总预算汇总编制而成。

单位预算是指各级政府的直属机关就其本身及所属行政、事业单位的年度经费收支所汇编的预算，主要反映单位与财政之间的领拨缴销关系、工作任务和方向。

7.1.3 公共预算原则

公共预算的原则就是政府选择预算形式和体系应遵循的指导思想，是制定政府财政收支计划的方针。自公共预算产生之日起，世界各国就不断探索预算的主要原则，形成一系列“经典性”的思想和主张，并逐步演变成为现代公共预算必须遵循的基本原则。其中影响较大，并被许多国家所接受的主要是OECD提出的十大基本原则①。

1. 权威性原则

公共预算的权威性原则是指行政机构每年都要向议会提交年度预算法案，议

① 全国干部培训教材编审指导委员会组织编写．中国公共财政［M］．人民出版社，党建读物出版社，2006：185～188.

会则要按法定程序审议并决定是否批准这些法案。在许多国家，宪法对预算的权威性原则做出明确的规定。

2. 年度编制原则

年度预算编制原则规定了预算年度、预算支出的计量基础和与预算年度相对应的预算审批时效。OECD 成员方在把握预算年度编制原则时的通常做法是：经常性支出（现金）以年度为基础；受现金总量年度限制的承付款项安排的基建支出以多年度为基础。

3. 广泛性原则

广泛性原则包括四个要素：覆盖地域范围；覆盖所有单位；预算外资金是否包括在内；预算收支的计量方法。

4. 统一原则

统一原则包括两个方面：一是收入和支出在一个文件中一起审批；二是经常性支出和资本支出统一。例如，瑞典的议会在两个阶段审批总收入和总支出（1996 年《预算法》）：财政年度的 7 ~ 8 月，审批总预算；12 月审批详细支出。

5. 特定原则

特定原则，一是指法律对拨款和支出有特定的分类，如新西兰按部门产出；二是指议会制定法律约束特定支出。法国预算法规定，政府可以依法令支付没有分配额度的款项用于紧急和不可预见的支出。

6. 预算平衡原则

预算平衡原则包括记账平衡和经济平衡。经济平衡是指在预算报告中要体现中央政府财政平衡。

7. 责任原则

新西兰《财政责任法》、澳大利亚《预算公正宪章》、英国《财政稳定手册》等均要求政府每六个月向议会报告财政战略和收支情况。对议会具体负责的机构通常是政府财政部门。

8. 透明原则

透明原则，一是要求预算过程中各级政府承担的角色要清楚；二是要求各级政府信息要公开，向议会提供的信息要真实和充分，要及时和经常，审计报告要向公众公开。

9. 稳定性原则和可预见性原则

稳定性原则要求各国对经常性收支平衡、赤字限度、债务限额、支出限制等做出规定。可预见性原则要求中期财政战略和框架要指导年度预算编制程序。

10. 绩效原则

绩效原则强调建立以项目为基础的预算制度，要明确想达到的结果。

7.1.4　公共预算年度

公共预算年度也称为财政年度，是指编制和执行预算所应依据的法定时限。各国公共预算年度的起讫有很大的不同。一般说来，公共预算年度可以分为以下两种：

1. 历年制

历年制预算年度与公元纪年相吻合，即从每年 1 月 1 日起至同年 12 月 31 日止。目前采用历年制的国家主要有：中国、法国、意大利、比利时、丹麦、芬兰、希腊、西班牙、葡萄牙、瑞士、俄罗斯、巴西等国。

2. 跨年制

跨年制预算年度从某年某月某日起，至次年某月某日止，中间历经 12 个月，但却跨越两个日历年度。采用跨年制的国家，主要变现为四种形式①。

（1）从当年 4 月 1 日起至次年 3 月 31 日止为一个预算年度的国家包括英国、加拿大、日本、印度、新加坡、南非等。

（2）从当年 7 月 1 日起至次年 6 月 30 日止为一个预算年度的国家包括科威特、孟加拉、澳大利亚、巴基斯坦、埃及、肯尼亚等。

（3）从当年的 10 月 1 日起至次年的 9 月 30 日止为一个预算年度的国家包括美国、泰国、海地、尼泊尔等。

（4）从当年 3 月 1 日至次年 2 月 28 日（闰年为 29 日）止为一个预算年度的国家如土耳其。

① 马蔡琛．政府预算［M］．东北财经大学出版社，2007：22.

7.2　公共预算过程

一般说来，一个完整的公共预算过程包括预算编制、预算审议和批准、预算执行和预算决算几个阶段。在每个预算年度开始之前，政府的预算编制机关（财政部门）编制下一年度的预算草案，经立法机关审议批准，成为正式预算；预算年度开始后，由政府行政机关负责执行预算，并由审计机关进行监督；预算年度完结后，执行预算机关就全年预算执行情况及结果编制该年度的实际收支报告（决算），经审计机关审核后，由立法机关予以批准。

7.2.1　公共预算编制

预算编制是对未来一段时间内公共部门收支进行测算和计划的活动，是预算程序中的第一步，也是非常重要的一环。

在完善社会主义市场经济体制的大背景下，我国中央部门预算编制的原则分为以下八个方面：(1) 合法性原则，预算编制应符合《预算法》和国家法律法规的要求，充分体现党和国家的方针政策。(2) 真实性原则，部门预算各项收支数据务必真实准确。(3) 完整性原则，将所有收入和支出全部纳入部门预算，改变预算内外资金“两张皮”的状况，取消收支挂钩的预算核定方法。(4) 科学性原则，预算收入的预测和安排预算支出的方向要科学，程序设置要科学，编制方法和核定要科学。(5) 稳妥性原则，部门预算编制应稳妥可靠、量入为出，收支平衡。(6) 重点性原则，先保证基本支出，后安排项目支出；先重点和急需项目，后一般项目。(7) 透明性原则，部门预算要公开、透明。(8) 绩效性原则，对预算的执行过程和完成结果进行全面的追踪问效，不断提高预算资金的使用效益。

在公共预算编制的程序上，一般实行“两上两下”程序。

“一上”阶段，基层预算单位编制本单位在预算年度的收支建议额，上报上级部门。上级部门经过综合考量，提出本部门收支建议额，上报财政部门。“一下”阶段，财政部门审核各预算单位报送的预算草案，综合考虑本级财力状况，下达各预算单位年度收支预算控制数。“二上”阶段，各预算单位根据财政部门下达的收支预算控制数，调整本部门的年度预算草案，并在规定的时间内上报财政部门。“二下”阶段，财政部门对各预算单位报送的“二上”预算草案进行全面审核汇总，形成本级政府总预算草案，报同级政府审定。政府批准后，向人民代表大会提交政府预算草案，人民代表大会审议通过后，即成为具有法律效力的公共预算。

7.2.2 公共预算审议和批准

公共预算的审批是人民代表大会依法有效行使审批权力的重要保障，也是人民代表大会审批公共预算必须遵循的法定程序。目前，全国人民代表大会对中央预算的审批程序包括以下四个阶段①。

（1）预算审查的前期工作。人民代表大会通过安排专门人员或人民代表大会代表进行调查研究，全面了解经济情况和预算执行情况，为审查下一年度草案提供第一手资料。全国人民代表大会预算工作委员会与财政部门进行及时的沟通，使财政部门在编制预算时能够参考和体现人民代表大会的意图。在各部门预算草案和中央预算草案编制过程中，由财政部统一向财政经济委员会和预算工作委员会通报预算编制的有关情况。中央预算草案编制完成后，在报送国务院审批之前，财政部应及时向上述两个委员会通报编制情况。

（2）预算工作委会的预先审查。政府向人民代表大会提交预算草案之前，预算工作委员会相对预算草案进行预先审查，提出意见，供财政部门修改时参考。

（3）财政经济委员会的初审。《预算法》第四章第三十七条规定："国务院财政部应当在每年全国人民代表大会会议举行的一个月前，将中央预算草案的主要内容提交全国人民代表大会财政经济委员会进行初步审查。"通过初步审查，全国人民代表大会可以在全国人民代表大会会议召开前及早向政府及财政部门提出预算修改建议，对提高预算审查质量具有很大帮助。

（4）全国人民代表大会会议审查、批准。简单说来，全国人民代表大会会议期间的预算审查、批准需经过各代表团的审查、财经委员会和有关专门委员会的审查、主席团审议财经委提交的预算草案审查结果报告、全体会议表决等环节。中央预算草案经表决批准后，才成为具有法律约束力预算文件，并由财政部依法及时批复给各部门去执行。

7.2.3 公共预算执行

公共预算执行包括收入执行、支出资金拨付和预算调整三个环节。国库集中

① 中国发展研究基金会．公共预算读本［M］．中国发展出版社，2008：78.

收付制度改革后，公共收入实行直接缴库和集中汇缴两种方式。直接缴库方式是由预算单位或缴款人按照法律法规规定，直接将收入缴入国库单一账户，预算外资金则直接缴入财政专户。集中汇缴方式，由征收机关和依法享有征收权限的单位按照法律法规规定，将所收取的应缴收入汇总缴入国库单一账户，属预算外资金的，则汇总缴入财政专户。当公共预算收入缴入国库后，即成为政府预算资金。将已入库的预算收入退还给原缴款单位或缴款人，称为收入退库。收入退库必须严格按照《国家金库条例》及其《实施细则》规定的退库范围和程序进行。

支出资金拨付程序分为两种：一是财政直接支付。由财政部门开具支付令，通过国库单一账户体系，直接将财政资金支付到收款人或用款单位账户。二是财政授权支付。预算单位根据财政授权，在财政部门批准的用款额度内，自行开具支付令，通过国库单一账户体系将财政资金支付到收款人账户。

预算调整，是指经全国人民代表大会批准的中央预算和经地方各级人民代表大会批准的本级预算，在执行中因特殊情况需增加支出或减少收入，使原批准的收支平衡的预算的总支出超过总收入，或者使原批准的预算举借债务的数额增加的部分变更，包括全局调整和局部调整两种情况。全局调整是在某些特殊情况下，国家对年度国民经济和社会发展计划做出较大调整时国家预算才进行全面的调整。局部调整经常发生，包括动用预备费、追加追减预算、预算划转等方式①。

7.2.4 公共预算监督

公共预算的监督包括两个方面；一是立法监督，由立法机构或对立法机构负责的专门监督机构对预算执行的监督。各级政府应接受本级人民代表大会及其常务委员会对公共预算执行情况的监督，并按照要求向其报告预算执行情况，认真研究处理有关改进预算管理的建议和意见。二是财政监督，即财政部门对本级各部门及所属各单位的预算执行进行监督检查，并对预算收支的情况和绩效进行考核。对擅自减征、免征、缓征及退还预算收入的，责令改正；对要求追加预算支出、减少预算收入的事项，财政部门应严格审核，对需动用预备费的，必须经本机政府批准。

7.2.5 公共预算决算

公共预算的决算是经法定程序批准的年度公共预算执行结果的会计报告，

① 全国干部培训教材编审指导委员会组织编写．中国公共财政［M］．人民出版社，党建读物出版社，2006：221～224.

是对预算结果的总结和评价。决算更能反映政府财政的实际开支情况，同时也是下年预算决策的重要依据。因此，决算是公共预算程序中一个必不可少的阶段。

我国《预算法》规定，财政部门编制中央决算草案，报国务院审定后，由国务院提请全国人民代表大会常务委员会审查和批准。每年年底，财政部门下发关于编制当年中央和地方财政决算（草案）的通知，次年3月底前，各中央部门会将前一年度行政事业单位决算报表报财政部门，财政部门汇总中央各部门决算情况后，形成中央决算（草案）报国务院；6月份，国务院将前一年度的中央决算（草案）提请全国人民代表大会常务委员会审查和批准。决算审查的方式一般分为书面审查、就地审查和派人到上级机关汇报审查三种。其中，书面审查是主要审查方式，后两种是辅助方式。决算审查的重点，主要包括预算收支平衡情况；重点支出的安排和资金到位情况；预算超收收入的安排和使用情况；部门预算制度建立和执行情况等。

7.3 中国公共预算改革

建立符合中国现实发展需要的现代公共预算体系是一个长期过程。自中央提出建立公共财政体系的目标以来，我国的公共预算改革已取得长足进展，预算约束的观念日益增强，政府的财政行为也越来越规范，但与现代公共预算的要求还有较远距离，也就是说，我国的公共预算仍需进一步改革完善。近年来，我国在公共预算改革领域推行了一系列改革。

7.3.1 推进部门预算改革

部门预算制度是市场经济国家财政管理的基本形式，也是编制政府预算的一种制度和方法，是以政府部门为单位进行编制，经财政部门审核后报人民代表大会审议通过，反映部门所有的收入和支出的预算，是由基层单位编制并逐级上报汇总的部门综合财政收支计划。通俗地讲，部门预算就是一个部门一本预算。

实施部门预算制度，有利于提高财政资金使用效益，增加政府工作的透明度，也是防止腐败的重要手段和预防措施之一。根据中央政府部门预算改革中有关基本支出和项目支出试行单位范围的说明，部门预算改革中所指“部门”应包括三类：一是开支行政管理费的部门，包括了人民代表大会、人民政协、政府机关、共产党机关、民主党派机关、社团机关；二是公检法司部门；三是依照公务员管理的事业单位，如气象局、地震局等。为加强和规范公共预算管理，自2000 年财政年度开始，财政部开始推行中央部门预算改革。

部门预算改革的主要内容包括：改革预算编制形式，逐步实现“一个部门一本预算”；改革编制范围，涵盖预算部门或单位所有收支，不仅包括预算内收支，还包括各项预算外资金收支、经营收支以及其他收支；规范预算编制程序，建立科学合理的预算编制流程；更新编制方法，按照基本支出和项目支出编制部门预算；积极推进绩效预算改革，实现财政管理从“重分配”向“重管理”转变。经过多年探索实践，部门预算改革取得积极成效，其优越性逐步显现出来。预算编制的准确性明显提高，预算约束得到进一步强化，财政资金的使用效率大幅提升。预算编制的责任主体更为明确，直接将预算编制到具体部门，提高了预算的透明度和公信力，有效防止了预算分配过程中的“暗箱操作”。同时，部门预算的推行使得人民代表大会代表可以更好地对公共预算开展监督检查工作。

部门预算作为公共预算管理改革的重要内容之一，是建立适应社会主义市场经济体制要求的公共财政框架的必由之路，也是改革现行预算管理弊端、实现政府预算统一、提高政府执行力的必然要求，当前仍需继续改革完善。(1) 深化基本支出预算改革，完善定额定员管理办法。加强基础数据的收集整理工作，为科学定额打下扎实基础。实现资产实物定额与预算拨款定额的有机结合，提高预算分配的科学性。(2) 规范预算管理程序，强化预算监督。一方面，实现财政部内部及财政部门和预算单位之间的预算管理机制的规范化；另一方面，要实现国务院与财政部门、审计部门之间的有关预算管理的报告制度、审查制度的规范化。此外还要实现全国人民代表大会和国务院之间的有关预算审议、批准、监督机制的规范化。(3) 逐步实现预算项目滚动管理，把项目预算的编制管理工作向前延伸至部门的预算编制准备阶段，并与部门工作的中、长期计划相结合，通过完善项目库管理办法，逐步建立起预算滚动管理机制。(4) 建立部门预算绩效评价体系。通过对部门预算支出指标的考核，进而有效地衡量部门的工作成果，有助于强化支出管理意识，优化预算支出结构，提高预算支出的社会效益和经济效益。

7.3.2 “收支两条线”的管理改革

“收支两条线”是指政府对行政事业性收费、罚没收入等财政非税收入的一种管理方式，即有关部门取得的非税收入与发生的支出脱钩，收入上缴国库或财政专户，支出由财政根据各单位履行职能的需要按标准核定的资金管理模式。具体而言，包括以下几层含义：收入必须依法取得；收入必须全额上缴国库或财政专户；单位账户的开设必须符合国家规定；单位财务收支由财务部门统一归口管理；部门和单位支出由财政部门统筹安排。

早在20世纪90年代，我国就开始了“收支两条线”管理的积极探索，先后出台了若干规定。进入21世纪后，“收支两条线”改革力度不断加大。2001年，财政部出台《关于深化“收支两条线”改革　进一步强化财政管理的意见》，要求各地区、各部门深化“收支两条线”改革。2002年，财政部将100多项行政事业性收费和26项政府性基金全部纳入预算管理，取消多项政府性基金。2004年，中纪委提出逐步将非税收入全部纳入“收支两条线”管理，将推进这项改革提高到反腐倡廉的高度。

“收支两条线”管理改革取得了积极成效。通过清理整顿收费基金，有效减轻了社会负担。进一步增加了公共财政体制的透明度，提高预算资金的使用效益。严肃查处各种违法行为，极大遏制了腐败现象的产生。进一步深化“收支两条线”管理的主要思路是：进一步完善政府非税收入体系，逐步将预算外资金全部纳入预算管理，严格规范政府收入分配秩序，管好专户，管住票据，加快推进收缴制度改革，完善体制，规范支出，加大综合预算资金统筹力度。强化综合财政管理，实现法制化管理，加大监督处罚力度等。

7.3.3　建立健全国库集中支付制度

国库集中支付制度，是指政府将所有财政性资金都纳入国库单一账户体系管理，收入直接缴入国库或财政专户，支出通过国库单一账户体系支付到商品和劳务供应者或用款单位。国库集中支付制度是发达国家普遍采用的一种财政资金支出管理模式，这一制度具有以下三个基本特征：一是财政统一开设国库单一账户，各单位不再设有银行账户。二是所有公共收入直接缴入国库，所有公共支出根据部门预算直接支付到商品和劳务的提供者或用款单位。三是财政设立专门的国库现金管理机构和资金支付执行机构。

实行国库集中支付制度从根本上解决了财政资金多环节拨付、多头管理、多户头存放的弊端，提高了财政资金使用效益，降低了财政资金运行成本，强化了公共预算的执行效果，推进了部门预算改革步伐，提高了资金到位速度，帮助财政部门对财经形势做出及时、准确的判断，有效防止了对财政资金的挤占、挪用和截留，从源头上预防和遏制腐败。我国力图通过建立和完善以国库单一账户体系为基础、资金缴拨以国库集中收付为主要形式的财政国库管理制度，进一步加强财政监督，提高资金使用效益，从而更好地发挥财政在宏观调控中的作用。

建立健全国库集中支付制度需要重点解决的问题是：（1）调整公共支出范围。根据公共经济学理论，公共支出的主要作用是提供公共产品和公共服务，维护政权稳定。而目前公共支出存在政府与市场关系不清，政府“缺位”与“越位”并存的格局。因此，政府财政应逐步退出市场自身完全可以实现优化配置的领域，转移到满足社会共同需要方面来。（2）规范收入收缴和支出拨付程序。适应国库管理制度的改革要求，将公共收入的收缴分为直接缴库和集中汇缴。根据支付管理需要，公共支出从类型上分为购买性支出和转移性支出。按照不同的支付主体，对不同类型的支出，分别实行财政直接拨付和财政授权拨付。（3）完善相关配套措施。制定相关法律法规和管理办法，为国库集中支付制度提供法律保障；建立财政管理信息系统和管理操作系统，为国库集中支付制度提供技术支持；逐步推进预算编制改革，为顺利实施国库单一账户制度创造外部条件；建立财政资金收付监督制约机制，确保财政资金运行安全。

7.3.4　改革政府采购制度

政府采购是指国家各级政府为从事日常的政务活动或为了满足公共服务的目的，利用国家财政性资金和政府借款购买货物、工程和服务的行为。政府采购不仅是指具体的采购过程，而且是采购政策、采购程序、采购过程及采购管理的总称，是一种对公共采购管理的制度。

与私人采购等社会性采购相比，政府采购具有公共性、规范性、导向性等突出特点。公共性是指政府采购资金是公共资金，其目的是为了提供公共产品，政府在采购活动中必须有效使用来自于人民的公共收入。规范性是指政府采购应按照法律规定的采购方式和程序实施，做到公开竞争、公平交易。导向性是强调政府采购既要重视经济效益，又要追求社会效益。通过实行政府采购，有利于加强支出管理，提高资金使用效益；强化宏观调控；促进国际经济协调与合作，有效保护国内产业。

我国政府采购制度改革始于 1996 年，历经多年探索后，2003 年 1 月 1 日《中华人民共和国政府采购法》正式实施，标志着政府采购制度进入新的发展时期。政府采购法规制度体系建设取得长足进展，我国政府采购范围、采购规模不断扩大，有效提高了财政资金使用效益（见图 7－1）。

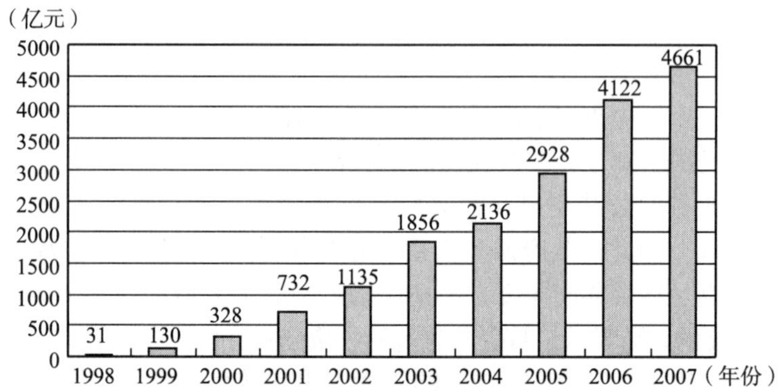

图 7-1　1998~2007 年全国政府采购规模增长情况

资料来源：国家统计局网站。

7.3.5　推进政府收支分类改革

随着社会主义市场经济体制的完善和公共财政体制的逐步确立，原有科目体系与市场经济体制下的政府职能转变不相适应。传统科目体系带有过去政府代替市场配置资源的色彩，不能清晰反映政府职能活动，财政管理的科学化和财政管理的信息化受到制约，财政预算管理和监督职能弱化。为此，财政部决定从 2007 年 1 月 1 日起全面实施政府收支分类改革，通过建立一套科学、规范、完整的政府收支分类体系，有利于全面促进部门预算、“收支两条线”、国库集中收付、政府采购等其他方面的改革，进一步提高财政管理水平和财政资金使用效益；有利于逐步完善与社会主义市场经济相适应的公共财政管理框架；有利于推进政务公开，引导社会各界共同关注和监督公共预算，促进社会主义民主政治建设。

新的政府收支分类体系主要包括以下三方面内容：一是对政府收入进行统一分类。按照全面、规范、细致地反映政府各项收入的要求，将原一般预算收入、基金预算收入、社会保障基金收入和预算外收入等，都统一纳入政府收入分类体系，使政府的各项收入来源都能得到清晰的反映。二是建立新的政府支出功能分类体系，按照政府的职能和活动设置支出科目，清楚地反映政府公共支出的内容和方向。三是建立新型的支出经济分类体系，反映各项支出的具体经济构成，反映政府的每一笔钱具体是怎么花的，这是财政预算管理和财务经济分析的重要工具和手段。

7.3.6　国际经验的借鉴

与发达国家的公共预算制度相比，我国公共预算管理制度是在计划经济体制的基础上建立和发展起来的，在完善社会主义市场经济体制的背景下，可以借鉴他国在公共预算方面的一些成功经验。

1. 修订《预算法》，增强公共预算的权威性。我国目前预算编制和预算执行年度并不统一，这造成目前我国财政年度有较长时间处在无预算运行的状态。我们可以参考美国的做法，将目前的预算年度由历年制改为跨年制，以消除时间差。可以考虑每年的 4 月 1 日为预算年度的起始时间，下一年的 3 月 31 日为终止时间，这样可使预算年度与全国人民代表大会审批时间相一致。预算年度一开始，各级政府就必须严格执行，要增强预算的法律约束力，维护《预算法》的权威性。

2. 增加政府预算编制时间，提前编制预算草案。充足的预算编制时间是保证预算编制质量的重要条件。许多国家预算编制时间一般都在一年左右，在每一个预算年度开始之时，就着手下一个年度的预算编制工作。我国公共预算编制时间通常从每年的 11 月份开始，总共不过两个月左右时间，有的地区甚至仅用一个星期就完成了年度预算的编制工作。这一方面使得公共预算编制中的收支安排带有很大的盲目性；另一方面，也影响了整个预算草案的真实性。我国各级政府预算至少应提前半年进行编制。

3. 编制滚动预算和财政中长期计划。美、法、德等发达国家一般都编制滚动预算，进而对财政预算进行中长期规划。如美国部分州就编制了两年预算，第二年度对上年已编制的当年预算进行适当的调整，同时滚动编制下一年度的预算。我国国民经济和社会发展五年规划已经存在，但缺乏与之相匹配的财政中长期计划。通过编制滚动预算和财政中长期计划，可以满足一些长期立法，如《义务教育法》、《科技进步法》、《农业法》和社会保障及相关立法支出的要求，同时又照顾到一些跨年度发展项目的需要。

本章小结

1. 公共预算是政府在每一财政年度经立法程序批准的全部公共收支计划，体现着政府集中性的财政分配关系，是政府实现其职能的重要工具。

2. 按照不同标准，可将公共预算做不同分类。按不同的编制形式，分为单式预算和复式预算；按预算的编制方法，分为增量预算和零基预算；按不同的政府级别，分为中央预算和地方预算；按不同的收支管理范围，分为总预算和单位预算。

3. 一个完整的公共预算过程包括预算编制、预算审议和批准、预算执行和预算决算等阶段。

4. 我国正在推进的公共预算改革有：推进部门预算改革，深化“收支两条线”管理，改革国库集中支付制度，推进政府采购制度改革，改进政府收支分类方法等。

关键术语

公共预算　公共预算原则　单式预算　复式预算　增量预算　零基预算　中央预算　地方预算　预算编制　预算审批　预算执行　预算监督　决算　公共预算改革

思考题

1. 依据不同的标准，公共预算可以分为哪些种类?
2. 公共预算程序包括哪些主要内容?
3. 怎样改革和完善中国公共预算?

第 8 章

公共经济政策

重点问题

1. 财政政策的类型及理论
2. 财政政策与货币政策的配合
3. 收入分配政策

案例 8.1 凯恩斯主义又回来了吗？

2008 年第三季度全球金融危机爆发后，各国政府各出奇招，纷纷拿出看家本领积极应对。危机高潮平息后，看一看国际上反危机政策的实际运作，就会发现，从美国两届总统的财政经济刺激方案到欧盟各国采取的反危机措施，尽管政策举措的名称不同，但不外乎是扩大政府开支和放松货币流动，即都是凯恩斯工具箱里最经典最通用的东西，此外并无新的内容。于是西方学界有人大呼：凯恩斯主义又回来了吗？凯恩斯主义的兴起可以追溯至 20 世纪 30 年代。在此之前，西方主流经济学一直以亚当·斯密的自由主义体系为基础，崇尚夜警政府模式。在 20 世纪初期连续爆发世界经济危机特别是 30 年代大危机后，国家干预主义思潮开始抬头，政府宏观调控的理论和方法被普遍接受。对此进行经济学论证的凯恩斯主义，也因此应运而生。第二次世界大战结束，由于政府在国家战后恢复中发挥了重要作用，又推动凯恩斯主义在 60 年代进入黄金时期。但是，风水轮流转。20 世纪 70 年代，美国政府滥用市场干预，越战和高福利积累的政府债务引发新的经济危机；西欧政府也普遍债务庞大，国有企业效率低下；滞胀成为世界难题。90 年代计划经济的失败，也成为政府干预经济无效的另一佐证。这一切，使人们又把希望寄托在自由主义身上，凯恩斯过时了，新自由主义一时风头极健。20多年过去了，这次突然爆发的全球金融危机，人们发现一个重要原因就是政府对金融投机活动的过度宽容，背后则是新自由主义的理念支撑。于是，人们又开始怀念和重新评价凯恩斯主义了。

你怎么看待凯恩斯主义的回潮?

案例8.2　克林顿为何得到一些经济学者的追捧?

美国学术界有一个传统，对总统和总统的执政成绩往往评价较低。然而，不少经济学者却对克林顿另眼相看，给予了很高评价。克林顿是美国第42任总统，虽然任内饱受丑闻困扰，但却是现代美国总统离任时公众支持率最高的人。在1993年克林顿入主白宫时，国内经济疲软、失业率和财政赤字居高不下，尤其是长期积累的巨额债务已成为美国经济的梦魇。在克林顿两任结束后，国内经济连续10年高速增长，平均增长率约4%，通胀率和失业率分别为1.7%和4.2%，是战后最低水平。1999年9月27日白宫预算管理局宣布，本财政年度联邦政府的财政盈余高达1230亿美元——这在当时被媒体称为近乎一个奇迹。为什么会出现第二次世界大战以来最长时间的美国繁荣期呢?不少学者认为，很大程度上要归功于克林顿经济政策的合理实施。克林顿在1993年2月17日的国会参众两院联席会上提出了振兴经济计划，主要内容有：将公共支出和私人开支的重点从消费转向投资，在短期内启动经济并对未来美国人的就业和收入进行投资；尊重工作与家庭；大幅度减少联邦赤字；减少政府开支、减少浪费、提高效率等四个部分。其核心部分是大幅度减少财政赤字计划。另一最关键因素，就是克林顿的财政政策和美联储货币政策的积极协调配合。当然，也有的学者不以为然，认为克林顿并没有这么了不起，美国十年繁荣主要靠新经济产业的兴起，克林顿不过是运气特别好罢了。

你认为呢?

任何政府在履行其公共经济职能时都离不开制定公共经济政策。公共经济政策是一国政府为实现某种经济和社会目标而制定的宏观经济政策。从理论上看，这些政策对于一般民众而言，既具有非排他性，又具有非竞争性，是一种公共经济行为。传统意义上的公共经济政策主要是指财政政策。什么是财政政策？财政政策包括哪些类型，它与公共经济政策是何种关系？在实际经济生活中，除财政政策之外，政府还可运用哪些公共经济政策进行宏观经济管理？这些都是本章将要重点讨论的问题。

8.1 财政政策

财政政策是一国政府为实现一定的经济目标而调整财政收支和预算平衡的政策措施。财政政策贯穿于财政工作的全过程，体现在收入、支出、预算平衡和国家债务等各个方面，是由税收政策、支出政策、预算平衡政策、国债政策等构成的一个完整的政策体系。市场经济下财政功能的正常发挥，主要取决于财政政策的适当运用。财政政策运用得当，可以保证经济的持续、稳定、协调发展；财政政策运用失当，会引起经济的失衡和波动。

8.1.1 财政政策目标

财政政策是政府为达到预期的经济目标而确定的政府财政收入和支出活动的准则。不同国家的不同时期有着不同的财政政策目标选择，同时受社会制度、经济运行机制、国家经济目标等各种客观因素的影响，财政政策目标所涉及的范围也有所不同。一般来说，财政政策目标是在经济目标范畴之内。在市场经济国家，宏观经济目标通常有六项：充分就业、低通货膨胀率、稳定的经济增长、国际收支平衡、收入均等调节和资源最优化配置。

1. 充分就业

失业率的高低，是衡量一个社会经济活动的综合指标。失业率低，说明社会经济活动正常，物价稳定，总供给与总需求相对平衡，社会资源得到有效运用；失业率高，说明社会经济活动不正常，出现经济危机，物价不稳定，总供给与总需求的平衡被打破，表现为供过于求、生产大量过剩、社会资源严重闲置。由于经济危机的周期性复发，政府有必要通过制定适当的财政政策，增加政府投资，促进有效需求，刺激生产和消费，提高就业水平，力求达到充分就业目标。

2. 低通货膨胀率

低通货膨胀率实际上是要求价格总水平的相对稳定。在现代社会，价格总水平的上涨趋势已为大家所共识，但是保持价格总水平在上涨过程中的相对稳定，是各国政府在经济管理中的重要职责。要做到价格的相对稳定，必须抑制通货膨胀。

通货膨胀一般表现为物价水平持续、普遍的上升。造成通货膨胀的原因有多种，大致可归纳为需求拉动、成本推动、结构摩擦造成和国外输入；但归根结底，通货膨胀还是由需求和供给两方面引起。通货膨胀会引起价格波动，造成社会经济的不稳定，对社会财富分配、商品及劳务的生产和提供都有重大影响。因此，抑制通货膨胀，使通货膨胀降低到一定水平，就成为财政政策目标的内容。

3. 稳定的经济增长

稳定的经济增长，通常是指一国国民收入的实际总量增长或一国人均国民收入的实际增长。如果一国人口增长速度超过了国民收入增长速度，那么这个国家的经济不能说是真正的增长了。只有当一国人口的增长速度低于国民收入的增长速度时，才能认为经济有了真正的增长。

对经济是否增长的评价还包括质和量两个方面。在质的方面，对现代国家的经济增长应从可持续发展的经济角度来衡量。在量的方面，为衡量社会经济增长状况，一般采用国民收入指标、人口指标、人均占有国民收入指标等一系列宏观经济指标来反映。

经济增长是一个国家生存和发展的条件。经济增长过慢或出现负增长，将严重影响国家的生存和发展。过快的经济增长，又会造成一系列社会问题，如通货膨胀加剧、环境污染严重、生态失衡，以至于出现供求失衡。因此，保持适度的稳定的经济增长率，是一国政府所尽力追求的目标，财政政策应引导社会经济运行保持在适度、稳定的目标。

4. 国际收支平衡

国际收支是指一国与其他各国之间在一定时期内全部经济往来的记载。国际收支包括四个项目；经常项目、资本项目、遗漏与误差、官方平衡项目。国际收支平衡一般是指经常项目、资本项目、遗漏与误差三个项目的总的收支对比状况。一国的国际收支平衡状况不仅可以反映该国的对外经济交流的情况，还可以反映该国的经济稳定情况。

国际收支中不同项目的收支平衡及国内经济的影响是不一样的。例如，国际经常项目出现大量逆差，说明该国出口能力下降，这会影响国内经济的增长和就业水平。如果说经常项目出现大量顺差，则说明出口增长，这样会增长国民收入，提高国内就业水平，但是国内通货膨胀会产生压力，引起其他国家的贸易保护。

国际收支是否平衡，直接关系到一国的经济稳定，因而国际收支平衡亦成为财政政策目标之一。

5. 收入均等调节

收入均等，是指一国公民在相同经济行为中或在一定经济环境下实现的公平分配。人们在投资或提供商品和劳务时，理应获取回报。这种回报从政府的角度看，就应是纳税之后的回报。财政政策应引导人们的经济行为，用税收或其他财政手段鼓励或限制人们的经济行为，为他们创造公平分配的环境。

6. 资源优化配置

资源优化配置，是指资源的配置达到或接近帕累托最优状态。当市场缺陷出现时，意味着某些资源配置在市场机制失灵状态下的闲置、不到位或浪费。为达到资源最优配置，国家政府要制定财政政策，通过私人经济部门和政府经济部门之间的资源转移，促使社会经济资源的合理、最优配置。

8.1.2　财政政策工具

财政政策目标的实现要依靠财政政策工具。预算、税收、政府投资、补贴和公债等是财政政策的主要政策工具，它们都经由一定的途径和方式作用于政策目标。

1. 预算

预算作为一种控制财政收支及其差额的机制，在各种财政政策手段中居于核心地位，它能系统、明显地反映政府财政政策的意图和目标。从对总需求的影响而言，预算收入代表相应的货币购买力从民间部门转入政府部门，对总需求产生收缩效果；预算支出代表政府拥有的货币购买力转化为现实的消费支出或投资支出，对总需求产生扩张效果。预算收支差额包括三种情况：一是收大于支，形成预算结余，对总需求产生的净影响是收缩性；二是支大于收，形成预算赤字，对总需求产生的影响是扩张性的；三是收支平衡，对总需求的净影响是中性的。预算制度控制着财政收入、支出及其差额，进而调节着总需求流量，引导经济体系

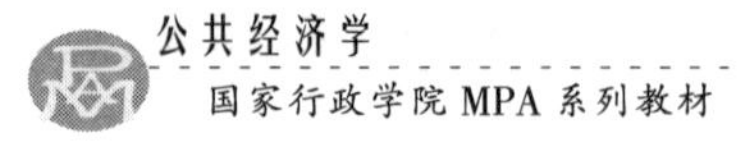

沿着财政政策目标所示方向运行。

2. 税收

税收是最重要的财政政策手段之一，广泛地影响资源的有效配置、经济稳定、收入公平分配和其他更为具体的财政政策目标。这种影响可以分为两个方面：即对产出（或供给）的影响和对总需求的影响。

各种税收对产出的影响有一定的差异，如个人所得税通过影响劳动供给而对产出发生影响。个人所得税的增加降低了劳动的税后报酬率，引起劳动供给和产出的减少；个人所得税的减少提高了劳动的税后报酬率，引起劳动供给的增加和产出的增加。各种商品税（包括增值税、营业税和消费税等对最终商品和最终劳务的征税）也产生类似的效果，因为商品税还会对产出造成另外一种影响，即通过提高生产（供应）者的边际生产成本（含税成本）而减少产出等。增税，减少纳税人的税后可支配收入，对总需求产生一种收缩效果；减税，则对总需求产生扩张效果。

3. 政府投资

政府投资是指财政用于资本项目的建设支出，它最终将形成各种类型的固定资产。在市场经济条件下，政府投资的项目主要是指那些具有自然垄断特征、外部效应大、产业关联度高、具有示范和诱导作用的基础性产业、公共设施，以及新兴的高科技主导产业。政府的投资能力与投资方向对经济结构的调整起着关键性作用。

考虑到国民经济基础产业的“瓶颈”，政府投资所产生的效应不应局限于自身的投资收益。作为一种诱发性投资，它可将“基础瓶颈”制约所压抑的民间部门的生产潜力释放出来，并使国民收入的创造达到一个更高的水平。这就是政府投资在“基础瓶颈”条件下所产生的“乘数效应”。

4. 补贴

补贴作为一种重要的财政手段，在现代各国的财政政策中得到了广泛的应用。补贴是财政支出的一部分，但同其他财政支出相比，补贴有两个特征：其一，补贴是一种财政援助，因此它对接受补贴者会产生激励作用；其二，补贴是为特定的目标或目的服务的，具有鲜明的政策意图。因此，补贴可以定义为：政府为实现特定目的而给予的财政援助。

广义而言，补贴的范围包括：一是以财政支出形式直接提供的财政援助；二是以减少应上缴的财政收入的形式间接提供的财政援助，后者的典型例子是减税和免税，也就是政府对特定纳税人或特定的经济活动提供税收优惠。

从内容上看，补贴的方式主要包括：一是价格补贴。在发达国家，价格补贴主要是政府对农产品的市场价格低于政府规定价格的差额给予的补贴，通常称为农产品的支持价格政策，其受益者是农业生产者。二是政策性亏损补贴。是指由于政府的某项政策给企业造成亏损而给予的补贴。三是职工或居民生活费用补贴。在通货膨胀的情况下，当名义工资保持不变时，居民的实际生活水平（实际收入）就会下降（货币贬值）。为了抵消通货膨胀造成的这种影响而给予职工或居民的补贴，即为生活费用补贴。四是财政贴息。在某些情况下，金融部门按照政府的政策意向提供低息或免息贷款，由此而蒙受的利息损失，由政府给予财政补贴，称为财政贴息。

以上各种财政补贴在我国都存在，其中以农产品价格补贴和政策性亏损补贴居多。补贴作为财政政策手段的最主要的优点，在于其灵活性和针对性，这是其他财政政策手段所不具有或不完全具有的。当然，补贴手段要有效地发挥作用，需要具备一系列条件，其中包括：补贴的数额应控制在政府财力所能承受的范围之内；补贴的目标应该明确和具体化；补贴的效果应该是可预测性的；补贴应尽量避免扭曲市场机制；补贴的效果应定期进行评估，并及时做出相应调整。

5. 公债

公债的财政政策工具作用主要表现在以下三个方面：

第一，由于公债发行吸收了私人部门的资金，使私人或企业的消费和投资减少，对私人或企业的投资起到调节作用。在信用紧缩时期，这种对私人部门“挤出”的效应可部分地抵消政府扩大开支所引起的乘数效应。

第二，公债发行会引起货币流通、货币供应量和通货膨胀等方面发生变化。公债发行会改变一部分人的货币支付和购买方向；如果中央银行认购公债，则会扩大中央银行的货币供应量；公债发行的最终结果，会增加政府开支，如果发行大量公债，则由于政府开支大幅度增加，会产生乘数效应，通货膨胀的压力会增大。

第三，通过公债利率水平的调整以及对资本市场的供求影响来调整市场利率水平，从而产生对经济的扩张或紧缩效应。公债的低利率适合扩张型财政政策；相反，公债的高利率适合紧缩型财政政策。

对于财政政策目标来说，各种财政政策手段之间的协调配合是十分重要的。如果缺乏有效的协调配合，各种政策手段之间可能产生相互冲突，从而抵消财政政策的效果。当一方面以高税限制某种商品的消费和生产，另一方面又对该商品的生产或消费给予补贴时，就会产生这种相互冲突的情况。对于某个特定政策目标而言，配合运用各种政策手段可以产生更好的效果。例如，为了刺激供给，在采用削减边际税率手段的同时，配合应用生产补贴或消费补贴，可对生产者产生更多的激励。

8.1.3 财政政策功能

财政政策究竟能发挥什么样的作用？经济学家们的理论认识并不相同，了解这些理论观点，有助于我们对财政政策作用机制的认识深化。

1. 自决的财政政策理论

所谓自决的财政政策，就是政府根据不同时期的经济形势，相应采取变动政府支出和税收的措施，以消除经济波动，谋求实现既无失业又无通货膨胀的稳定增长的目标。之所以称它为自决的财政政策，是因为它不是自动地发挥作用，而是一种人为的政策调节。它要依靠政府对客观经济形势的分析判断，经过深思熟虑再决定采取什么样的财政措施。如果认为总需求已经过大，造成了生产能力紧张和通货膨胀，就采取财政行动抑制总需求。如果认为总需求不足，已造成经济水平下降或经济衰退，就采取财政行动扩大总需求，等等。由此，自决的财政政策又分为扩张性财政政策和紧缩性财政政策。

（1）扩张性财政政策。

财政政策用于减轻或消除经济衰退时，通常称为扩张性的财政政策。在经济衰退时期，国民收入小于充分就业的均衡水平，总需求不足。所以，政府应当执行扩张性的财政政策。其内容是：增加政府支出，减少政府税收。

增加政府支出，包括增加公共工程的开支，增加政府对物品或劳务的购买，增加政府对个人的转移性支出。这样，一方面可使社会总需求中的政府开支部分提高，从而直接增加总需求；另一方面，也可刺激私人消费和投资，间接增加总需求。不仅如此，在政府支出乘数的作用下，增加政府支出还可引起国民收入和就业量一轮又一轮的增长。国民收入的增加额可以达到政府支出增加额的数倍。

减少政府税收，包括降低税率、废除旧税以及实行免税和退税，其结果可以扩大总需求。这是因为，减少个人所得税，可以使个人拥有更多可支配收入，从而增加消费；减少公司所得税，可以使厂商拥有更多税后利润，从而刺激投资，减少各种对商品和劳务课征的间接税，也可通过导致商品和劳务价格下降，增加可支配收入的实际价值，从而刺激消费和投资。不仅如此，在税收乘数的作用下，减少税收，还可引起国民收入一轮又一轮的增长，国民收入的增加额可以达到政府税收减少额的数倍。

对扩张性财政政策的模型论证见附录8.1。

（2）紧缩性财政政策。

财政政策用于减轻或消除通货膨胀时，通常称为紧缩性的财政政策。在经济繁荣时期，国民收入高于充分就业的均衡水平，存在过度需求。所以，政府应当执行紧缩性的财政政策，其内容是：减少政府支出，增加政府税收。

减少政府支出，包括减少公共工程的开支，减少政府对物品和劳务的购买，减少政府对个人的转移性支出。这样，一方面可使社会总需求中的政府开支部分降低，从而直接减少总需求；另一方面，也可抑制私人消费和投资，间接减少总需求。而且，在政府支出乘数的作用下，减少政府支出还可引起国民收入一轮又一轮的减少。国民收入的减少额可以达到政府支出减少额的数倍。

增加政府税收，包括提高税率，设置新税，其结果可以缩小总需求。这是因为，增加个人所得税，可以减少个人的可支配收入，从而减少消费；增加公司所得税，可以减少厂商税后利润，从而减少投资；增加各种对商品和劳务课征的间接税，也通过商品和劳务价格提高，减少可支配收入的实际价值，从而抑制消费和投资。而且，在税收乘数的作用下，增加税收还可引起国民收入一轮又一轮的减少。国民收入的减少额可以达到政府税收增加额的数倍。

对紧缩性财政政策的模型论证见附录8.2。

西方税收学界把自决的财政政策称为“逆经济风向行事”，即在经济高涨时期对之进行抑制，使经济不会过度高涨而引起通货膨胀；在经济衰退时期对之进行刺激，使经济不会严重萧条而引起失业，并认为这样就可以使经济实现既无失业又无通货膨胀的稳定增长。

2. 非自决的财政政策理论

所谓非自决的财政政策，就是随着经济形势的周期性变化，一些政府支出和税收自动发生增减变化，从而对经济的波动发挥自动抵消作用。之所以将它称之为非自决的财政政策，是因为它不是政府斟酌经济形势变化后所决定的，而是一种非人为的自动调节。它不需要政府预先做出判断和采取措施，而是依靠财政税收制度本身所具有的内在机制，自行发挥作用，收到稳定经济的效果。正因为如此，这种非自决的财政政策也被称做“内在稳定器”。

（1）自动变化的政府税收。

从经济稳定的角度看，一般说来，当经济处于通货膨胀时，增加税收，缩小社会总需求是合乎需要的；而当经济倾向于衰退时，减少税收，扩大社会总需求则是比较有利的。在西方经济学家看来，税收制度可以具有这种自动调节社会总需求的内在稳定机制。这主要表现在累进的所得课税制度上。

——个人所得税。个人所得税的课征有一定的起征点，并采用一定的累进税率，所以具有内在稳定作用。具体说来，在萧条时期，由于经济衰退，个人收入会减少，符合纳税规定的人数也相应减少，因而适用较高税率的税基缩小。这样，税收就会自动减少。由于税收的减少幅度会超过个人收入的减少幅度，税收便产生了一种推力，防止消费与投资需求过度紧缩，减缓经济的萎缩程度，从而刺激经济复苏；在膨胀时期，由于经济高涨，个人收入会增加，符合纳税规定的人数也相应增多，因而适用较高税率的税基扩大，这样，税收就会自动增加。由于税收的增加幅度会超过个人收入的增加幅度，税收便产生了一种拉力，防止消费与投资需求过度膨胀，经济过度繁荣，从而抑制通货膨胀。

——公司所得税。公司所得税的课征同样有一定的起征点，并采用一定的累进税率，因此也具有内在稳定作用。具体说来，在萧条时期，由于经济衰退，厂商利润会减少，符合纳税规定的厂商也相应减少，因而适用较高税率的税基缩小。这样，税收就会自动减少。由于税收的减少幅度会大于厂商利润的减少幅度，税收便产生了一种推力，防止厂商投资需求过度减少，减缓经济萎缩程度，从而发挥反经济衰退的作用；在膨胀时期，由于经济高涨，厂商利润会增加，符合纳税规定的厂商也相应增多，因而适用较高税率的税基扩大，这样，税收就会自动增加。由于税收的增加幅度会大于厂商利润的增加幅度，税收便产生了一种拉力，防止厂商投资需求过度膨胀，经济过度繁荣，从而发挥反通货膨胀的作用。

如图 8－1 所示，假定政府支出 G 独立于国民收入，固定在一定的水平上，而税收 T 直接随国民收入 Y 的变化而变化。当经济出现衰退，也就是国民收入处于 Y_2 的低水平时，税收自动减少，从而导致政府预算赤字上升，倾向于扩大社会总需求；当经济过度繁荣，国民收入处于 Y_3 的高水平时，税收自动增加，从而预算由赤字趋向盈余，对社会总需求施加抑制作用。

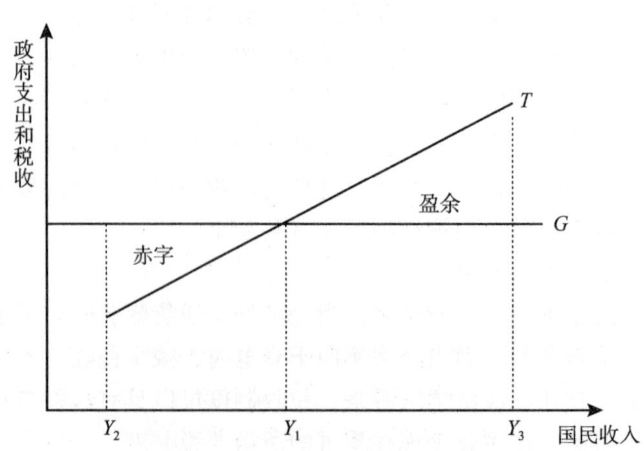

图 8－1　税收制度的内在稳定作用

（2）自动变化的政府支出。

西方经济学家认为，不仅税收制度具有内在的稳定作用，政府支出的某些项目也是可发挥同样的功效的。这主要表现在公共支出中的各种转移性支出项目上。例如：

——失业救济金。失业救济金的发放有一定的标准，它发放的多少主要取决于失业人数的多少。在经济萧条时期，随着国民收入降，失业人数增多，失业救济金的发放就倾向于自动增加。失业救济金的增加就是转移性支出的增加，从而有利于抑制消费支出的下降，防止经济衰退的进一步严重化。在经济繁荣时期，随着国民收入上升，失业人数减少，失业救济金的发放就倾向于自动减少，失业救济金的减少同样是转移性支出的减少，从而有利于抑制消费支出的增加，消除可能发生的通货膨胀。

——各种福利支出。各种福利支出都有一定的发放标准，发放的多少取决于就业与收入状况。在经济萧条时期，个人收入下降。随着符合接受福利支出条件的人数增加，作为转移性支出之一的福利支出倾向于自动增加，这样就有利于抑制私人消费支出的下降，防止经济衰退的进一步加剧。在经济繁荣时期，就业增加，个人收入上升。随着符合接受福利支出条件的人数减少，作为转移性支出之一的福利支出倾向于自动减少。这样就有利于抑制私人消费支出的增加，防止可能发生的通货膨胀。

——农产品维持价格。按照西方国家通行的农产品维持法案，政府要把农产品价格维持在一定水平上。高于这一价格水平时，政府抛出农产品，压低农产品价格；低于这一价格水平时，政府收购农产品，提高农产品价格。这种农产品价格维持制度对经济活动的波动也是较为敏感的。在经济萧条时期，随着农产品价格下降，政府收购剩余农产品的支出自动上升，这样就会增加农场主的收入，维持他们既定的收入和消费水平。在经济繁荣时期，伴随着通货膨胀，农产品价格上升，政府抛出农产品。这样既可以抑制农场主收入和消费的增加，又可以稳定农产品价格，防止通货膨胀。

从上述分析可以看出，非自决财政政策的内在稳定程度或对经济的控制力量取决于如下三个因素：第一，个人所得税和公司所得税的起征点。起征点越低，稳定的作用就越大。第二，税率的累进程度。边际税率越高，累进程度越大，税收对收入的抑制就越强，稳定的作用也就越大。第三，转移性支出的规定条件。取得转移性支出的规定条件越低，转移性支出水平越高，稳定的作用就越大。

在西方经济学看来，财政税收制度所具有的这种内在稳定作用是十分重要的。特别是在自决的财政政策因受各种主客观因素的限制而显得脆弱的时候，非自决的财政政策将会在消除经济周期的波动方面起很大的作用。据美国一个研究单位的统计，“内在稳定器”可以使国民生产总值减少1/3或更多的波动性。但是，西方经济学家也特别强调非自决财政政策作用的局限性，指出它只能配合自决的财政政策来稳定经济，单靠其本身作用并不足以稳定经济。在萧条时期，它只能减缓经济衰退的程度，而不能改变经济衰退的总趋势；在膨胀时期，它只能抑制过分的高涨，减缓通货膨胀的程度，而不能改变通货膨胀的总趋势。因此，要消除经济周期波动，除了依靠非自决的财政政策的内在稳定作用之外，还必须采用更加有力的自决的财政政策措施。

8.1.4 财政调控机理

财政政策作用于社会经济活动，会对整个经济运行状况产生重要影响，同时其作用又受制于经济运行本身的种种情况。这个过程很复杂也很微妙，要在理论上把这个机理描述清楚是一件比较困难的事情。这里会涉及一些宏观经济的理论分析方法，了解这些方法和工具，对我们深入认识财政政策的作用是有益处的。

1. 财政宏观调控目标与功能

（1）财政宏观调控的可能性。

财政在调节社会总需求方面有着重要的作用。对于市场经济而言，财政行为的变化是外生的，但一旦发生以后，就成为经济的内生变量，对经济产生影响。如果不考虑对外交往，经济水平是由政府和市场经济共同决定的，表示如下：

$$Y = C + (Y - T) + I + G$$

式中，Y为国民生产总值（GNP）；C为市场机制中的自发消费；c为消费倾向；T为税收净值，即税收收入扣除转移支付的金额；I为市场机制中的自发投资：G为政府支出。

如果财税政策不变，每个时期的T和G是固定的，那么Y就是政府行为和市场机制共同作用下的均衡产量水平。这说明，财政政策是影响国民生产总值的重要因素。因此，财政调控国民经济总水平是可能的。

由于财政政策可以外生于市场机制而做出变动，因此，税收政策和财政支出政策可以成为影响市场机制需求变化的因素。

（2）财政宏观调控的目标。

财政宏观调控的核心目标是实现国民经济的稳定增长。一般而言，经济稳定增长在数量上表现为实际产量的稳定增加，通常用不变价格下GDP（国内生产总值）的增长来衡量。经济增长停止或者下降，表明需求不足以使资源充分运用，或者说存在闲置资源。在市场经济条件下，资源闲置最综合、最明显的标志是失业率太高。反之，经济增长速度偏高，则表明需求过于旺盛，这时往往导致通货膨胀的发生。

当然，现实的市场经济活动是非常复杂的，通货膨胀和高失业率有时会同时出现，这就给政府财政政策的调控带来了更加复杂的课题。但在一般情况下，通货膨胀和失业状况是分别发生的。

（3）财政宏观调控功能。

第一，财政需求调控。财政需求调控是指，运用财政收支变动来调节总需求的水平。因为财政支出是影响国民生产总值的变量，因而增加财政支出就可以达到扩大总需求的目的；减少财政支出就可以达到缩小总需求的目的。

第二，财政需求调控的挤出效应及净效应。财政需求调控的挤出效应是指，政府财政支出的增加所引起的私人支出的减少，即政府开支代替了私人开支。净效应是指挤出效应的净结果，通常情况下，净效应与财政需求调控的方向一致。换句话说，财政增加支出，净效应是扩大总需求；财政减少支出，净效应是缩小总需求。

由于财政支出来源于企业与居民收入，因此，财政扩大或减少支出就会导致企业和居民减少或增加收入。这样，财政对总需求的影响方向和居民对总需求的影响方向是相反的，由此产生挤出效应。当政府增加或减少支出时，增加额或减少额就是总需求的增加量或减少量。这个总需求的增加量或减少量就是企业与居民减少或增加的收入量，因为存在灵活偏好和储蓄倾向的缘故，收入不会全部转化为支出需求。因此，净效应是按照财政调控方向移动的。

2. 财政总量均衡

财政宏观调控在维系社会总供求平衡和经济均衡方面具有重要作用。

凯恩斯的国民收入理论认为，从国民收入均衡的原理出发，国民收入的大小取决于社会总需求与总供给的均衡水平。由于短期内生产技术、资本设备的质量与数量、劳动力的质量与数量都是既定不变的，即总供给是既定的，因此，国民收入的大小就主要取决于社会总需求的水平。

（1）二元经济下的国民收入流量循环模型。

首先定义几个概念：

国民收入（national income），指的是一个经济社会在一定时期（一般为一年）内生产的、作为最终产品的商品或劳务的市场价值、扣除为生产这些产品的资本耗费后的净值。它等于社会各种生产要素的收入（工资、利息、地租、利润）的总和。

流量（flow），是指给定时期内货币或实物的运动。与流量相对应的是存量

(stock)，它指的是任何一个时点上货币或实物的存积总量。

边际消费倾向（Marginal Propensity to Consume，简写为MPC），是指消费增量在收入增量中所占的比例。如以 ΔC 代表消费增量，以 ΔY 代表收入增量，则边际消费倾向的公式为：$MPC=\Delta C/\Delta Y$。

边际储蓄倾向（Marginal Propensity to Save，简写为MPS），是指储蓄增量在收入增量中所占的比例。如以，ΔS 代表储蓄增量，以 ΔY 代表收入增量，则边际储蓄倾向的公式为：$MPS=\Delta S/\Delta Y$。由于 $\Delta Y=\Delta C+\Delta S$，所以，$MPC=1-MPS$。

先假定一个封闭型的社会（国家），只存在家庭和厂商（企业）两个经济部门，没有政府的经济活动。在这种二元经济体系中，家庭向厂商提供各种生产要素，并得到各种收入；厂商用各种生产要素进行生产，向家庭提供各种最终产品和劳务。这时，国民收入的流量循环模型如图8－2（a）所示。

如果家庭把一部分收入用来向厂商购买产品与劳务，把另一部分收入储蓄起来；厂商如果在家庭的消费支出之外又获得了其他来源的资金，那么，国民收入流量循环的模型就要在图8－2（a）的基础上稍做修改：家庭把储蓄存入金融机构，而厂商则从金融机构获得投资。如果通过金融机构把全部储蓄都转化为投资，国民收入流量的循环仍可正常进行下去［见图8－2（b）］。

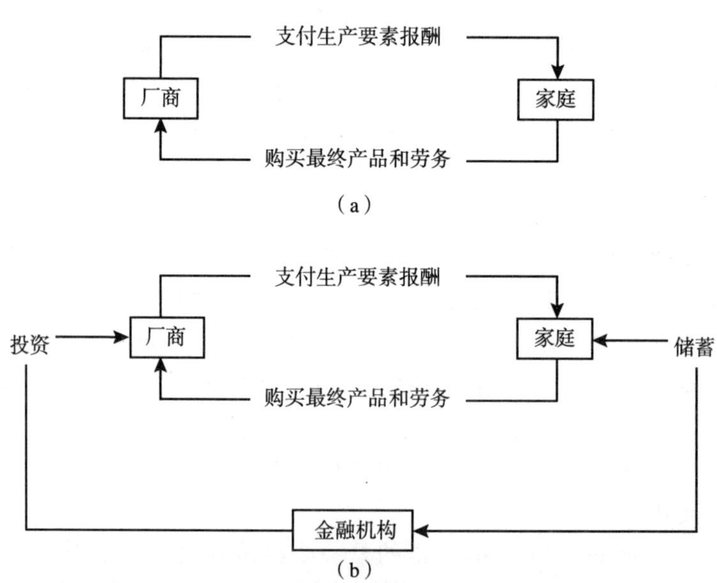

图8－2　二元经济下的国民收入流量循环模型

二元经济下的国民收入的决定：

在上述简单的二元经济体系中，可以从总需求和总供给两个角度来考察国民收入的均衡情况。

从总需求的角度看，一国的国民收入就是私人消费需求和私人投资需求的总和。它是各个家庭的收入产生出来的，可分别用消费支出和投资支出来代表。消费支出即为消费，投资支出即为投资。所以，国民收入的均衡公式为：

国民收入 = 消费需求 + 投资需求
= 消费支出 + 投资支出
= 消费 + 投资

若以 C 代表消费，I 代表投资，Y 代表国民收入，则上述公式可以写成：

$$Y = C + I$$

从总供给的角度看，一国的国民收入就是各种生产要素供给的总和，即劳动、资本、土地，企业家才能供给的总和。这种总和可以用各种生产要素相应得到的收入（报酬）的总和，即工资、利息，地租、利润的总和来表示。这些收入又可分作私人消费和私人储蓄两个部分。所以，国民收入的均衡公式为：

国民收入 = 各种生产要素供给的总和
= 各种生产要素所得到的收入的总和
= 工资 + 利息 + 地租 + 利润
= 消费 + 储蓄

若以 C 代表消费，S 代表储蓄，Y 代表国民收入，则上述公式可以写成：

$$Y = C + S$$

前面说过，国民收入的大小，取决于社会总需求与总供给的均衡水平。如果总需求小于总供给，表明社会上需求不足，产品卖不出去，这就意味着价格必然下降，生产必然收缩，从而总供给减少，国民收入也因此减少。如果总需求大于总供给，表明社会上供给不足，这就意味着价格必然上升，生产必然扩大，从而总供给增加，国民收入也因此增加。如果总需求等于总供给，则生产不会增加也不会减少，从而国民收入处于均衡状态，这时也就决定了在这种总需求和总供给水平上的国民收入的大小。因此，国民收入达到均衡的条件是：

总需求 = 总供给

由 $Y = C + I$ 和 $Y = C + S$ 可得出上述条件的另一种表达式：

$$C + I = C + S$$

或 $C + I = Y$

于是，当：$C + I > Y$ 时，国民收入扩张；$C + I < Y$ 时，国民收入收缩；$C + I = Y$ 时，国民收入达到均衡。

（2）三元经济下的国民收入流量循环模型。

现在假定在前述封闭型的社会中，引进政府的经济活动，使二元经济体系成为三元经济体系。政府在经济中的作用，主要通过政府支出和税收，即政府预算来实现。政府支出包括对物品或劳务的购买和各种转移性支付（不以换取物品或劳务为目的的支出）。政府税收主要包括两类，一类是对财产和所得课征的直接税，其特点是税负由纳税人直接负担，无法转嫁出去；另一类是对商品和劳务所课征的间接税，其特点是税负不由纳税人直接负担，可以向前转嫁给消费者，也可向后转嫁给生产要素的提供者。三元经济下的国民收入流量循环模型，如图8－3所示。

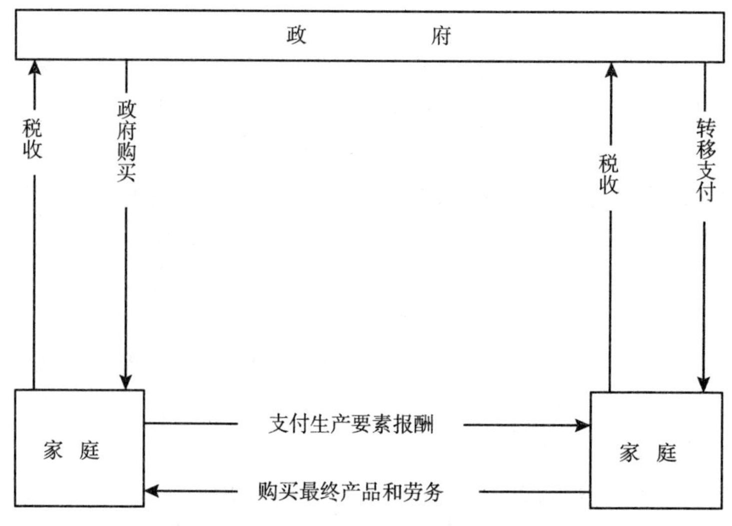

图8－3　三元经济下的国民收入流量循环模型

三元经济下国民收入的决定：

在引进政府预算之后的三元经济体系中，总需求和总供给都要在二元经济体系的基础上有所添加。

从总需求的角度看，要在二元经济体系的私人消费需求和私人投资需求的基础上，加上政府的需求。政府的需求可以用政府的支出来代表。这样，国民收入的均衡公式可写成：

国民收入＝消费需求＋投资需求＋政府需求
＝消费支出＋投资支出＋政府支出
＝消费＋投资＋政府支出

若以G代表政府支出，则上述公式可以写成：

$$Y=C+I+G$$

从总供给的角度看，要在二元经济体系的各种生产要素的供给的基础上，加上政府的供给。政府的供给可以用政府的税收来代表。这样，国民收入的均衡公式可写成：

国民收入 = 各种生产要素的供给 + 政府的供给
= 工资 + 利息 + 地租 + 利润 + 政府税收
= 消费 + 储蓄 + 政府税收

若以 T 代表政府税收，则上述公式可以写成：

$$Y = C + S + T$$

这时，国民收入的均衡条件仍然是：

总需求 = 总供给

由上式可得出上述条件的另一种表达式：

$$C + I + G = C + S + T$$

或
$$C + I + G = Y$$

于是，当：$C + I + G > Y$ 时，国民收入扩张；$C + I + G < Y$ 时，国民收入收缩；$C + I + G = Y$ 时，国民收入达到均衡。

3. 财政乘数效应

财政乘数是政府支出乘数、政府税收乘数和平衡预算乘数的统称，财政乘数是财政宏观调控的重要理论基础。

（1）政府支出乘数。

政府支出的增加会引起国民收入的增加，但国民收入的增加必定大于最初的政府支出增加额。这是因为，各个经济部门是相互关联的。政府支出增加的每 1 美元可购买 1 美元的物品或劳务，并转变为这些物品和劳务的生产者的家庭收入（工资、利息、地租、利润等）；这些增加的收入的相当部分又会被重新支用。假定收入获得者从所增加的每 1 美元收入中拿出 80 美分用于购买消费品（即其边际消费倾向为 4/5），那么，这些消费品的生产者便会有 80 美分的增加收入；如果这些消费品的生产者的边际消费倾向也是 4/5，他们又会从所增加的 80 美分中拿出 64 美分用于购买消费品，这又会为这些消费品的生产者带来 64 美分的增加收入；这些家庭也会在下一轮中增加消费品购买 51.2 美分；如此下去，国民收入的增加额 ΔY 总计为：

ΔY = 1 美元 + 80 美分 + 64 美分 + 51.2 美分 + …
= 1 美元 × 0.8 + 1 美元 × 0.8^2 + 1 美元 × 0.8^3 + …
= 1 美元（$0.8 + 0.8^2 + 0.8^3 + \ldots$）
= 1 美元 × 4
= 4 美元

因此，对于所增加的每 1 美元的政府支出来说，整个国民收入将增加 5 美元；反过来也是如此，对于所减少的每 1 美元的政府支出来说，整个国民收入将减少 5 美元。

这种国民收入的变动量与所引起这种变动的政府支出的变动量之间的比率，就是政府支出的“乘数”。而乘数的大小，是由边际消费倾向所决定的，或者说，是边际储蓄倾向的倒数。乘数与边际消费倾向成正向联系，边际消费倾向越大，乘数就越大；边际消费倾向越小，乘数就越小。如在上例中，边际消费倾向为 4/5，乘数为 5。政府支出每增加 1 美元，会带来 5 倍于政府支出增加额的国民收入的增加；政府支出每减少 1 美元，会带来 5 倍于政府支出减少额的国民收入的减少。若以 ΔG 代表政府支出的变动额，ΔY 代表国民收入的变动额，GK 代表政府支出乘数，MPC 代表边际消费倾向，MPS 代表边际储蓄倾向，则有：

$$GK = \Delta Y/\Delta G = 1/(1 - MPC) = 1/MPS$$

由此可以得出的结论是：政府支出对国民收入是一种扩张性的力量。增加政府支出可以扩大总需求，增加国民收入；相反，减少政府支出可以缩减总需求，减少国民收入。国民收入增加或减少的规模，取决于乘数的大小。

（2）政府税收乘数。

政府税收的增加会引起国民收入的减少，但国民收入的减少必定大于最初的政府税收的增加额。这同政府支出增加的原理是一样的。政府税收增加的每 1 美元可压低 1 美元的纳税人可支配收入。由于纳税人可支配收入下降，其购买消费品的支出也会随之下降。假定这些纳税人的边际消费倾向也为 4/5，那么，纳税人的可支配收入每下降 1 美元，台导致其购买消费品的支出减少 80 美分。这又会使消费品的生产者减少 80 美分的可支配收入，如果其边际消费倾向也是 4/5，他们也会因此而减少购买消费品支出 64 美分，从而使这些消费品的生产者减少 64 美分的可支配收入；这些家庭也会在下一轮中减少消费品支出 51.2 分；如此下去，国民收入的减少额 ΔY 总计为：

$$\Delta Y = 80\text{ 美分} + 64\text{ 美分} + 51.2\text{ 美分} + \ldots$$

这就是说，对于所增加的每 1 美元的政府税收而言，整个国民收入将减少 4 美元；反过来也是如此，对于所减少的每 1 美元的政府税收而言，整个国民收入将增加 4 美元。

这种国民收入的变动量与引起这种变化的政府税收的变动量之间的比率，就是政府税收的乘数。所需注意的是，这种乘数恰恰比支出乘数小 1（当然是方向相反）。其原因在于，政府支出是社会总需求和国民收入的一个直接的组成部分，增加政府支出一开始就可以直接扩大社会总需求，增加国民收入。而政府税收支付的初次循环仅是一种购买力的转移，它不能算作国民收入。税收的增加要通过压低纳税人可支配收入，并在扣除边际储蓄倾向因素后才能发挥减少社会总需求，进而减少国民收入的乘数作用。所以，政府税收的变动虽也可以乘数方式造成国民收入随之变化，但其带来的变动率比同样数额的政府支出的变动所带来的变动率小。如在上例中，政府税收增加 1 美元，国民收入减少 4 美元；政府税收减少 1 美元，国民收入增加 4 美元，乘数均为 4，正好比政府支出增加或减少 1 美元所带来的国民收入的变动倍数小 1。若以 *MT* 代表政府税收的变动额，则政府税收乘数 *TK* 则有下述计算公式：

$$TK = \Delta Y/\Delta T = MPC/MPS$$

由此可以得出的结论是：

政府税收对国民收入是一种收缩性的力量。增加政府税收可以压缩总需求，减少国民收入；相反，减少政府税收可以扩大总需求，增大国民收入。国民收入减少或增大的规模取决于该乘数的大小。

（3）平衡预算乘数。

依据前述原理，政府支出的增加会引起国民收入的增加，政府税收的增加会引起国民收入的减少。很显然，如果政府支出和税收同时等量增加，将对总需求产生两种不同的影响，前者会使总需求水平上升，后者则使总需求水平下降。但两者的作用不会完全抵消。即是说，其净影响并不会趋于零。原因在于，政府支出的乘数大于税收的乘数，其差额正好是 1。所以，由政府支出和税收同时等量增加所引起的总需求上升和下降的幅度是不一致的。在两者同时等量增加的条件下，总需求水平仍有上升，上升的幅度就是政府支出的增加量或税收的增加量。如前所述，在社会边际消费倾向为 4/5 的假设条件下，政府支出每增加 1 美元，可增加国民收入 5 美元；政府税收每增加 1 美元，可减少国民收入 4 美元。两者相抵，其差额或净影响就是国民收入增加 1 美元。

反过来看，如果政府支出和税收同时等量减少，其净影响也不会趋于零。仍依前例，在社会边际消费倾向为 4/5 的条件下，政府支出每减少 1 美元，将减少国民收入 5 美元；政府税收每减少 1 美元，可增加国民收入 4 美元。两者相抵，其差额或净影响就是国民收入减少 1 美元。

这种国民收入的变动量与所引起这种变动的政府支出和税收的同时等额变动量之间的比率，就是平衡预算的“乘数”。乘数的数值永远是 1。若以 *BK* 代表平衡预算乘数，其计算公式可写成：

$$BK = GK + TK + 1/MPS + (MPC/MPS) = MPS/MPS = 1$$

由此可以得出的结论是：政府支出和税收的同时等量增加，对国民收入仍有扩张作用。其扩张的规模就是政府支出或税收的增加量；政府支出和税收的时等量减少，对国民收入仍有收缩作用。其收缩的规模就是政府支出或税收的减少量。

8.2 货币政策

货币政策是指中央银行为实现既定的经济目标（稳定物价，充分就业促进经济增长和国际收支平衡）运用各种工具调节货币供给和利率，进而影响宏观经济的方针和措施的总和。货币政策包括货币政策目标、货币政策工具和货币政策类型等内容。

8.2.1 货币政策目标

货币政策的目标分为最终目标和中间目标两类。货币政策的最终目标是指中央银行通过实施货币政策，经过一定的传导过程，将其影响导入一国经济的实际领域，从而达到既定的目标。货币政策的最终目标一般包括：稳定物价，充分就业，促进经济增长和国际收支平衡等。

1. 稳定物价

稳定物价是中央银行货币政策的首要目标。稳定物价是一个相对概念，就是中央银行通过货币政策的实施，使一般物价水平在短期内不发生急剧的波动。

2. 充分就业

充分就业就是要保持一个较高的、稳定的水平。在充分就业的情况下，凡是有能力并自愿参加工作者，都能在较合理的条件下随时找到适当的工作。失业实际上是生产资源的一种浪费，失业率越高，对社会经济增长越是不利，因此，各国都力图把失业率降到最低的水平，以实现其经济增长的目标。

3. 经济增长

经济增长就是指国内生产总值的增长必须保持合理的、较高的速度，这是各国政府追求的最终目标之一。

4. 国际收支平衡

国际收支是某一时期一国对外经济往来的统计表，所谓平衡国际收支目标，简言之，就是采取各种措施纠正国际收支差额，使其趋于平衡。因为，一国国际收支出现失衡，无论是顺差或逆差，都会对本国经济造成不利影响，长时期的巨额逆差会使本国外汇储备急剧下降，并承受沉重的债务和利息负担；而长时期的巨额顺差，又会造成本国资源使用上的浪费，使一部分外汇闲置，特别是如果因大量购进外汇而增发本国货币，则可能引起或加剧国内通货膨胀。

货币政策目标之间的关系较复杂，有的一定程度上具有一致性，如充分就业与经济增长；有的相对独立，如充分就业与国际收支平衡；而更多表现为目标之间的冲突性。例如，物价稳定与充分就业之间存在一种此高彼低的交替关系。当失业过多时货币政策要实现充分就业的目标，就需要扩张信用和增加货币供应量，以刺激投资需求和消费需求，扩大生产规模，增加就业人数；同时由于需求的大幅增加，会带来一定程度的物价上升。反之，如果货币政策要实现物价稳定，又会带来就业人数的减少。所以，中央银行只有根据具体的社会经济条件，寻求物价上涨率和失业率之间某一适当的组合点。鉴于各目标之间存在的矛盾性，中央银行应根据不同的情况选择具体的政策目标。

货币政策中间目标又称为中介目标，是货币政策在执行过程中短期所能达到的目标。由于货币政策的最终目标并不在中央银行的直接控制之下，为了实现最终目标，央行必须选择与最终目标关系密切，央行可以直接调控，并在短期内可以度量的金融指标作为中间性指标，以实现对最终目标的调节和控制。

一般来说，货币政策中间目标的选择需要根据以下标准：

可测性，是指中央银行能够迅速获得中间目标相关指标变化状况和准确的数据资料，并能够对这些数据进行有效分析和做出相应判断；可控性，是指中央银行通过各种货币政策工具的运用，能对中间目标变量进行有效的控制，能在较短时间内（如 1 ~3 个月）控制中间目标变量的变动状况及其变动趋势；相关性，是指中央银行所选择的中间目标，必须与货币政策最终目标有密切的相关性，中央银行运用货币政策工具对中间目标进行调控，能够促使货币政策最终目标的实现。

8.2.2　货币政策工具

货币政策工具是指中央银行为达到货币政策目标而采用的政策手段。根据央行定义，货币政策工具主要包括法定存款准备金率、再贴现率、公开市场业务等。上述三个货币政策工具属于一般性政策工具，通常被称为货币当局或中央银行的“三大法宝”。

1. 法定存款准备金率

法定存款准备金率也称法定存款准备率，是由货币当局或中央银行规定的商业银行等金融机构将其吸收存款的一部分上缴中央银行作为准备金的比率。法定存款准备金率政策实际上是货币当局或中央银行通过调整法定存款准备金率控制商业银行的信用创造能力，进而影响货币供给量和利率的货币政策。在其他条件不变的情况下，降低法定存款准备金率会产生两种效应：一是商业银行存入中央银行的法定存款准备金会减少，从而商业银行用于发放贷款的货币数量相应增多；二是货币乘数会变大。因此，降低法定存款准备率通常会增加货币供给量，在货币需求不变时还会导致利率的降低。显然，这会刺激总需求的增加，进而导致国民收入和就业量的增加。反之，如果货币当局或中央银行提高法定存款准备金率，就会减少货币供给量，还会导致利率的上升，这会导致总需求的减少，并使国民收入和就业量相应减少。因此，如果政府实行扩张性货币政策，就应降低法定存款准备率，反之，若要实行紧缩性货币政策，则应提高法定存款准备率。

2. 再贴现率

再贴现率是中央银行向商业银行和其他金融机构放款的利率。再贴现率政策实际上是货币当局或者中央银行通过变动再贴现率来控制商业银行和其他金融机构的存款准备金和发放贷款的能力，进而调节货币供给量和利率的货币政策。再贴现率的高低不仅直接决定再贴现额的高低，而且会间接影响商业银行的再贴现需求，从而整体影响再贴现规模。这是由于，一方面，再贴现率的高低直接决定的再贴现成本，再贴现率提高，再贴现成本增加，自然影响再贴现需求，反之亦然；另一方面，再贴现率变动，在一定程度上反映了中央银行的政策意向，因而具有一种告示作用：提高再贴现率，呈现紧缩意向，反之，呈现扩张意向，这特别对短期市场利率具有较强的导向作用。

再贴现率作为中央银行抑制货币供应量的三大传统政策手段之一，较法定准备率、公开市场业务易于操作。再贴现率引起的波动程度又远比法定准备率为小，因而各国中央银行一般都经常调整再贴现率来控制货币供应量。

3. 公开市场业务

公开市场业务是指中央银行通过买进或卖出有价证券，吞吐基础货币，调节货币供应量的活动。与一般金融机构所从事的证券买卖不同，中央银行买卖证券的目的不是为了盈利，而是为了调节货币供应量。根据经济形势的发展，当中央银行认为需要收缩银根时，便卖出证券，相应地收回一部分基础货币，减少金融机构可用资金的数量；相反，当中央银行认为需要放松银根时，便买进证券，扩大基础货币供应，直接增加金融机构可用资金的数量。也就是说，当政府运用扩张性货币政策干预经济时，通常要在公开市场上买进有价证券；反之，如果实行紧缩性货币政策，就会在公开市场上卖出有价证券。

公开市场业务与其他货币政策工具相比，具有主动性、灵活性和时效性等特点。公开市场业务可以由中央银行充分控制其规模，中央银行有相当大的主动权；公开市场业务是灵活的，多买少卖，多卖少买都可以，对货币供应既可以进行“微调”，也可以进行较大幅度的调整，具有较大的弹性；公开市场业务操作的时效性强，当中央银行发出购买或出售的意向时，交易立即可以执行，参加交易的金融机构的超额储备金相应发生变化；公开市场业务可以经常、连续地操作，必要时还可以逆向操作，由买入有价证券转为卖出有价证券，使该项政策工具不会对整个金融市场产生大的波动。

4. 其他工具

政府干预宏观经济运行的货币政策除上述一般性货币政策工具外，还包括选择性货币政策工具。例如，道义劝告，就是中央银行利用自己在金融体系中的特殊的地位和权威，通过对商业银行和其他金融机构的劝告，以影响其发放贷款的数量和投资方向，从而达到控制和调节货币供给数量和结构的目的。又如，在经济萧条时期，中央银行可以鼓励商业银行和其他金融机构扩大贷款规模，以刺激经济增长；在通货膨胀时期，中央银行可以告诫商业银行和其他金融机构收缩贷款规模，以抑制经济过热。又如，证券市场信用控制，是指中央银行通过规定和调节信用交易、期货交易和期权交易中的最低保证金率，以刺激或抑制证券交易活动的货币政策手段，等等。

8.2.3　货币政策类型

货币政策可以分为扩张性货币政策和紧缩性货币政策两种基本类型。

1. 扩张性货币政策

扩张性货币政策也称松的货币政策，是指政府通过增加货币供给，降低利率，进而刺激私人投资和总需求增加的方法来达到刺激经济增长，增加国民收入，实现充分就业的目的而实行的扩张经济的政策。因此，与扩张性财政政策一样，扩张性货币政策也是通常在经济出现衰退，失业增加的时候被采用。在这种政策下，取得信贷更为容易，利息率会降低。

2. 紧缩性货币政策

紧缩性货币政策也称紧的货币政策，是指政府通过减少货币供给，提高利率，进而减少私人投资，抑制总需求的方法来达到抑制经济的过快增长和通货膨胀，稳定价格水平的目的而实行的紧缩经济的政策。因此，同紧缩性财政政策一样，紧缩性货币政策通常也是在经济增速过快，通货膨胀严重的时候被采用。在这种政策下，取得信贷较为困难，利息率也随之提高。因此，在通货膨胀较严重时，采用紧缩性的货币政策较合适。

8.2.4 货币政策与财政政策的配合

货币政策与财政政策是政府进行宏观调控的两大手段，两种政策虽然都能对社会总需求与总供给进行调节，但在调节中的作用是不同的且相互不可替代的。协调运用货币政策与财政政策，使之形成合力，避免两种政策作用的相互抵消，是宏观调控成功的关键。

1. 货币政策与财政政策的区别

（1）货币政策与财政政策的作用机制不同。

银行是国家再分配货币资金的主要渠道，这种对货币资金的再分配，除了收取利息外，并不参加国民收入的分配，只是在国民收入分配和财政分配基础上进行的一种信用再分配。信贷资金是以有偿方式集中和使用的，主要是在资金盈余部门和资金短缺部门之间进行余缺的调剂。由此决定货币政策主要是通过信贷规模的收缩来影响消费需求和投资需求。财政是国家集中一部分国民收入用于满足社会公共需要的主渠道。财政从收入和支出两个方面对社会需求产生影响。在财政收支规模大体确定的情况下，企业和个人的消费需求和投资需求也就基本确定下来。例如，当政府对个人征税时，就会相应减少个人的消费需求和投资需求。政府对企业征税或对企业拨款，将相应减少或增加企业的投资需求。

（2）货币政策与财政政策的作用方向不同。

从投资需求的形成看，虽然财政和银行都向再生产过程提供资金，但两者存在明显差异。在我国现行体制下，根据财政、银行在运用资金上无偿与有偿的不同特点，固定资产投资理应由财政供应资金，流动资金投资一般由银行供应资金。尽管银行信贷资金来源不断扩大，银行业发放一部分固定资产投资贷款，但银行资金运用的重点仍是保证流动资金的供应和短期的固定资金投资贷款，由此也可以看出，财政在投资需求方面的作用，主要侧重于调整产业结构，促进国民经济结构合理化；银行则侧重于调整总量和产品结构。

消费需求包括社会消费需求和个人消费需求两个部分。财政在社会消费需求的形成中起决定性作用。只要财政支出中对社会消费需求支出予以适当压缩，减

少公共部门的购买力，社会消费需求立即会出现紧缩。银行信贷在这方面则无能为力。在个人消费需求方面，财政和银行均能发挥作用。在税制日趋完善的情况下，财政对个人消费的影响极其有限。银行则通过对现金和工资的管理与监督及个人消费信贷规模的控制，间接地对个人的消费需求产生影响。

（3）货币政策与财政政策调整时滞、实效不同。

一般说来，货币政策比较灵活、及时，调整时滞较短，财政政策的出台则需要经过一系列程序，调整时滞较长。

在实效性方面，货币政策弱于财政政策。财政政策只需使政府扩大或紧缩公共支出，就能较快地对社会供求产生影响。反观货币政策，无论是通过扩张货币供给量降低利率来刺激有效需求的增长，还是通过紧缩货币供给量提高利率来抑制有效需求的增长，都需要一个较长的时间差才能实现。

2. 货币政策与财政政策的配合

货币政策与财政政策在宏观调控中的目标是一致的。根据宏观经济形势的变化可以选择适当的货币政策与财政政策组合。具体来讲，货币政策与财政政策可以有以下几种组合：

（1）“双紧”政策。

“双紧”政策是指紧缩的货币政策与紧缩的财政政策。当社会总需求极度膨胀，社会总供给严重不足，物价大幅度攀升，抑制通货膨胀成为政府的首要目标时，采用“双紧”政策。通过采取紧缩的货币政策，中央银行通过卖出手中的债券、上调再贴现率和法定银行存款准备金率，减少流通中的货币供给，从而使利率上升，对社会总需求起抑制作用。通过采取紧缩的财政政策，政府减少财政支出或增加税收抑制社会总需求。

（2）“双松”政策。

“双松”政策是指扩张性的货币政策与扩张性的财政政策。当经济中出现严重的通货紧缩时，生产资源大量闲置，解决失业和刺激经济增长成为宏观调控的首要目标时，采用“双松”政策。通过采取扩张性货币政策，中央银行通过在金融市场上买进债券、降低再贴现率和调低法定银行存款准备金率，增加流通中的货币供给，从而使利率下降，刺激社会的投资，进而增加社会总需求。通过采取扩张性财政政策，政府扩大财政支出或用减税的手段刺激社会总需求。

（3）“松”财政“紧”货币政策。

当通货膨胀与经济停滞同时存在，治理滞涨、刺激经济增长成为政府的首要目标时，可以采取扩张性财政政策和紧缩性货币政策。通过政府支出的扩大和减税等措施来刺激投资和消费需求，增加社会总需求，从而摆脱经济困境和提高就业率。中央银行通过减少货币供应，调高利率等手段等紧缩性手段防止通货膨胀的产生，保障经济的健康运行。

(4)“紧”财政“松”货币政策。

当物价稳定，经济结构合理，当政府支出过大，企业投资不旺，促进经济较快增长成为主要目标时，可以采取紧缩性财政政策和扩张性货币政策。通过削减政府支出，抑制社会需求，避免经济过快增长带来的通货膨胀。中央银行通过增加货币供应，降低利率等手段来刺激企业投资，促进经济平稳增长。

当然，在经济实际运行中，除以上介绍的财政政策与货币政策的不同组合方式外，还存在“中性”的财政政策与货币政策。中性的财政政策是指财政收支自求平衡、量入为出的政策。中性的货币政策是指货币供应量合理、稳定增长，维持物价稳定的政策。实行中性的财政政策与货币政策是一种较为理想的政策组合，在实际经济运行中并不常见。

8.3 收入分配政策

收入分配政策，是国家为实现宏观经济总目标和总任务在收入分配领域制定的原则与方针。具体来说，它是研究如何确定国民收入分配中的各大比例关系，如何对国民收入分配进行宏观管理的经济政策。现阶段，构建科学合理的收入分配体系，充分发挥收入分配政策的积极作用，是贯彻落实科学发展观、构建社会主义和谐社会的迫切要求。

8.3.1 收入分配的目标

收入分配包括国民收入初次分配和国民收入再分配。收入分配政策的目标是通过初次分配和再分配，既能够提高效率，激发全社会的创造活力；又能够促进公平，维护社会的公平正义；最终使经济持续增长，社会保持稳定。

1. 提高效率

效率是公平的基础。公平是一个相对概念，在社会主义初级阶段，不能离开生产力发展水平空谈公平。另外，除结果公平之外，公平的内涵还包括机会公平和规则公平。但即使每个人拥有公平的机会和平等的规则，在市场竞争机制和淘汰机制作用下，也会出现不同结果，导致收入差距的产生。在承认人的能力、才智、积极性的差距以及由此带来的劳动生产率差别的基础上，财产和收入应该可以有适度差异，这也可以激发出巨大的劳动热情。因此，在社会主义市场经济条件下，收入分配政策在国民收入初次分配环节应该以效率为先导，坚持效率标准，以此激励社会成员积极地、创造性地工作，更好地发挥潜在能量，真正做到人尽其才、物尽其用，使经济资源得到优化配置，为更高层次的公平奠定基础，最终实现共同富裕。

2. 促进公平

公平是效率的前提。收入分配差距过大，一方面会导致经济上的结果不公平，并进一步引起政治、社会、文化方面的不公平，这必然会引起社会不稳定，而在一个秩序混乱、社会动荡的国家，效率是不可能提高的；另一方面，收入分配差距过大还会使财富向消费倾向低的高收入阶层集中，降低整个社会的需求水平，造成供需总量的失衡。因此，在社会主义市场经济条件下，收入分配政策在国民收入再分配环节还要促进公平，使收入差距保持在绝大多数人能够接受和承受的范围之内。只有这样，才有可能既增强社会经济发展的活力，又提升社会的整合程度，达到社会的和谐，实现社会的全面协调发展。

8.3.2　收入分配政策工具

收入分配政策有社会保障、转移支付和税收三种工具。

1. 社会保障

社会保障是保证社会成员基本权利、从总体上实现每个社会成员享有大致相同的基本发展机会的主要手段，是保护弱势群体、实现社会收入公平的重要手段。社会保障一般由社会救助、社会保险和社会福利组成。

社会保障可以通过保障功能、再分配功能和投资功能实现收入分配的政策目标。第一，社会保障通过社会救助、社会保险和社会福利等措施对没有生活来源者、贫困者、遭遇不幸者和一切工薪劳动者在失去劳动能力或工作岗位后提供保障，以满足他们的基本生活需要，从而缩小初次分配的差距。第二，社会保障本质上是一种国民收入再分配方式。政府在国民收入再分配过程中，凭借其政权力量，以税收的形式，形成财政收入，然后再通过转移支付来保障一些特殊社会成员的基本生活需要。第三，完善的社会保障制度通过向社会成员提供教育公平、卫生保健公平、公共产品，增加了人力资本投资，有助于提升社会成员的体能、知识、技能与经验。随着人力资本投资的增加，劳动者的就业能力和竞争能力增强，收入状况将大大改善，收入差距也将缩小。

2. 转移支付

转移支付是政府或企业的一种不以取得商品或劳务作补偿的支出，是一种收入再分配的形式。转移支付包括政府的转移支付、企业的转移支付和政府之间的转移支付。政府转移支付具有福利支出的性质，如社会保险福利津贴、抚恤金、养老金、失业补助、救济金以及各种补助费等；企业转移支付通常是指企业对非营利性组织的赠款或捐款等；政府之间的转移支付一般是上一级政府对下级政府的补助。

转移支付工具实际上是将高收入阶层的一部分收入转移到低收入阶层，以促进公平分配。例如，为了改善低收入者的状况，可以通过消费性补贴对基本生活物品进行补助、对最低生活标准进行保障，如我国曾经实行的生活物价补贴、煤炭补贴以及供应日用品亏损补贴等，美国针对低收入阶层的食品券计划。因为不同收入群体的消费结构不同，低收入群体初级消费品占收入的比重较高，而高收入群体相反，低收入群体从消费性补贴中获得的效用较高，这将缩小不同收入群体的差距，增加社会公众的福利。

3. 税收

税收是政府运用国家力量进行的强制性的重要的重新分配收入的手段，政府运用征税权力，可以大规模地介入GDP的初次分配和再分配过程。税收工具可以灵活设计纳税人、课税对象、税目、税率、减税、免税等税收要素，把高收入者的一部分收入集中到政府手中。例如，通过间接税调节各类商品的相对价格，从而调节各经济主体的要素分配；通过企业所得税调节公司利润水平；通过个人所得税调节个人的劳动收入和非劳动收入，使之维持在一个合理的差距范围内；通过资源税调节由于资源条件和地理条件而形成的级差收入；通过遗产税、赠与税调节个人财产分布。

8.3.3 收入分配领域存在的主要问题

改革开放以来，我国建立了以按劳分配为主体、多种分配方式并存，按劳分配与按要素分配相结合的基本分配制度。收入分配改革极大地解放了生产力，对提高居民收入水平、消除社会贫困起到了积极作用。但是，受经济发展、体制转轨与经济政策等因素影响，收入差距拉大、收入分配秩序混乱的问题又显现出来，影响到和谐社会的构建。

1. 国民收入初次分配亟待改革

国民收入初次分配，是指按照一定的原则和通过一定的机制把国民收入分解成不同经济主体收入的过程。在市场经济体制下，初次分配主要由市场机制形成，政府只是通过税收杠杆和法律法规进行调节及规范，一般并不直接干预初次分配。由于政府“缺位”与“越位”同时存在，导致分配秩序混乱，社会成员之间收入差距悬殊。主要表现在以下几个方面：

（1）城镇居民和农村居民的收入差距不断拉大。

城市居民与农民收入差距自 20 世纪 80 年代中期以来呈逐年扩大趋势。1978 年，城镇居民和农民收入之比为 2.56∶1，1985 年一度缩小为 1.86∶1，此后差距逐年扩大。近年来虽然中央采取了一系列惠农政策，加大对农村的支持力度，农民收入增长幅度加快，但仍然低于城镇居民收入的增长速度，城乡居民收入增长的差距仍在继续扩大。2004 年和 2005 年城乡居民收入比分别为 3.21∶1 和 3.22∶1，2006 年进一步扩大到 3.28∶1。2007 年，农村人均纯收入为 4140 元，城镇居民人均可支配收入 13786 元，差距 3.33 倍（见表 8－1）。再加上农民的收入中有相当一部分是实物收入，而城市居民收入中各种各样的隐性福利、教育、卫生等并没有纳入统计范围，因此，城乡收入的实际差距应在 6 倍左右。

表 8－1　　1978～2007 年我国城乡居民人均收入比较

年　份	城镇居民人均可支配收入	农民人均纯收入	城镇居民人均可支配收入/农民人均纯收入
1978	343	134	2.56
1980	478	191	2.50
1985	739	398	1.86
1990	1510	686	2.20
1995	4283	1578	2.71
2000	6280	2253	2.79
2002	7703	2476	3.11
2004	9422	2936	3.21
2005	10493	3255	3.22
2006	11759	3587	3.28
2007	13786	4140	3.33

资料来源：国家统计局．2008 年统计年鉴［M］．中国统计出版社，2008.

（2）东部优先的发展战略导致区域之间居民收入差距持续拉大。

改革开放后，我国实行鼓励东南沿海和特区优先发展的区域倾斜政策，由此造成不同区域之间经济发展的巨大差距，这成为不同区域间居民收入差距扩大的主要原因。2005年，东部、中部、西部和东北地区城镇居民人均可支配收入分别为13375元、8809元、8783元和8730元，东部地区分别是中部、西部和东北地区的1.52倍、1.52倍和1.53倍。城镇居民人均可支配收入超过万元的9个省份有八个全部集中在东部地区。城镇居民人均可支配收入位于后四位的省份均为西部地区。

（3）初次收入分配格局不合理。

居民可支配收入在国民收入分配中的比重偏低，并呈下降趋势。居民可支配收入在初次分配中所占比重在1990年为68.9%，2007年降为57.9%，下降11个百分点。进入2000年以后，政府和企业在初次分配中的比重不断提高。从2000~2007年，政府和企业占比分别提高5.2和2.8个百分点（见表8-2）。与此同时，劳动报酬在初次分配中的比重从1990年的53.4%，下降至2007年的39.7%。

表8-2　　政府、企业、居民在初次分配中占比　　单位：%

年份	政府	企业	居民
1978	35.8	13.2	51
1990	21.8	9.3	68.9
1995	15.2	19.7	65.1
2000	17.4	17.9	64.7
2004	17.3	22.9	59.8
2006	18.6	22.4	59.0
2007	19.5	22.6	57.9

资料来源：国家统计局．2008年统计年鉴［M］．中国统计出版社，2008.

国家统计局2005年6月的一次调查显示，占全国人口10%的最富有人群掌握着国家45%的财富，而占人口10%的最贫困人口只拥有国家1.4%的财富。另据有关部门调查数据显示，目前，金融资产出现了越来越向高收入家庭集中的趋势。城市户均储蓄存款最多的20%家庭拥有城市人民币和外币储蓄存款总额，分别占城市居民储蓄存款总额的64.4%和88.1%。而户均金融资产最少的20%家庭，拥有城市人民币和外币储蓄存款总额，分别仅占城市居民储蓄存款总额的1.3%和0.3%。2007年2月，国家发改委发布的《2006年中国国民收入年度分配报告》显示，2000~2005年的5年间，城镇居民中10%最高收入组与10%最低收入组的收入之比从 4.6 倍上升到 9.2 倍，扩大了近 1 倍。

基尼系数是国际上用来描述收入群体差距程度的重要指标。一般认为，当基尼系数处于 0.3 ~0.4 时表示收入分配比较合理，0.4 ~0.5 表示收入差距过大，超过 0.5 则意味着出现两极分化，必须引起高度重视。亚洲开发银行 2007 年的研究报告指出，我国的基尼系数在 1980 年仅为 0.23，2006 年达到 0.47，超过法、德、韩等国 0.3 ~0.4 的水平。

2. 国民收入再分配制度不健全

国民收入再分配是国民收入继初次分配之后在整个社会范围内进行的分配，是指国家的各级政府以社会管理者的身份，主要通过税收和社会保障的形式参与国民收入分配的过程。再次分配制度是对初次分配中存在的市场失灵的有效矫正，是以公平为目标对社会弱势群体的主动救助机制。随着社会主义市场经济体制的不断完善，再分配在我国收入分配中需要发挥的作用也越来越大。但是，现实情况是税收制度不健全与社会保障制度不完善，限制了我国再分配制度的功能发挥。我国的税收制度一直是以商品和劳务为主要课税对象，而非居民收入。2005 年个人所得税收入占中央税收收入的比重仅为 6.25%，而同期美国个人所得税收入则占联邦政府收入的 43.65%。一方面，由于我国个人所得税比重较小，因此对国民收入分配的调节作用十分有限；另一方面，我国个人所得税的免征额过低，即使免征额从 800 元提高到 2000 元之后，大部分的中低收入者仍然在课税范围之内。2008 年工薪阶层缴纳个税 1849 亿元，占个税总收入的比重约为 50%。我国的税收制度并没有很好的起到调节居民收入差距的作用。社会保障制度的不完善是我国再分配制度作用受限的另一个重要原因。一方面，随着市场机制在社会保障领域起主要作用，我国的社保制度很难再实现维护社会公平的基本目标；另一方面，城乡差别的社会保障政策弱化了我国社会保障制度的收入调节功能。我国社会保障制度的缺位，加剧了收入分配的两极分化。

3. 非法收入打击力度不足

非法收入是我国收入分配两极分化的一个重要原因。非法收入具有很强的示范效应，会诱发其他社会成员通过非法手段来扩大收入份额，最终导致市场环境恶化。因此，严厉打击非法收入刻不容缓，要从心理上给予群众平衡，减弱社会不平衡心理。当前，我国打击非法收入的主要问题是，政策缺乏全面性、覆盖性与连续性，对非法收入的监督与处理程序缺乏权威性。

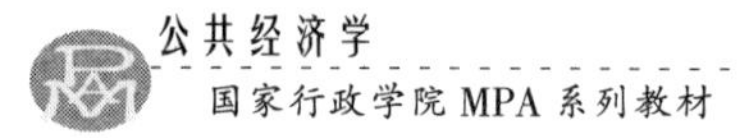

8.3.4 深化收入分配改革的思考

收入差距问题实际上对公平与效率关系的认识问题。公平与效率如一个硬币的正反两面，不可分离。我们既不能因为追求公平而放弃效率，也不能因为只顾效率而忽视公平。只有经济社会发展效率不断提高，社会整体财富才能持续稳定增加，为在更高层次上实现公平奠定物质基础；但如果忽视社会公平，收入差距超过合理的限度，就会挫伤一部分社会成员的积极性，反过来影响发展的效率，甚至使发展的成果毁于一旦。合理的收入分配制度是社会公平的重要体现。目前深化收入分配改革的思路是坚持按劳分配为主体、多种分配方式并存的分配制度，在初次分配和再分配中处理好效率和公平的辩证关系，提高低收入者收入水平，有效调节过高收入，区分轻重缓急，逐步化解社会收入分配的矛盾。

1. 初次分配

第一，强化竞争机制，打破行业垄断。我国的经济垄断和行政力量是紧密结合的。一些国有企业并不属于自然垄断行业，但在行政力量的支持和保护下，可以不按照价值规律确定产品和服务的价格，而是根据能支配的行政权力和市场势力的大小单方面制定垄断价格，严重损害了市场效率，加大了收入分配差距。因此，强化竞争机制，打破行业垄断是缩小收入差距的重要方面。

要打破行业垄断，首先是打破市场准入限制。完全放开不具有自然垄断属性的行业准入限制；对于具有自然垄断属性的行业，也要尽可能让民营企业进入参与竞争，通过竞争降低产品和服务的价格，以消除高额垄断利润，缩小收入差距。其次是加快政府职能转变，进一步强化竞争机制，推进垄断性行业国有企业公司制改革，规范公司的法人治理结构，健全垄断企业的内外部监管机制，并不断规范垄断行业的收入分配秩序。最后要在健全反垄断法律法规的基础上，改进监管体制，割断错综复杂的利益关系，打破行业垄断。

第二，推进农村改革，缩小城乡差距。首先是加快农村城镇化进程。在农村经济发展的基础上推进城镇化进程，有利于农村剩余劳动力的转移和农业生产方式的转变，可以实现城乡良性互动，增加农民收入，提高农村的经济效率和社会福利。其次是加快农业产业化步伐。拓展农业发展空间，扩大农产品市场容量和农业经营规模，通过农业产业化提高农业生产效益。最后加大对农业、农村、农民的政策支持力度。加强农业基础设施建设，健全农村市场和农业服务体系；加大支农惠农政策力度，建立农民减负增收的长效机制；多渠道转移农民就业，优化农民工就业创业环境，进一步落实统筹城乡发展的重要思想，逐步形成城乡融合、城乡平衡、城乡一体的经济社会运行机制。

第三，加大支持力度，缩小区域差距。采取转移支付及其他方式，加大对中西部地区的支持力度，加快基础设施建设，实施有利于中西部发展的区域和产业政策，支持中西部地区的发展。通过区域经济发展，缩小区域性收入分配差距。

2. 再分配

第一，完善税收体系，强化税收的收入分配职能。改进个人所得税制度，实行综合与分类相结合的个人所得税模式，对工薪所得、经营所得、劳务所得、财产租赁所得和财产转让所得按年综合征税，适用超额累进税率；对个人利息、股息、红利等其他所得，继续实行按次分类征税。加强对财产的税收调节力度，推进房地产税制改革，研究开征物业税，通过财产类税收引导财富向社会转移。

加强税收征管工作。建立个人收入双向申报制度和交叉稽核制度。建立健全个人收入监测体系，提高收入透明度，对高收入者进行重点管理，加强个人所得税的征管工作。改进税收征管方法和手段，严厉打击各种偷、漏、逃、抗税的行为。

第二，完善社会保障体系。要坚持社会统筹和个人账户相结合，完善城镇职工基本养老和基本医疗保险制度，健全失业保险制度和城市居民最低生活保障制度。确保国有企业下岗职工基本生活费和离退休人员基本养老金按时足额发放，使所有符合条件的城市居民都能得到最低生活保障。

本章小结

1. 财政政策是一国政府为实现一定的经济目标而调整财政收支和预算平衡的政策措施。财政政策贯穿于财政工作的全过程，是由税收政策、支出政策、预算平衡政策、国债政策等构成的一个完整的政策体系。

2. 货币政策是中央银行为实现既定的经济目标运用各种工具调节货币供给和利率，进而影响宏观经济的方针和措施的总和。货币政策包括货币政策目标、货币政策工具和货币政策类型等内容。

3. 收入分配政策是研究如何对国民收入分配进行宏观管理的公共经济政策，是国家为实现宏观经济总目标和总任务在收入分配领域制定的各项措施的统称。通过完善收入分配政策，对于促进经济发展，维护社会稳定，实现全民共享改革开放成果具有重要意义。

关键术语

财政政策　经济增长　物价稳定　国际收支平衡　财政乘数　货币政策　收入分配　社会公平

思考题

1. 财政政策的目标包括哪些内容?
2. 中央银行如何运用货币政策工具实现货币政策目标?
3. 财政政策与货币政策之间有哪些配合方式?
4. 当前应怎样深化我国的收入分配制度改革?

第9章 公共经济实践的国际比较

重点问题

1. 美国的公共预算编制
2. 德国的双向财政均衡
3. 美、法、德三国公共经济实践的共性及价值

案例9.1 瑞典模式在中国的命运

20世纪80年代中后期，一本名叫《瑞典经济》的书在北京学界和改革决策机构悄悄流行起来。在一些重要的改革讨论会上，言必称瑞典模式成为一种时尚。这里的一个重要背景是，在中国市场化改革过程中，市场模式的选择常常成为改革行动的参照摹本。中国人最早了解现代市场经济的知识和操作，是从西方教科书来的，而最权威的教科书又大都出自美国学者之手，因此，美国市场模式就实际上成了最初的一种参照摹本。然而后来发现，美国那种崇尚自由竞争的模式不太好学，各方面差别很大。于是，许多人又把眼光转向北欧模式，即斯堪的纳维亚半岛模式。他们认为这种模式即注重市场机制，又充分发挥政府管理职能，尤其是高水平的社会福利制度，实现了效率与公平两全其美……瑞典模式就是这样到中国来的。然而到了20世纪90年代，香港中文大学经济学家张五常出来说话了，他认为北欧模式的基石是高税收，这种制度把高、中、低收入者的最终所得基本拉平，社会贫富差别自然很小，但效率也很低，那些最有能力的企业因为害怕高税收都想往国外跑。这种模式是好看不好用，中国作为市场经济起步国家千万学不得。其实在80年代中期，就有国内青年经济学者提出了效率优先、兼顾公平的

改革思路，也是不赞成瑞典模式的。时间到了21世纪，特别是2008年美国金融危机爆发之后，北欧模式又受到国际学界一些人的追捧。国内也有人提出，应该重新研究瑞典模式，认为中国在改革开放30年后，积极借鉴瑞典模式的意义才可能真正体现出来。但是，那些反对者并不放弃自己的观点。

案例9.2 一场反思2008年国际金融危机的大讨论

2008年9月25日，以美国雷曼兄弟公司宣布倒闭为爆发点，开始了一场1929年大萧条以来全球最严重的金融危机。危机从金融领域始发后向实体经济蔓延。几乎所有国家都受到危机冲击，发达国家经济体的损失尤为惨重。2009年1月，危机还远远没有见底，为了深入反思危机教训，西方主要国家在巴黎召开了一次重要会议，题目为“新世界、新资本主义”。参加者包括法国总统萨科齐、德国总理默克尔、英国前首相布莱尔等大腕政要，以及一批在西方国家最有影响的权威学者。会议围绕许多问题展开，其中有两个问题争论最为激烈：（1）金融危机是否预示经济自由化的终结？（2）“看不见的手”和“看得见的手”怎样制衡？第一种观点认为，危机直接原因是过度信任银行家行为和市场机制的自我修复能力，但这不是简单的政府监管缺失，而是放任市场自由主义的必然恶果。第二种观点提出反驳，认为危机的根源不在市场而在政府，正是政府为弥补财政赤字长期大量滥发货币，才为金融衍生品泛滥提供了极其充裕的货币条件，因此政府应负主要责任。第三种观点认为，盲目信任市场自由主义肯定不行，但也决不能放弃市场经济和市场体制，好的选择是改进市场、约束市场，由社会公众和政府机构共同加强对市场活动的监管。在经济危机史上，这是一次留下了历史纪录的会议。会议没有结论。有一位西方著名学者在会后说，这次会议标志着关于对政府与市场认识的另一轮大思潮开始了。

本部分我们将进行公共经济实践的国际比较考察。这里，我们选择了有代表性的三个国家：美国、法国和德国。这种选择并不表明它们在国家组织公共经济方面的活动是最成功的，而仅仅是因为它们是在国家组织公共经济方面的历史长久，既积累了大量经验做法，又不断面临各种问题和矛盾。通过对它们的比较考察，我们可以学到很多东西。尽管中国在发展条件、制度背景、国家特点等方面同上述国家的情况有很多不同，但如果用开放的眼光看世界就会发现：美国、法国和德国今天遇到的很多事情，很可能将是我们明天或后天将要遇到的事情；这些国家的一些经验做法，可能是需要我们在建立现代公共经济管理体制过程中加以借鉴的；这些国家的一些问题和矛盾，可能是我们在建立现代公共经济管理体制过程中需要注意和努力避免的。由此，在公共经济的国别案例中进行比较和借鉴，就是一个重要的学习方法了。

9.1　美国的公共经济

美国是世界上最发达的市场经济国家，崇尚自由竞争，主张把政府对经济的干预降低到最低限度。尽管如此，政府仍在经济生活中发挥重要作用，政府行为不但直接影响到宏观经济的走势，社会收入分配状况，还直接制约着企业微观经济行为和居民的消费与投资选择。美国政府对经济生活的影响，主要是通过制定公共经济政策，实施公共经济管理来实现的。

9.1.1　美国财政联邦体制

美国是实行联邦制的国家。政府机构由联邦政府、50 个州政府、华盛顿哥伦比亚特区和 8 万多个县、市、镇、学区等地方政府组成。与这种政治体制相适应，美国实行财政联邦制，财政体制由联邦、州和地方三级政府组成，主要涉及联邦、州和地方政府之间的纵向关系问题。美国宪法规定，宪法没有明确授予联邦政府的权力都保留给各州或人民。因此，联邦政府在规范州和地方政府的行为方面权力是非常有限的。联邦政府的事权范围包括国防、外交与国际事务，保持宏观经济健康发展，促进社会发展，保证社会稳定，同时也向州和地方政府提供拨款、贷款和税收补贴。州和地方政府的事权范围则要比联邦政府狭窄得多。州政府的主要职责是进行收入再分配；运用一定的手段，促进本州经济社会的发展；提供基础设施和社会服务，如公共教育、道路、警察、消防、社会服务等。各级政府公共支出范围也是与事权保持一致。联邦政府在 1999 财年预算 17320 亿美元的支出总额中，用于国防、外交支出占 16.5%；用于社保、教育、环保、交通和社区发展方面的支出占 65% 以上。

1972 年，W. E. 奥特斯在其著作《财政联邦制》中提出，联邦制下的各级政府有三个目标：有效配置资源；合理地分配负担和收益；稳定经济运行。从经济学角度来看，与市场失灵有关的提供公共产品，处理外部性等方面应由州和地方政府负责，因此，有效配置资源的任务主要应由州和地方政府承担。而合理分配收入和稳定经济则是联邦政府的使命。国防作为典型的公共产品，显然应该由联邦政府提供并为此筹资。

9.1.2 美国公共预算

美国的公共预算是国家从总体上控制经济的必要手段。从事先预算角度来看，它是指在既定的财政年度内联邦政府活动的计划或纲领；具体包括联邦政府花费资金的各种获得项目，也包括各种税收的征集来源。从事后预算的角度来看，则是指在既定的财政年度内联邦政府的实际支出和实际收入的记录。

1. 美国公共预算的演进过程

从某种程度上来说，美国的联邦公共预算史就是整个国家财政收入、支出和赤字竞相增长的历史。其演进过程可大致分为三个阶段：

第一阶段（1789～1912年）这一时期的预算主要由国会控制，总统虽然可以对政府收支提出建议，但不负责编造送交国会审议的年度概算，而是由财政部向国会提出预算估计。这一时期的特点是逐步由小政府和无赤字向大政府和财政赤字转变。

第二阶段（1912～1974年）1912年塔夫脱委员会全面考核了预算制度，建议把预算程序置于总统职责范围之内。1921年国会通过了“预算与会计法案”，并设立了预算局和会计总局。该时期的特点是总统权力的相对扩大。

第三阶段（1974～现在）这一时期立法明显增多，为了遏制“后门筹款”之风，国会于是制定通过了“1974年国会预算法”。1985年又对此法案加以改进，制定了“1985年平衡预算和紧急赤字控制法案”，通称“格拉姆—罗德曼—霍林斯法案”。1990年通过“预算实施法案”。这一时期的特点主要表现为国会通过有关法律限制总统行政部门的权力。

2. 公共预算的编制部门

美国的公共预算是由国会和政府共同负责的。在政府内部，预算由总统直接管辖的管理与预算办公室（Office of Management and Budget，OMB）和财政部来承担的，两者之间并不存在隶属关系。OMB的主要职责是：（1）在国家的财政和经济政策上向总统提供咨询；（2）编制联邦预算草案和中长期财政计划方案；（3）监督行政部门的预算执行情况；（4）起草有关行政命令和公告。财政部则

主要负责收入概算和税收等日常事务。而隶属于国会的国会预算办公室（Congressional Budget Office，CBO）是个附属机构，没有审批权，其主要职能是发布国会通过的财政预算和整个经济的五年预测报告，向国会的预算委员会、税收委员会、分配委员会等委员会提供辅助性服务，发布削减赤字方案的报告，评议总统提交给国会的预算方案和其他法案。

3. 公共预算的编制程序

美国的公共预算年度为“跨年制”。1977 年以前，预算年度起于每年的 7 月 1 日，止于次年的 6 月 30 日。1977 年通过的“预算改革法”对此进行了修正，规定从 1977 年起，预算年度从每年的 10 月 1 日开始，至次年的 9 月 30 日结束。预算编制程序要经过四个阶段：预算草案的编制和提出；预算草案的审议和批准；预算的执行；对预算执行情况的审核。一般说来，联邦预算至少要在预算年度开始前的 18 个月着手进行，由总统领导的管理与预算办公室（OMB）负责起草工作。例如，2009 年 10 月 1 日开始的至 2010 年 9 月 30 日终止的 2010 财政年度的预算，联邦各有关单位必须于 2008 年 3 月开始估算它们的支出，编制初步概算，大约于 2008 年 5 月送 OMB 进行审查，做出必要的修正后，合并为统一的总统预算。在此期间，OMB 和财政部、经济顾问委员会共同评估国家的经济形势，对经济发展前景做出预测，为总统预算提供咨询。2009 年 1 月中旬，总统将预算草案提交国会审议。国会可以批准、修改或否决总统提交的预算案。其过程一般是先由众议院拨款委员会审查，并由议会的各小组委员会听取各机构的解释和辩护，再由众议院大会做出最后的辩论，通过后，提交参议院审查。从 3 月到 9 月，国会依次通过初步的预算建议和有约束力的预算决议。10 月 1 日，预算开始正式执行。

9.1.3　美国公共支出

美国的公共支出按照不同的标准可以分成不同种类。从国家职能来看，公共支出可以分为国防支出、外交支出、司法支出、教育支出、经济建设支出和医疗保障支出等。从公共支出的用途来看，可以分为基本建设拨款，对农业援助等。按公共支出是否具有补偿性分类，可分为购买性支出和转移性支出两大类。按照公共支出的部门来分类，可把公共支出分为农业支出、能源支出、司法支出等。

美国公共支出体制是建立在三级财政体制基础之上的，联邦、州和地方政府各自拥有相对独立的支出决定权和开支计划。与三级政府职能相适应，各级政府在公共支出方面也有比较明确的分工。

联邦政府主要承担国防事务、能源、自然环境、科学空间技术、交通、社会福利等与国家社会经济发展息息相关的重大项目费用的开支。联邦政府支出的结构和规模随着时间的变化也在不断地发生变化。第二次世界大战结束以后，受当时国际局势的影响，国防支出在公共支出中占的比重一直较高，处于第一位，1954年国防支出占总支出的比重高达69.5%。进入20世纪70年代，美国经济处于滞胀状态，为缓解经济矛盾，政府把工作重心转移到促进经济和社会发展上来，福利支出不断增加，逐渐超过国防开支，在公共支出结构中的地位上升到首位，这种局面一直持续到现在。1996年福利支出占联邦支出总额的61.4%，国防支出占17%，联邦政府用于科研、实验等方面的开支也在不断增加。表9－1列出了2001财政年度联邦公共支出的主要种类。州政府主要支出项目是教育支出、公共福利支出、公路支出和社会保险基金支出等，公共福利支出是州政府支出的最大项目。在地方政府公共支出结构中，初等和中等学校教育占很大比重，约占地方支出总额的36.4%。此外，地方道路修建、公用事业、市政建设和地方政府行政开支也在支出总额中占有较高比重。

表9－1　　2001财政年度美国联邦公共支出

支出种类	支出（10亿美元）	占总体的百分比（%）
1. 社会保障	426	23.2
2. 国防	291	15.9
3. 收入保险	260	14.2
4. 医疗卫生	221	12.0
5. 净利息	208	11.4
6. 卫生	167	9.1
7. 教育、培训、就业和社会服务	68	3.7
8. 运输	50	2.7
9. 退伍军人福利及服务	46	2.5
10. 执法	31	1.7
11. 自然资源和环境	25	1.4
12. 农业	22	1.2
13. 科学与技术、航天	20	1.1
14. 国际服务	20	1.1
15. 一般政府支出	15	0.8
16. 其他	－34	－1.9
总支出	1835	100.0

资料来源：Office of Management and Budget, *Budget of the U. S. Government*, *Fiscal Year* 2001.

总体看来，美国的公共支出呈现不断扩张的趋势。主要原因基于以下四点：一是人口的增加。一国公共支出数额的确定，需要以人口数量对文化、教育、医药卫生、社会福利等的需要为依据。美国自建国以后国内没有受到战争的侵扰，相对稳定的生活环境导致人口数量增加很快，公共支出规模自然扩大。二是政府加大对经济的干预力度。联邦政府为了调节经济运行，财政成为其调控经济的重要手段。为了强化政府配置资源的能力，公共支出的规模难免扩大。三是社会福利事业的规模不断扩大。第二次世界大战后，美国的贫富差距继续扩大，这一方面容易引发各种社会矛盾；另一方面，对经济的长远发展也极为不利。因此，政府利用转移支付等手段为社会中下阶层提供各种公共产品，以求缓解社会矛盾和提高他们的消费能力，从而促进经济发展。四是政府机构的持续膨胀。美国在战后对外通过提高国际地位来维护本国利益，对内强化政府对经济的干预，政府机构难免快速膨胀，这也直接导致了公共支出规模的扩张。

9.1.4　美国公共收入

在美国，税收是政府公共收入的主要来源，大约有 90% 的公共收入来源于税收。在独立之初，美国宪法规定联邦政府仅能单独征收关税，税收在全部公共收入中占很低的比重。1789 ~ 1902 年期间，联邦政府的公共收入来源主要是关税和特种销售税。进入 20 世纪以后，美国政府不断推进税制改革，1909 年开征了公司所得税，1913 年设立个人所得税。目前个人所得税已成为联邦公共收入最主要的来源，多年来一直占公共收入的 40% 以上。遗产税和赠与税于 1916 年和 1924 年分别开征，并在 1977 年合并为遗产和赠与税。社会保险工薪税是美国 1935 年“罗斯福新政”的产物，它现已成为美国的第二大税种。表 9 - 2 是 2000 年财政年度美国政府课税主要税种及比率。

表 9 - 2　　2000 年财政年度美国联邦税收

税　种	收入（占总计的百分比）
累进税：	
个人所得税	48.6
遗产和赠与税	1.6
公司所得税	9.8
比例税：	
工薪税	33.2

续表

税　种	收入（占总计的百分比）
累退税：	
销售税	3.5
其他税收及收入	3.3
总　计	100.0

资料来源：Office of Management and Budget, *Budget of the U. S. Government*, *Fiscal Year* 2001.

美国的税收改革在调节经济运行，促进经济增长方面发挥了重要作用，但随着经济的发展，其弊端也逐步显现出来。突出表现在：税法过于复杂，增加了征收成本和纳税人负担；边际税率过高，税基受到侵蚀；税收补贴太多，造成经济扭曲；抑制国民储蓄率增加，使经济增长受阻等等。为了解决这些问题，美国在1986年进行了较大规模的税制改革。其基本方针是：扩大税基，降低税率，取消特惠，简化管理。在个人所得税方面，降低税率并减少级次，一次将个人所得最高税率从50%降为28%，并为单身纳税人设立15%的低税率，将十四级累进制改为二级累进制等。在公司个人所得税方面，降低税率，取消了对公司净资本所得的优惠；取消购买设备投资的10%的减免优惠；削减工作用餐和招待费的优惠等。在税收管理方面，简化纳税申请表，对符合有关规定的某些纳税人免于申报，改由国内收入署核计税额，寄发税单通知纳税或退税。面对世界经济日益全球化的挑战，美国目前正在酝酿新的税制改革方案，即实行储蓄无限减免税、统一税和国家零售税，在其影响下，新一轮的世界性税制改革会更加迅速和彻底。

在税收管理方面，美国实行联邦、州和地方政府三级管理，三级政府各自行使属于本级政府的税收立法权、司法权和执行权。全国性的税法由国会统一制定，财政部颁布细则规定，国内收入局负责解释执行。州和地方政府也可以规定自己的税种、税率和征收办法。在税收征收方面，美国有国内税务局、州税务局和地方税务局三套系统，国内税务局总局设在华盛顿。全国分为7个区，每区在各地设有办公室，执行联邦税收征管的日常业务，州和地方税务局承担本级税收的征收工作。一般说来，联邦政府主要征收个人所得税、公司所得税、社会保险税、国内消费税、遗产和赠与税等。这五大税收是联邦政府公共收入的主要来源，并在联邦政府中占有越来越大的比重。州政府主要征收销售税、个人所得税、公司所得税、财产税等。其中，销售税是州政府财政收入的主要来源，占到州财政收入的30%以上。地方政府负责征收自己规定的财产税、销售税、个人所得税及其他税收。财产税是地方政府公共收入的主要来源，该项收入约占地方政府税收总额的 70% 左右。

美国中央政府和地方政府税收收入的划分格局，经历了一个长期变化过程，即从建国初期的高度分散，到罗斯福实行“新政”时扩大联邦政府的预算规模，再到里根时代对财权的适当下放。自 20 世纪 70 年代以来，税收收入划分总格局基本稳定在中央收入占六成弱、地方收入占四成强的比例上。

9.1.5　美国公共经济监督

美国的公共经济监督是严格依照法律进行的，设有高规格、组织严的专门监督机构。具体分工如下：财政部门负责对财税宏观政策执行情况和重大违法违纪问题进行监督，其他一般性的监督主要由税务部门负责。公共支出监督主要由财政部门、用款部门、审计部门及国会负责。联邦政府财政部内设一名由总统任命的财政总监，负责监督宏观财政政策的执行和重大财税违法违纪问题的监督检查，直接对国会和总统负责。联邦政府中每一个用款部门也配备一名由总统任命的财政总监，对总统和财政部负责，这些部门的每一笔支出必须经过财政总监签字盖章后，财政部才予以拨付。与财政总监相配合，美国还设有联邦审计署，负责对财政资金使用和管理过程中出现的重大违法违纪问题进行调查处理。

美国建有全国联网的计算机系统，负责处理大部分的预算拨款业务和税收征管及监督检查业务。目前，美国联邦税收收入 80% 以上是通过计算机系统征收的，50% 左右的预算拨款是通过计算机支付的。美国还采取了报告制度、听证制度、审计制度和否决制度保证监督效果。

9.2　法国的公共经济

法国是资本主义发展较早的国家，但是受到多种因素的影响，直到第二次世界大战结束以前，资本主义的发展仍较为缓慢。20 世纪 50 年代末至 70 年代初，法国经历了一个快速发展的时期，成为西方主要发达国家之一，并保持着经济大国的地位。长期以来，法国一直实行中央集权的管理体制，政权分为中央、区、省和市镇四级。全国有 22 个大区、96 个省、36900 个市镇，还有 5 个海外领地和海外省。法国是世界上公共经济管理体制最庞大的国家之一，对于如何进行公共经济管理有一套组织严密的体系，这在西方国家中是很有特色的。

9.2.1 法国公共预算

法国的公共预算制度是根据《财政法》而建立的，与其公共行政体系相适应，国家公共预算体制由中央预算、省预算、地方（市、镇）预算构成。法国实行的是集权型预算管理，财政立法权主要集中在中央。这是因为在整个预算中，中央预算所占比例高达70% ~80%，对地方财政有很强的干预能力和影响能力。当地方财政发生困难时，中央财政通常会给予调剂补助。

中央预算由总预算、国库专项账户和附属预算组成。总预算是中央预算的主体部分，其收入包括税收、罚款收入、互助基金、财产收入、财政性摊派收入、国有企业利润和国外收入等。支出方面包括债务支出、弥补债大于收的差额、国家权力机构人员的工资和购置费及国家在文化、社会和经济领域内的干预四项费用支出，以及国家直接投资、国家给予提供贷款的互助金和战争赔款三项资本支出。国库专项账户是法国公共预算体制的一个独特形式，它由特殊用途账户、预付款账户、贷款账户、贸易账户、货币业务账户与外国政府结算账户所组成。附属预算是法国公共预算独有的一个特点，它是由那些享有财政自治资格，但不具有法人权力的国家组织编制的。目前共有 8 种附属预算，即邮电、农业社会补助、国家印刷、造币、勋级会和解放勋章会、航运和政府公报。附属预算的全部收入来源于自己的收入、债务和总预算的补助。国家要求附属预算做到收支平衡。在编制原则方面，既要满足上述自给事业的财政需要，使其脱离政府部门和机关，实行独立经济核算，同时又不和一般预算完全断绝关系，以保证行政管理部门和立法机关能依靠一般预算来行使相当的控制权。

法国在编制公共预算时一般遵循以下原则：一是年度预算原则。法国的公共预算实行历年制，从每年 1 月 1 日起至 12 月 31 日至为一个预算年度。二是统筹原则。预算必须反映收入和支出的全部金额，任何一个部门都不能自行动用本部门的收益，必须列入国家预算后才能用于支出。三是平衡原则。法国认为公共预算必须坚持收支平衡，这种平衡应该是自然、真实的，而不是人为的。四是专款专用原则。经过议会讨论通过的年度预算法中规定的预算拨款，都要用于固定项目，如发放工资、购置设备、办公费、建设投资等。各项预算拨款不准任意调剂或挪用。

法国公共预算编制的基本依据来源于国家宪法。具体工作由总理负责，经济和财政部具体组织编制。编制程序分为三个阶段：首先，由预算部门提出建议书；其次，由预算具体编制部门分析、审查建议书，并设定预算支出的上限，形成预算草案；最后，报国会审批。法国宪法规定，只有国会才能通过公共预算，

实际上，国会对预算草案只能表示同意或反对的意见，而不能改变公共预算草案中的项目。在公共预算编制中，依次形成了原始预算法案、追加预算法案和决算法案三个法案。原始预算法案反映年度预算计划内的国家总开支，是各部门预算收支的依据。追加预算法案是对原始预算法案进行修改和调整后形成的，修改后的法案经议会批准便可公布执行。决算法案是原始预算执行结果的报告，它反映预算年度国家财政收支的实行状况。

公共预算草案在国会一旦通过，就形成了有法律效力的文件。预算执行部门必须按照自己的权限范围严格贯彻执行。公共预算的具体执行工作由财政部门负责。财政部设有公共会计局，在各省设有总出纳署，省以下按财务区设财务局，按市镇设财务所，这一套机构称为公共会计网，专门负责公共预算收支的执行情况。法国的宪法规定，公共预算在执行过程中，如果由于经济形势发生了变化，政府可以提出修改方案。修改方案的审批办法和预算草案的审批办法相同。公共预算执行的情况，由公共会计网按月逐级向市镇、省和中央报告。平时也可以通过计算机网络了解全国各地的预算资金的执行情况。

9.2.2　法国公共支出

公共支出是一国政府进行宏观经济管理、调节经济和社会矛盾的重要手段。随着法国经济和社会的发展，政府公共支出的规模呈现出不断扩大的趋势，结构也在不断变化，影响也在持续增强。第二次世界大战以后，为了恢复经济发展，法国政府在公共支出方面规模很大，从 1950～1959 年，一般都在 25% 以上，随后略有好转。进入 70 年代以后，法国经历了一次严重的经济危机，为了刺激经济增长，政府公共支出比重又一次上升，1979 年占国内生产总值的比重达到 22.9%。从 80 年代开始，法国政府严格控制公共支出，到目前为止，政府公共支出占国内生产总值的比重基本稳定在 20% 左右（见表 9－3）。

表 9－3　**法国历年公共支出情况**　单位：亿法郎

年份	公共支出	国内生产总值	占国内生产总值的比重
1960	597	2965	20.1
1965	976	4835	20.2
1970	1622	7825	20.7
1975	3227	14523	22.2
1980	5796	28083	20.6
1985	10588	47001	22.5

续表

年份	公共支出	国内生产总值	占国内生产总值的比重
1990	12819	65095	19.7
1991	13356	67762	19.7
1992	14252	69995	20.4
1993	15028	70771	21.2
1994	15525	73897	21.0
1995	15968	76624	20.8
1996	16420	78605	20.9

资料来源：转引自财政部财政制度国际比较课题组．法国财政制度［M］．中国财政经济出版社，1998：3.

公共支出结构，实际上就是公共支出的分类，它体现了政府活动的特点。法国公共支出项目按支出方式分类费用支出和资本支出两类。费用支出包括三大部分：

行政支出部分，包括国家机构中各部门人员工资、津贴、各种补贴、政府部门的设施和设备维修等。它约占到公共支出的44.5%。干预支出部分，即国家对某些经济部门的补贴。干预支出也分为不同的类型，经济干预主要用于就业、住房及对某些部门的补贴；而社会干预则主要是对某些社会福利机构的拨款、为最低就业工资制度提供的资金、对低租金住房的补贴等。其他干预包括对地方政府的补贴，对私立学校的补贴、职业培训费用等。债务支出部分，进入20世纪70年代以来，法国债务支出占公共支出的比重不断增加，1979年债务金额为253亿法郎，占公共总支出的5.1%，到1995年债务金额增加到2479亿法郎，占公共总支出的15.5%。

资本支出是国家的一种投资行为，其中一部分用于民用投资，或民用投资补贴额，是国家部门用于购买大型设备或建设大型设施的开支；另一部分用于军事投资，即购买军队所需的武器和设备。

9.2.3 法国公共收入

法国的公共收入是政府为行使其职能，凭借政治经济权力参与社会产品分配所取得的收入。它主要来自税收和社会征收以及非捐税收入，两者占公共总收入的95%左右。

法国现行税收制度建立于第一次世界大战时期。1914年，法国政府开征所得税，其目的是为了筹措急剧增加的军费开支。1920年，法国又开征了营业税，

到 20 世纪 40 年代中期营业税所占比重高达 46%，成为主体税种。1954 年，法国将营业税改为增值税，征收范围从生产环节扩展到批发环节，成为世界上首先开征增值税的国家。随后又于 1968 年将征收范围进一步扩大到零售环节，形成了比较完整的增值税制度。面对个人所得税税率偏高等的缺陷，法国于 80 年代又一次推动税制改革。在所得税改革方面主要是降低税率，增值税方面努力同欧盟国家达成一致。同时简化税制管理，刺激需求，抑制通货膨胀。进入 90 年代后，法国决定调高富裕税和与有价证券、资本利得有关的税种的税率，适当降低增值税和公司所得税的税率。同时根据物价上涨情况对个人所得税的应税所得级距做出相应调整，从而进一步促进经济发展。

法国的税制比较复杂，共有 50 多个税种，其中主要税种有 10 多种。法国的税制分为直接税和间接税两大类。直接税是指对财产和所得的课税，这种税的纳税人与负税人是一致的。间接税一般是指对商品和劳务的课税。法国税制中最主要的税种有：个人所得税、公司所得税、增值税、消费税和关税。这五种税约占整个税收总额的 86% 左右，下面分别予以介绍：

个人所得税。该税是直接税中目前最大的税种，通常占全部税收收入的 20% 左右和直接税额的一半左右。个人所得税的课税对象是个人所得额，应税所得包括：工商业利润、地产所得、农业收益、工资、薪金、养老金、年金、非工商性职业所得、流动资本收益、公司经理和和股人的报酬等。个人所得税按照超额累进税率征收，共分 13 档，最低税率为 5%，最高税率为 56. 8%。

公司所得税。该税是直接税中仅次于个人所得税的税种。纳税人包括股份公司、股份有限公司和有限责任公司；合作社和合作联盟，公共团体、财务独立的国家机构，以及其他以营利为目的的法人；从事工商业经营的非工商性质的联合组织。公司所得税采用比例税率，标准税率是 40%。公司资产转让税率为 10% ~ 50%，基建中所获资产增值部分的税率为 15% ~25%，不以营利为目的的公共团体所得的税率为 24%。

增值税。增值税是法国首创的税种，也是法国第一大税种。进入 20 世纪 90 年代以后，增值税的收入比重占到税收总额的 50% 左右。增值税的征收范围极广，几乎包括所有商品经营和劳务收入。纳税人包括自然资源采掘企业、制造加工企业、商业批发和零售企业、建筑企业、提供劳务的企业、部分农场主和同经济活动有直接关系的自由职业者。现行增值税税率分为四档：零税率、低税率 7%、基本税率 17. 6%、高税率 33. 3%。增值税的课征方法也有四种：税款扣除法、核定征收法、简化的据实征收法、据实申报的征收方法。

消费税。消费税是法国间接税中的一个重要税种，它是国家根据经济形势的需要，为限制某些商品过多消费而课征的。征收消费税的商品主要有香烟、石油、酒类和茶叶等。消费税主要是由购买和消费这些商品的消费者缴纳的。

关税。关税也是法国间接税中的一个重要税种，它原来是对进出口国境的商品课征的税。后来随着国际贸易的发展，法国对出口商品实行税率为零的制度，对于欧盟成员国而言，法国的进口关税已演变成为对欧盟成员国入境商品课征的增值税。

在税收的征收管理方面，法国也有自己的特色。法国实行集权式税收管理体制，税收体制分为中央、省和市镇三级，但无论是征税权还是税额的分配权都由中央政府决定，地方政府只能得到较差一些的税源。法国拥有较为健全的税务机构，全国税务机构由两大系统构成：一是税务局系统，它由经济与财政部的税务总局领导，负责直接税、间接税的税基以及间接税的征收管理工作；省和市镇都设有税务机构，归税务总局直接领导。二是国库系统，由经济与财政部的公共会计局领导，负责征收各项直接税。

9.2.4 法国公共经济监督

法国公共经济监督的历史比较悠久，形成了自己独有的特色。简单说来，表现在以下几个方面：

监督以法律为后盾。法国1789年通过的《人权宣言》和1791年制定的《宪法》，奠定了法国政治经济体系的基础，同时也为建立法国的财政管理体制和财政监督制度提供了法律依据。《宪法》第14条明确规定了财政的原则，强调各项收支以《宪法》为基础，并在人民的监督下进行，这就赋予了纳税人对财政监督的权力，为人们监督财政运行提供了法律保障。

监督制度健全。根据《宪法》确立的原则，法国逐步确立了一系列财政监督制度。财政预算必须经过议会审议通过，每年的预算必须提供详细的项目，包括四级科目。地方预算由地方议会审议。各级财政预算每年还必须经过专门审计机关的审计。审计情况向社会公布，接受公众的监督。审计监督属于专门的监督，审计内容详细，审计后要写出书面报告，对政府对其经济行为提出意见，但对审计出的问题，交由议会处理。公共会计监督也是财政监督的一个重要方面，公共会计由国家委派，对国有单位如医院、学校等预算单位进行监督。

监督体系完善。法国的财政监督体系分工明确、协调互补。议会进行宏观监督。法国每一级政府都有自己的政府和议会，各级议会负责对本级政府预算进行监督。财政部门负责日常业务监督。具体包括五方面：财政监察专员对大区和部门进行监督；公共会计对公共支付拨付进行监督；财政监察总署进行专项监督检查；国家监察署对国有企业进行监督管理；税务机关对纳税人进行税务稽查。审

计法院进行高层次的事后监督。审计法院是法国最高的经济监督机构，其职责是协助议会和政府监督财政法规的执行，基本任务是审计监察国家机关、国家公共机构和国有企业的账目和管理；地方政府、地方公共机构的账目和管理由审计法庭负责审计。财政监督机构都具有相对的独立性，与被监督部门要分离，不受被监督部门的制约，因此，一般都能严格履行职责，具有较大的威慑力，重视对公共支出的监督，并完全寓于公共财政管理之中。各项公共支出均设有监督机制，且支出的决策者与执行者相分离。审计监督与财政监督分工明确，相互协调。审计检查一般在事后进行，公共财政检查则在事前、事中进行，是日常和不间断的。严格执法，对违法违规者处罚严厉，这也是法国公共财政监督的成功经验之一。

9.3　德国的公共经济

德国经济在战后迅速发展，取得了举世瞩目的成就，被世人誉为“奇迹”。德国的经济和社会事业之所以能够很快复兴并走上繁荣的道路，一部分归因于有利的国际环境和优越的自然条件，另一部分应归因于他们找到了适合本国发展的道路——社会市场经济体制。从公共经济的角度来看，德国良好的公共经济管理也为其经济的有序运行和健康发展打下了坚实的基础。

9.3.1　德国公共预算

德国的公共预算年度采取历年制，并且实行分级独立编制的体制。在预算组成方式上，实行复式预算法；在预算时间上，实行年度预算与滚动式五年财政计划相衔接的原则。一般说来，德国在编制公共预算时必须遵循以下原则：

完整性和统一性原则，即所有收入和支出全部列入计划，不允许任何预算以外的支出。除国有企业和国家的特别基金外，任何机关不得有特别预算。

公开性和准确性原则，预算的编制过程和编制结果都必须按法律程序进行和以法律形式表现，预算与执行的偏差应尽量缩小并接受社会监督。

整体性和平衡性原则，收入要作为一个整体来统一安排支出，一般不允许针对特定支出项目而形成特定的收入；预算中的收入与支出必须相等，支出不能超过包括国债净额的财政收入。

节约性和经济性原则，努力用最少的资金完成既定任务，在资金使用过程中要采取各种措施尽可能发挥资金的最大效益。

德国预算可分为经常预算、资本预算和债务预算。经济预算是为实现公民福利服务的，不追求实现赢利，通常情况下是顺差，有一定结余。资本预算要求获得赢利，有较大的赤字，其弥补来源是运用经常账户盈余和借入借款。债务预算也分收和支两部分，支出即在货币资本市场上清偿债务本金，收入包括从资本市场上借入债款和联邦银行清理债务的操作收益，其差额为当年净债务。联邦、州和地方政府都可以借债，但有一定的比例限制，而且必须用于明确的经济性投资项目。在1993年德国新借入债务总额中，联邦、州和地方三级所占比重分别为56.6%、23.3%和5.7%，其余14.4%属于欧洲联盟财产和德国统一基金账户。

按照德国《基本法》和《预算法》的有关规定，德国政府预算程序必须经过预算编制、议会审议通过、预算执行、预算的检查和评价四个阶段。我们以联邦政府预算为例加以说明。第一阶段，预算编制。德国预算由五年财政计划和当年财政预算组成，当年的财政预算均以五年财政计划为依据。联邦政府必须提前一年编制预算草案。预算一般于上年12月份开始编制。编制预算时，通常由联邦财政部向各部门下达编制预算的指示与编制预算的要求。次年3月1日前，各部门将本部门的支出需求上报财政部。第二阶段，预算审议与通过。根据各部门上报的预算草案与预算谈判情况，财政部汇总形成预算草案提交总理府。联邦总理最迟于次年9月1日将预算草案提交联邦议院和联邦参议院进行秋季讨论。预算草案一般要经过联邦议院三次大的讨论方能通过。第三阶段，预算执行。预算一经议会通过即具有法律效力，各部门必须严格执行。联邦各部是联邦预算的具体执行单位，财政部负责监督各部门的预算执行情况。第四阶段，预算的检查和评价。联邦设有专门的审计院负责对预算进行监督。联邦审计院独立于联邦政府，独立决定审计的时间、地点和内容，其官员不能被解雇。联邦审计院在预算监督方面的主要内容是审计预算单位的支出是否符合法律、是否经济节约，重点是经济性。在审计结束之后，通常要与被审计单位交换意见，并下达审计通知，提出改进的要求和建议。州预算和地方预算编制及批准程序，与联邦一级大同小异。

五年财政计划是德国公共预算的一个重要组成部分，其总目标是使国家的收支规模与结构在一个较长时期内同宏观经济需求相协调。具体做法是以宏观经济的中期预测为基础，对今后五年内收入的增减情况做出中期判断，从而合理估计政府支出的规模。为了编制好五年财政计划，德国成立了直接隶属于联邦政府的“财政计划委员会”。该委员会由联邦财政部、联邦经济部、各州财政部长等组成，由联邦财政部长任主席。在具体编制过程中，由联邦财政部、联邦银行、各州财政部、联邦经济发展委员会等各方面的专家组成的税收测算小组负责税收收入的测算工作。每年上半年和下半年各测算一次，上半年在4~5月份，下半年一般在11月份。联邦支出计划的编制与年度预算的编制同步进行，一般是在各

部提出的具体支出项目和资金数额的基础上，由联邦财政部汇总审核后编制而成。在支出计划中，联邦各部部长要提出本部门五年内的投资计划，列出各年的投资数额以及相应的投资措施，作为财政计划的说明材料。五年财政计划是联邦议会审议年度预算的重要参考资料，但这一计划无须议会进行表决。

9.3.2　德国公共支出

在公共支出方面，德国有一套与公共收入结构相适应的公共支出机构，联邦、州和地方政府责任明确，各司其职。公共支出的范围、结构和规模，集中体现了政府履行职责，完成所承担任务的政策意图。根据德国《基本法》规定，联邦和州分别承担各自任务所需的公共支出，即联邦承担的事权职责由联邦安排支出，各州或地方承担的事权职责由各州或地方安排支出，以体现政府事权分配与支出负担之间分摊的一致性。联邦、州、地方三级政府公共支出范围分别如下：联邦政府除了主要负责国防、外交和社会福利方面开支外，还部分承担了交通、通讯、文教、能源、农业、环保、城建等方面的支出。各州的公共支出重点是文教事业以及本州的社会保安、住宅、土地规划和城市建设等方面。地方公共支出主要用于保健、体育与修养等与当地居民生活方面密切相关的基础设施。1997年，在德国公共支出中，能源与交通性支出仅占9.6%，农业支出占4.5%，而社会公共支出则比重很大，教育和科研支出为20.6%，社会福利性支出占15.6%，医疗保健支出为10.2%。

德国的公共支出有两个特点：第一，着眼点比较宽，即充分考虑国家对社会经济生活实施宏观调控的需要，按照宏观经济政策统筹安排支出结构、与税收政策、金融政策等紧密配合，努力实现政府的社会经济目标；第二，与五年财政计划指标相衔接，把当前需要与长远发展结合起来，在一定程度上能够缓解经济周期波动和社会经济发展的中长期任务需要。

19世纪后期，德国经济学家阿道夫·瓦格纳指出，随着社会经济的日益工业化，国家职能的内涵和外延都在不断扩大，政府从事的各项活动不断增加，所需经费开支不断增长，这是一个不可避免的长期历史趋势。此后德国一百多年的发展证实了这一预言，公共支出不仅绝对额迅速增长，而且支出占国民生产总值的比重也上升到50%左右。

9.3.3　德国公共收入

由于多年来实行市场经济体制，德国在税收管理方面积累了一套行之有效的制度和办法，这对德国经济的发展和社会稳定具有重要的保障作用。德国的公共收入主要来源于三个部分：税收收入、其他经常性收入和资本项目收入。税收收入一直是德国的主要收入来源，长期以来一直占国家公共收入的75%左右。其他经常性收入分为联邦银行的利润、其他公有财产出租与经营收入、利息收入，从公共部门得到的拨款和补助、行政收费和其他收入等，它们占国家公共收入的20%左右。资本项目收入包括政府出卖财产的收入、贷款收回的收入、出卖参股企业股票收入、向公共部门借贷的收入等。这些收入在各级政府之间的划分，一是在数量上与各级政府担负的支出责任大体匹配，并保证联邦保持必要的调控能力；二是考虑各种收入的特性，方便宏观调控和征收管理。

德国税收的立法权高度集中在联邦政府，执行权则相对分散一些，州政府承担了大部分的征管工作。联邦政府在对关税等联邦税收拥有单独立法权的同时，也对共享税享有优先立法权。州和地方政府对财产税等地方税种有拥有较大权力，可以自行规定税率、减免和加成等。与同样实行联邦制的美国不同的是，德国法律规定，中央已开征的税种，地方政府不能再开征。在税收征管方面，德国的税务机构并不单独设置，只是财政部的一个下属机构。税收征管权相对集中于州政府一级，联邦政府负责征收很少一部分的专享税，大部分专享税由州政府管理。州政府管理的税收除了一部分联邦专享税外，还包括州政府的专享税和全部共享税。德国的主要税收的征税权在各级政府之间的分配（见表9－4）。

表9－4　德国2001年税收收入在中央政府、州政府和地方政府间的分配比例

	中央政府（%）	州政府（%）	地方政府（%）	2001年的税收收入（10亿欧元）
消费税	100			60.75
遗产税		100		3.069
财产税			100	9.076
所得税	42.5	42.5	15	141.396
增值税	51.4	46.5	2.1	138.935
公司所得税	50	50		－0.426
利息折扣	44	44	12	29.846
贸易税	14.8	7.7	77.5	24.533

资料来源：詹·沃纳．吴雪译．德国联邦州之间的财力均衡［J］．财政研究，2004（7）：64.

第二次世界大战结束以后，德国进行了几次较大规模的税收改革，税收制度日趋合理。20世纪90年代以来，税收改革主要集中于个人所得税、企业税收和生态税。个人所得税改革从1998年开始，采取了分步实施的办法。主要内容是减税。一是提高起征点，增加免税额，进一步减轻雇员负担。二是逐步降低税

率，最高税率至2005年降低到45%，最低税率至2005年降低到15%。至2005年，预计减轻个人负担520亿德国马克。企业税存在的问题类似于个人所得税，主要是税负过重。从1996年开始，德国采取了提高企业折旧额度，延长退税期限等措施来增强企业的竞争力。生态税的改革目标是保护生态环境，改善德国民众的生活质量。主要措施包括征收燃油税，积极鼓励使用各种再生能源等。

截至2002年6月，德国共有37个税种。德国实行的是共享税与专享税共存，以共享税为主的模式，这在联邦制国家中也是一个特例。共享税分为三种，即个人所得税（包括工资税、估计所得税、资本收益税）、公司所得税及增值税。虽然共享税种类不多，但其收入约占税收总额的75%。专享税分别属于联邦、州和地方政府。联邦所得税共有18种，包括关税、消费税、保险税、证券交易税、资本流转税等。州专享税有10种，即财产税、机动车辆税、交易税、啤酒税等。专属于地方的税有7种，分为土地税、娱乐税、养犬税、渔猎税等。

9.3.4 德国双向财政平衡

根据德国《基本法》规定，在整个联邦范围内要保证公民的生存条件大体均等，即在全联邦范围内都要由政府为公民提供基本相同的公共服务，如文化教育、医疗卫生、社会公共交通等。为了实现这一目标，德国从20世纪50年代开始实行纵向的和横向的财政平衡制度。

所谓纵向平衡，即联邦、州和地方财政的平衡。纵向平衡的原则是根据不断变化的形势来分配主要的税收项目和比例，以使联邦、州和地方三级在经济上得到均衡发展。纵向平衡包括联邦对州的财政转移支付和州对地方的财政转移支付两个层次。联邦对州的转移支付主要通过五个渠道进行：一是调整销售税分享比例和提供预先补足。联邦与州各自销售税分享份额比例为56∶44。预先补足是指在归属各州的分享份额中，在实行横向财政平衡之前先提取1/4以补足贫困州。二是实施返还性转移支付。主要是对某些规模小或拥有重要港口的州实行返还性转移支付，使之有能力偿还其因每年保养和改造港口等原因欠下的债务。三是对某些贫困州或根据需要拨付补助金。联邦每年要从其销售税收入份额中拿出20%作为对相对贫困州的分配金。四是根据《投资资助法》，联邦有义务帮助贫困州和有经济发展需要的州进行投资。两德统一之后，从1995~2000年，联邦每年向东部地区投资66亿马克，用以改善东部地区的基础设施及经济结构。五是建立“德国统一基金”，使之成为广义的纵向财政平衡的一部分。1990年设立的1150亿马克为期5年的“德国统一基金”，其中200亿马克通过联邦征收团结互助税附加费等方式筹集，剩下950亿马克通过金融市场借贷，其本息由联邦及大部分老州负担。从1995年起，老州每年从其销售税份额中拿出21亿马克作为对该基金的融资，再由联邦将其用来偿还东部地区的债务。州或联邦对州以下地方政府实行的纵向转移支付，大体可分为一般性分配金和特别需要分配金两类，前者不限定用途，约占对地方转移支付总额的70%，后者按州政府指定范围使用，约占30%。

所谓横向平衡，是指联邦各州之间和州内所属地方之间的财政平衡。其原则是通过各州之间财政收入的再分配，达到各自财力的基本平衡。其资金来源有两种，一种是扣除了划归各州销售税的1/4后，把余下的3/4按各州居民人数直接分配给各州，另一种是财力强的州，按横向平衡机制将部分税金直接划给财力弱的州。横向平衡包括两个层次：一是德国16个州级财政单位之间的平衡；二是州内各个市镇的平衡。

横向财政平衡的具体操作包括三个环节：一是测定各州居民人数。联邦统计局规定，居民人数应是6月30日这一天的州居住人口数。加权人口数根据居民人头数及密度和规模系数计算得出。二是由联邦和州财政部门分别测算出“全国居民平均税收额”和“本州居民平均税收额”。如果某州的“居民平均税收额”大于“全国居民平均税收额”的2%以上，这个州就属于富裕州，有义务向贫困州转移资金；若某州的“居民平均税收额”只相当于“全国居民平均税收额”的95%以下，那么该州就被列为贫困州，可以得到来自富裕州的转移支付；“居民平均税收额”相当于全国平均数95%～102%的州则既不上缴也不能得到转移支付。三是进行横向平衡的资金划拨。若富裕州的“居民平均税收额”大于“全国居民平均税收额”的2%～10%之间的，则其超出部分乘以州的实际人口，得到的数额30%留用，70%上缴作为转移支付之用。超过幅度在10%以上的，则超出部分全部上缴用作平衡捐款。若贫困州的“居民平均税收额”低于“全国居民平均税收额”的92%，则首先将其收入额补足到92%，在92%～100%之间的差额再乘以系数37.5%，两部分相加就是可以得到的转移补助额。即是说，贫困州最多只能补助到全国平均财政收入的95%（92%+8%×37.5%），相比之下，富裕州的人均财政支出最多不超过“全国居民平衡税收额”的104.4%（102%+8%×30%），最高与最低之间相差9.4个百分点。整个财政平衡的操作以划拨方式通过各州和联邦的财政结算中心完成。另外，在计算时对于有特殊需要的地区还采用一些特殊政策，如汉堡和不来梅两个重要大城市所在的州，在测算州居民平衡税收额时，居民数可以乘上135%的系数。海港城市（汉堡、不来梅、埃姆登）在测算税收总额时可以扣除海港维护费。

自1970年联邦德国实行州级横向财政平衡以来，税收能力弱的州增加了可支配的财力，各州地方之间生活水平差异逐渐缩小，对促进各州经济稳定起了平

衡作用。另外，财力较弱的州在财政平衡机制作用下，促进了经济发展。如德国南部的巴伐利亚州过去一直作为贫困州接受平衡捐款，近年来它已成为有平衡义务的州，1995年巴伐利亚州提供了24亿马克的平衡捐款和14亿马克的“德国统一基金”。

9.3.5 德国公共财政监督

德国设有强大的专门财政监督机构——联邦和州审计院，州审计院下设审计局，负责国家公共支出的监督检查。德国的审计院与法国的审计院一样，既独立于议会，又独立于政府，与被监督部门相分离，严格履行财政监督职责，从而有效地对付浪费国家财政资金的现象。联邦审计院是独立的财政监督机构，审计委员享有法官的独立性。除了账目审计外，联邦审计院财政监督的标准，是财政预算的执行和经济管理的经济效益性和合规性，其中包括合法性和适当性。联邦及各州的整个财政预算的执行和经济管理，包括它们的特别资产和企业，都由各审计院审计。德国议会中还设有预算审查委员会，该委员会负责对国家预算进行审查监督。此外，它还对审计院的监督检查工作质量进行再审查。联邦审计院进行的财政监督与联邦议会进行的议会性财政预算之间有密切的联系，财政预算监督构成为预算循环的最后一个环节。

9.4 比较和借鉴

从上述美、法、德三国公共经济实践可以看出，尽管因政治、经济、历史等多种因素的差异，使得三国的公共经济实践各不相同，没有统一固定的模式。但是透过这些差异，我们仍然能够总结出许多带有规律性和普遍性的基本经验，为我国公共经济实践提供一些可供借鉴的思路。

9.4.1 公共经济实践的共同特征

美国、法国、德国的公共经济实践模式，分别是西方市场经济国家分权型、集权型和分权与集权结合型体制的代表，有以下共同特征：

预算管理相对独立，严格依法预算。美国实行财政联邦制，一级政府一级预算，各级预算相对独立，均在各自范围内独立预算管理，彼此不再交叉。为了避免政府财政超支，加重纳税人负担，各级政府的预算即是决算，不用逐级审批，也无须汇总全国预算。预算编制内容尽量简单化，以便实际操作。预算内外资金均在预算中编列，各种收费、罚没款等非税收入全部纳入预算内再分配。预算一经批准即成为法律，执行中如需调整，必须经议会立法修正。法国政府预算始终遵循法制化原则，《宪法》和《财政法》等法律对预算的编制、更改都有十分明确的规定。年度《预算法案》一经议会批准即具有法律效力，任何人无权自行变更，必须依法执行。如需更改变动，原则上只能由议会进行更改，以《预算法修正案》的形式经议会批准。德国公共预算管理严格遵循《基本法》和《预算法》所规定的一系列原则，每年的公共预算通过后即成为法案，非经法律程序不得任意调整。

中央（联邦）政府掌握公共收入的主要来源，直接或间接地控制着大部分公共支出。美国联邦政府在税收总额中所占比重约为60%左右，州和地方政府仅占40%。20世纪初，美国联邦政府在公共支出中所占份额仅为36%，到1949年就上升到53%，此后一直保持在50%以上。法国中央政府公共收支占全国公共收支的比重高达80%以上，反映出该国高度集权的特征。德国三级政府公共支出比例为45%、35%和20%，尽管中央政府所占比重比法国政府低一些，但中央通过转移支付制度，对地方公共支出仍然具有较强的控制权，从而在确保联邦政府间接控制全国大部分公共支出。

中央和地方事权分工合理，公共收支划分明晰。凡是关系到整个国家利益，需要全国统一行动才能实现的政府职能均属于中央政府职能；那些与地方发展经济社会发展密切相关的事情则由地方政府具体负责。与此相适应，美、法、德明确划分了各级政府公共支出范围，并根据各自的国情实行分级分税分管的公共收入管理体制，合理划分了中央与地方政府的收入来源，各级政府都拥有自己的主体税种和独立的税收征管体系。

美国联邦政府主要负责国防、外交事务，促进经济发展和保持社会稳定。州政府主要负责促进本州的经济发展、进行收入再分配，提供使本州受益的公共服务项目等。地方政府的主要职责是负责地方行政管理、治安、消防、交通管理、公用事业等。公共收入上，联邦、州和地方政府各有其征收的税种，有些税目、税基甚至彼此重复；各州之间由于税收立法上的差异，在征税和免税上的规定也各不相同。公共支出方面也是分工明确，各自承担相应的责任。

在西方资本主义国家中，法国有着较强的“计划”特色，国有企业和国家参股的企业相当多，其对事权的划分和公共支出的确定也积累了一定的经验。从横向看，法国正在不断减少竞争性领域的支出，不断减少国有或国家参股企业，国家垄断行为私有化进程很快，除了国防、外交、市政建设、学校、公共道路等社会公共事务外，国家已形成了较完整的公共支出体系。从纵向看，中央政府与

地方政府的事权划分非常明确，各级财政有相对的独立性。如在教育设施支出方面，法国居民 3 ~ 10 岁的教育由市镇政府负责；11 ~ 14 岁由省负责；15 ~ 17 岁由大区负责；18 岁以上则由中央政府负责。事权划分明确，公共支出也就有了明晰的划分。

德国宪法对各级政府间事权划分做出原则规定：为了普遍的利益必须统一进行处理的事务由联邦负责，其他的事务原则上由各州和地方政府负责，对于一些特殊的事务，由两级以上政府共同负责。在公共收入上，德国将税收分为联邦专享税、州政府专享税、地方政府专享税、共享税。共享税收入按一定比例，在联邦、州和地方政府之间进行分配，专享税收入分属于联邦、州和地方政府，由各级财政独立征收和使用。联邦和州分别承担实现各自任务所需的公共支出，即联邦承担的事权职责由联邦安排支出，各州或地方承担的事权职责由各州或地方安排支出，以体现政府事权分配与支出负担分摊之间的一致性。

中央对地方实行稳定的补助制度。从上述三国公共经济实践来看，地方要实现公共收支平衡，都不同程度地依赖于中央的财政补助，而且这种中央对地方的补助规模也在呈不断扩大的趋势。三个国家以均等化为目标，以公式化为基础，具有一定的透明度和稳定性，对公共经济运行的公平性和效率有重大影响。中央通过补助制度，一方面调节了中央与地方之间的纵向财源分配，有利于中央各项经济政策的贯彻落实；另一方面，有利于协调各地方政府之间的横向财政资源再分配，对地区之间的平衡发展起着重要的作用。

9.4.2　公共经济的国家特点

美、法、德三国在公共经济实践上的主要区别有：

1. 中央与地方财权分配模式不同

美国是一种分权型体制。联邦财政收支占全国财政收支的比重相对较低，尽管立法权主要集中于联邦政府一级，但是州和地方都有各自独立的预算，在很大程度上拥有相对独立的税收立法权和税收体系。如联邦政府和州政府同时征收个人所得税和公司所得税，这是一种共享税，但实行分率计征的办法，各征各的税。

法国是一种集权型体制。从公共收支角度看，中央财财政控制着绝大部分税收，一些主要税种如增值税、个人所得税、企业所得税、消费税和关税等，全部划归为中央收入，地方一般不参与分成。同时，中央政府也负担着绝大部分公共支出。从税收管理权限看，20 世纪 60 年代以前，法国地方有 40 多个税种，地方政府税收管理权限比较大，经过两次重大税制改革后，地方政府的税收管理权限大大缩小。目前，地方税主要是一些弹性较小的税种，如土地税、房产税、行业税等。从地方公共收入来源看，相当一部分是中央财政的税收返还和补贴，大约占地方公共收入的1/3，而且中央对地方补助主要是平衡补助。

德国是集权与分权相结合的体制。收入相对集中，支出相对分散。一般来说，中央政府公共收入占全部公共收入的一半左右，而支出方面比例则下降40%左右。中央政府公共收入的比重大于公共支出的比重，以确保联邦政府对整个国民经济的运行进行有效的调控。中央政府集中大部分收入，体现了集权，有利于中央政府加强宏观调控能力；地方政府在公共支出方面占有较大比重则体现了分权，有利于调动地方政府的积极性。

2. 税收收入分配方式不同

美国实行税源分率分享制，各级财政对同一税源时按不同税率征收。作为联邦制国家，美国联邦和州都有独立的税收立法权，联邦、州、地方三级政府都征收个人所得税、公司所得税、销售税、遗产和赠与税及其他税收，而且都有自己独立的税收管理权限，可以自由调整税率和税目。这些税收实际是联邦、州和地方政府共享的财源，但是，州和地方政府的税收征管要受到联邦政府的制约。

法国实行固定式分税制，完全按税种划分各级政府财政收入来源，设置中央税和地方税两大体系。具体做法是，将一些大宗税收都划为中央所有，不和地方分成，一些零星分散的税种划归地方。中央政府事无巨细，事必躬亲，地方政府则权力有限，很难有所作为。目前法国共有50多种税，其中中央税有40多种，地方税仅有10多种。

德国实行共享式分税制，几乎所有的税收均由联邦与州共享。共享税的比例不是一成不变的，可依据各自不同的情况和利益关系通过谈判或依据法律规定重新确定比例关系。有时为了平衡联邦和各州公共预算，增值税在政府之间的共享比例可以调整，以免过多增加纳税人的负担，使联邦境内的生活水平基本一致。目前共享的主要税种有：贸易税、所得税、销售税、营业税、不动产转让税以及地产税和烧酒税等。

3. 税收征管机构不同

美国税收划分为联邦、州和地方政府三级管理。联邦政府的基本课税权由宪法授予，主要税法由国会制定，财政部颁布实施细则，并由国内收入局解释执行。州和地方政府的课税权虽然不需要联邦宪法直接规定，但宪法通过特殊条款或者通过司法部门对宪法中与税务有关的其他条款的应用，对各州课税权有一定

的限制。同时，州的课税权还要受其州宪法的约束。地方政府这方面的权限由州授予。美国税务机构分为国内收入局、州税务局和地方税务局三套系统，分别负责各自税收收入的征收管理工作。

法国税收管理权限集中在中央一级。在税收立法方面，税收开征权、征税范围以及如何分配税收收入，均由国家统一规定。法国税收机构由两大系统组成：一是事务局系统，它由经济与财政部的税务总局领导，负责直接税、间接税的税基以及间接税的征收管理工作，主要业务人员是“税务稽查员”；二是国库系统，由经济与财政部的公共会计局领导，负责征收各项直接税，基层工作人员称为“国库稽核员”，其机构遍布全国。

德国税收征管实行收支结合、统一管理的模式，在联邦、州和地方三级财政部门内部都设有税务局。财政和税务合二为一，财政资金统筹安排。联邦财政部是联邦政府主管联邦财政和税收的机构，是联邦政府最重要的部门之一。各州财政部内设有税务局，下设直属税务所，负责征收属于州的固定税收以及共享税和属于联邦的固定税务工作，设税务所的多少按实际情况确定。地方税务局只负责征收地方专项税和以地方自留为主的营业税，不负责州和联邦的税收。

4. 政府转移支付制度不同

美国实行以专项补助为主体的财政补助制度。政府间转移支付按其使用条件的不同，可以分为以下三种不同类型：第一，专项拨款。接受专项拨款的州或地方政府必须按指定的用途和方式使用拨款。专项拨款中数额最大的是卫生保健、收入保障、教育与培训以及交通。第二，配套拨款。联邦政府要求接受该项拨款的州或地方政府按规定的比例从自身财力中支付资金用于一些项目建设，从而引导州和地方的经济和社会活动与整个国家的目标保持一致。第三，非专项拨款。联邦政府不指定用途和用款方式，接受拨款的州和地方政府可自行决定如何使用，其目的在于缩小各地由于税收能力不同所表现的公共服务水平差异，增强自主发展的能力。

在上述三种拨款形式以外，联邦政府还通过税收对州和地方政府提供财政援助。联邦政府通过对州和地方政府征收所得税的某些项目给予减免，实际上等于对有关项目进行了补贴。一是在美国的现行财政体制中，州和地方政府债券利息“免交”联邦所得税；二是州和地方的有些税收可以作为“减交”联邦税的正当理由。于是，与这两项有关的经济活动也就得到了联邦政府的间接补助。

法国实行以平衡补助为主体的财政补助金制度。法国地方预算收支平衡在很大程度上依赖于中央财政补助。中央对地方补助一般有两种形式：一是一般性补助又称平衡补助，用于保证地方预算的收支平衡。这种补助金一般是按照市镇人口比例进行分配的，人口越多，得到的补助金就越多。二是专项补助，即中央对地方兴建的专项工程给予补助，如学校、铁路、托儿所等。这些资金拨付由中央部门的规划来实施。

德国实行的是双向平衡的补助制度。纵向财政平衡是上下级政府之间的财政转移支付，是联邦和州政府的财力，根据各级政府承担任务和负担情况分配财政资金，以联邦为一方与各州为另一方之间的平衡。德国纵向补助的具体手段包括专项拨款和一般拨款，前者是与一定的项目有联系的拨款，后者是为了使下级政府能够完成它的任务的拨款。为了使各州、各地方之间保持大体相同的生活条件和生活水平，在实行纵向转移支付的同时，德国还实施横向转移支付办法，即比较富裕的州缴纳一定数额的平衡基金对比较困难的州、比较富裕的地方对比较困难的地方进行财力补助。凡是人均财政收入达到全国平均值102%以上的州为富裕州，需要从其超过部分中拿出部分财力来帮助贫困州，使其人均财政收入达到95%，这种形式的转移支付是德国所特有的。

9.4.3 经验、借鉴和启示

通过对美、法、德三国公共经济实践的比较，我们可以在国家组织公共经济活动方面得到许多经验和启示。

1. 关于推进公共预算改革

中国公共预算管理制度是在计划经济体制的基础上建立和发展起来的，预算编制制度从未作过根本性改革。在完善社会主义市场经济体制的今天，原有的预算管理已不适应形势发展的需要，必须进行改革。

增加政府预算编制时间，提前编制预算草案。充足的预算编制时间是保证预算编制质量的重要条件。上述三个国家预算编制时间一般都在一年左右，在每一个预算年度开始之时，就着手下一年度的预算编制工作。结合我国实际情况，我国各级政府预算至少应提前半年进行编制。

借鉴德国经验，可以考虑编制滚动预算和财政中长期计划。我国国民经济和社会发展五年规划已经存在，但缺乏与之相匹配的财政中长期计划。通过编制滚动预算和财政中长期计划，可以满足一些长期立法，如《义务教育法》、《科技进步法》、《农业法》和社会保障及相关立法支出的要求，同时又能照顾到一些跨年度发展项目的需要。

修订《预算法》，增强预算的权威性。我国目前预算编制和预算执行年度并不统一，这造成目前我国财政年度有较长时间处在无预算运行的状态。我们可以

参考美国的做法，将目前的预算年度由历年制改为跨年制，以消除时间差，如以每年的 4 月 1 日为预算年度的起始时间，下一年的 3 月 31 日为终止时间，这样可使预算年度与全国人民代表大会审批时间相一致。预算年度一开始，各级政府就必须严格执行，要增强预算的法律约束力，维护《预算法》的权威性。

实行预算报告和公布制度，增强预算的透明度。我国应逐步实现预算内容定期、定例公布。公布预算总指导原则和功能预算，以使人大代表了解和研究讨论；公布细化到一定程度的部门预算，以便人大代表对照监督；公布历史数据和对比；要有面向纳税人的预算解释性文件；有预算执行的中期报告。所有此类文件应免费提供，也可在互联网上查询。

2. 科学划分中央与地方政府之间的事权和支出范围

国外公共经济实践告诉我们，要实现公共经济实践的良性循环，必须协调好中央集权与地方分权的关系，正确划分财权与事权，依法规范和科学核定收支基础，使财政分配关系建立在责权利相结合的基础之上。应借鉴美国划分各级政府事权所遵循的“受益范围”、“提高效率”和“事权与财权相统一”原则中的合理成分，按照发展社会主义市场经济的一般要求，科学地界定中央与地方政府的职能，通过人民代表大会立法严格规范各级政府的事权与支出范围，使各级政府的财权和事权相匹配，调动各级政府的积极性，促进财政协调发展，缓解基层财政困难，化解债务风险。还可以借鉴法国经验，中央财政和地方财政共同负担教育、农业、科学、社会保障、公共投资性支出。

一般说来，我国中央政府的事权和支出范围应该是：涉及国家整体利益的、全国性的公共产品和服务，包括外交、国防、对外援助、海关、中央政府的行政管理等；与国民经济总量、经济结构、产业政策、经济稳定与发展密切相关的事务；具有较强的外部性和规模经济特征，或跨省际的、并在一定程度上涉及全国整体利益的公共产品的供给；空间开发、海洋开发、社会保障、卫生防疫、交通运输干线、通讯事业等。与此相对应，地方政府的事权和财政支出范围应包括：一是社会服务，包括基础教育、医疗卫生、气象预报、消防等；二是基础设施，包括道路、交通、电力、自来水、港口、机场、车站等；三是社会管理，地方政府行政管理机构，公共秩序，公共安全等；四是地方性的文化体育事业，如广播、电视、报纸、出版以及文物与文化遗产发掘等。

3. 合理划分税收及其管理权限

美、法、德三国的公共实践表明，对税收及管理权限的合理划分有利于增强中央政府的宏观调控能力，调动中央与地方两个积极性，促进中央和地方之间的协调发展。国外经验告诉我们，税制改革是经常的，税收制度必须根据政治、社会和经济形势的变化而随时调整。

我国应进一步推进符合社会主义市场经济需要的税制改革。以分税制改革为例，一方面，要按税种划分中央与地方的收入，建立中央和地方两套税制体系，分别组织征收管理；另一方面，要注意国家财政的整体性，保证中央财力和相应的宏观调控能力。因此，税收权限划分，应坚持责、权、利相结合的原则，对于中央税和全国性的地方税，其立法权均应集中在中央，应保持中央税收政策的主导性和全国的一致性。对一些地方税，地方可根据本地具体情况，决定其开征或停征，并且拥有相应的税目、税率调整权；对某些地方性极强的零星税种，也可以由省、直辖市、自治区地方政府立法，并由各级地方确定开征或停征。当前尽快解决中央税税种单一、功能不全，地方税种杂乱、搭配不当，没有主体税种，两大税系界限不清，税种归属不规范等问题，形成税种结构合理、收入规模适度、运行机构健全、科学规范的中央与地方税收体系。

4. 建立科学规范的转移支付制度

美、法、德三国经验表明，建立规范、科学的转移支付制度，是中央政府调节各地区平衡发展的有效手段。各国政府在分配转移支付资金时都力求用规范科学的方法，做到公开、公正、公平，避免随意性。我国由于地域辽阔，各地社会经济发展很不平衡，而且这种不平衡差距仍在不断扩大，因此建立一套科学、合理的转移支付制度是十分必要的。从总体上看，目前我国财政转移支付规模在不断扩大，但政策目标不明确，资金管理分散、分配方法也不够科学、分配随意性比较大。这种状况既不利于贯彻中央宏观调控意图，也不利于提高整个财政资金的使用效率。

目前，我国转移支付制度建设应实现两大目标：一是调剂各个地区之间财政能力的差异，向横向均衡的水平靠近。二是针对具体情况，提高地方政府提供某种或某几种公共产品的能力。参考上述三国的做法，转移支付方式可采取均衡拨款转移支付和专项拨款转移支付。其中，均衡拨款转移支付应以公共服务能力的均等化为目标，以收入和支出为基础来确定资金的分配，对收入和支出要综合各方面的客观因素进行测算，并具有高度的公开性，从而有利于调动中央和地方两个积极性；专项拨款的管理要坚持分散和统一相结合的原则，资金分配应有事权作为依据，并且坚持公开、透明的原则。专项拨款方式的选择，应该有助于中央政府实现其既定的政策目标。

5. 加强公共财政监督管理

吸收和借鉴美、法、德三国经验，在建立和完善公共财政体制的进程中加强监督，形成一套严密科学的公共财政监督体系。

首先，要建立和健全公共财政监督法律法规体系。综观美、法、德等发达国家的公共经济实践，无一不把法制建设放在十分重要的位置，并以明确详细的法律条文作为保证。建立符合中国特色的公共财政监督法律体系，具体包括三方面内容：一是规范和完善的制约财税、财务、会计活动的法规制度；二是建立和健全公共财政监督自身法律体系；三是注重加大执法力度，对一切违犯财政法律、法规的行为，要严格依法办事，维护政府财政分配活动的法治性，实现依法理财的目标。

其次，是建立科学完善的预算监督体系。这是现代公共财政监督管理系统的核心。要建立以预算项目预审为基础，以事中及时控制为中心，以必要的事后抽查和专项检查为补充，相互协助、相互制约、分工合理的公共财政监控运行机制。

再其次，是加强公共财政社会化监督体系的建设。发展具有社会公正特点的注册会计师事业，建立执行财政监督职能所必要的会计师事务所和资信评估机构，是公共财政监督面向市场经济、改善财政监督和提高监管水平的有效方法。当前要特别重视提高注册会计师队伍的素质，建立健全注册会计师行业自律性制度和再监管制度。

本章小结

1. 公共经济实践活动反映了国家治理水平的高下，美国、法国与德国作为资本主义发达国家，在公共经济实践方面已形成了与其国情相符合的行之有效的运行体制。

2. 美国的跨年制公共预算有效解决了预算的衔接问题，对中国推进公共预算改革，建立预算国家有较强的借鉴意义。法国对公共经济活动的有效监督值得中国学习。

3. 德国是世界上双向财政均衡制度运用最为成功的国家，中国可汲取其经验，促进全国范围内的基本公共均等化，确保各地区人民共享改革开放的成果。

4. 公共经济改革是中国下一步改革的重要领域之一，应在公共支出、公共收入、公共经济活动监督方面有所突破，借此提高中国的国家治理水平和整体竞争力。

关键术语

财政联邦制　双向财政均衡　公共经济监督　公共经济改革

思考题

1. 美国的公共预算是如何编制的?
2. 法国是如何对公共经济实践进行监督的?
3. 德国双向财政均衡的目标是怎样实现的?
4. 美、法、德三国公共经济实践活动的共同特征及对中国的借鉴意义。

附　　录

附录1.1　对所有人福利判断的社会福利函数模型论证

提出社会福利函数问题的经济学家认为，对帕累托最优条件的论证，主要是论证竞争性经济和帕累托效率之间对应关系的过程中，这样论证的帕累托最优条件只关注资源配置效率，而没有涉及福利的分配问题。一个经济可以在所有财富集中到少数人手中而处于帕累托最优状态，但在大多数人看来却未必是合理的。

为解决这一问题，著名经济学家伯格森、萨缪尔森等人把社会福利函数引进了福利经济学。在社会福利函数中，社会福利是社会所有个人效用水平的函数。可以用公式表示为：

$$W = W(u_1,\ u_2,\ \cdots,\ u_n)$$

式中，W 表示社会福利，u_1 表示第一个人的效用水平指标，u_2 表示第一个人的效用水平指标，…，u_n 表示第一个人的效用水平指标。其中，个人的效用水平取决于个人消费的所有的商品数量、从事的每一种劳动的数量、资本投入的数量等。

根据福利函数，可做出社会福利的无差异曲线 W_1，W_2，W_3……（见附图1-1）。

附图1-1中的各条无差异曲线，不能计算社会福利的确定值，但能比较大小。位置越高，即越偏于右方的曲线，社会福利越大。现实经济生活中，社会福利的实现状况受制于一定的生产资源、技术条件等。UU' 曲线为总效用可能性曲线，它是社会在既定的资源、技术个人偏好次序的条件下，不同消费者之间所有可能的符合帕累托最优状态的效用组合。在曲线 UU' 与 W_2 的切点 Q 上，社会福利和经济效率实现了现有生产技术能力条件下的最大状态。

社会福利函数的概念使人们有可能在一般的意义上考察既定社会价值判断下的社会福利最优化问题。但是，由于在社会福利函数构造过程中，不同人之间的主观价值判断可能存在差异，这必然引致每个人的社会福利函数具体表达式之间的差异，从而可能在同一社会福利值最大点下，存在多个不同的社会福利函数具

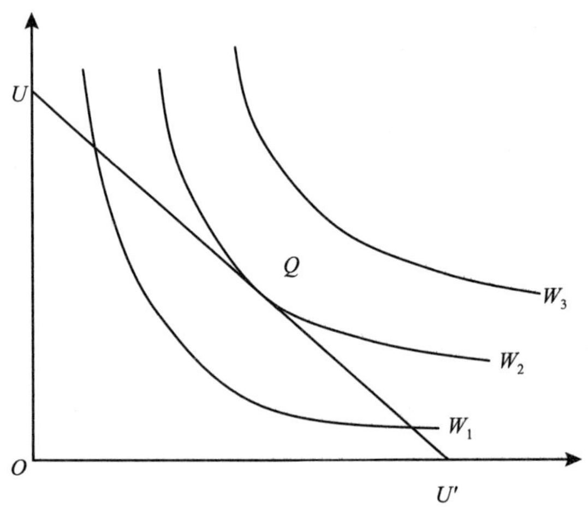

附图1-1　最大社会福利

体形式，那么如何对这些不同规定形式的社会福利函数所代表的社会福利水平进行评价，同时又进行选择呢？为此，可引入另一个标准——公平准则。

附录1.2　对帕累托最优必须满足这三个条件的模型论证

要达到帕累托标准，必须满足三个条件：交换效率条件、生产效率条件、交换和生产的总体效率条件。为说明这三个条件，可以将经济社会假定只有两个消费者、两个生产者、两种要素和两种商品。

1. 交换效率条件

对于一定量的商品 X 和 Y，当它们在消费者 A 和 B 之间的分配，达到以下状态——不使对方境况变糟的情况下使 A 或 B 境况变好——的 X 与 Y 之间的再分配是不存在的，这时，交换是有效率的，即达到了帕累托最优状态。福利经济学认为，交换效率条件是指任何两种商品之间的商品替代率（RCS）即边际替代率对任何两个消费者都相等。用公式表示为：

$$RCS_A = RCS_B$$

交换效率条件可用埃奇沃思盒状图（见附图1-2）来说明。

附图1-2中显示了消费者 A 和 B 的无差异曲线，其中，I_A、II_A、III_A 表示

A 的无差异曲线，凸向左下角原点 O_A；Ⅰ$_B$、Ⅱ$_B$、Ⅲ$_B$ 表示 B 的无差异曲线，凸向右上角原点 O_B。左右两纵轴分别表示 A、B 两人消费的商品 Y，上下两横轴分别表示 A、B 两人消费的商品 X。消费者 A、B 两人的无差异曲线分别相切于 m_1、m_2、m_3，将 m_1、m_2、m_3 连接起来，得到效率线（契约曲线）$O_Am_1m_2m_3O_B$。$O_Am_1m_2m_3O_B$ 上的各点，均是 A、B 两个消费者无差异曲线的切点。在各个切点上，A、B 的商品替代率都相等，这就意味着契约曲线上的任何一点都满足交换效率条件，契约曲线的轨迹就是帕累托最优轨迹，曲线上的交换都是最大满足的交换、最富有效率的交换。

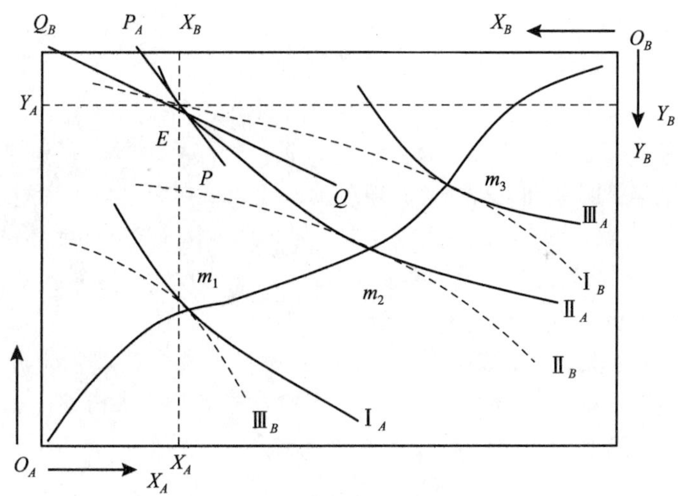

附图 1－2　交换效率条件

在契约曲线 $O_Am_1m_2m_3O_B$ 外的任何一点，由于 A、B 的商品替代率不同，从而都不满足交换效率条件，消费品在两个消费者之间的再次分配能够在不降低一方效用水平的情况下，提高另一方的效用满足水平。例如，在 E 点，A 的 X 对 Y 的商品替代率比较高（等于 PP_A 的斜率），而 B 的商品替代率则比较低（等于 QQ_B）。这样，一般地，A 希望用一定数量的 Y 去换取 B 的 X，B 也希望用一定数量的 X 去换取 A 的 Y。从而交换沿着Ⅰ$_B$ 或Ⅱ$_A$ 继续进行下去，直到消费者 A 和 B 的商品替代率相等为止。当交换沿着Ⅰ$_B$ 进行时，在切点 m_3 上，B 的效用没有增加，但 A 的效用由Ⅱ$_A$ 增加到Ⅲ$_A$ 了。当交换沿着Ⅱ$_A$ 进行时，在切点 m_2 上，A 的效用没有增加，但 B 的效用由Ⅰ$_B$ 增加到Ⅱ$_B$ 了。此后，任何交换都必然使一方或双方的效用水平下降。

2. 生产效率条件

在生产者C和D之间，重新配置生产要素L和K，以提高商品X或Y产出的同时，不减少Y或X的产出是不可能的。这时，生产是有效率的，即达到了帕累托最优状态。福利经济学中，生产效率条件有三个：技术替代率条件、产品转换率条件、边际产品条件。

(1) 技术替代率条件。

福利经济学认为，任意两种生产要素之间的技术替代率（RTS）对任何使用这两种要素的两个生产品都相等。用公式表示为：

$$RTS_X = RTS_Y$$

这一生产效率条件也可用埃奇沃思盒状图（见附图1－3）来说明。

假定经济中只有两种生产要素：劳动力L和资本K。附图1－3中显示了商品X和Y的等产量曲线，其中，I_X、II_X、III_X表示X的等产量曲线，凸向左下角原点O_X；I_Y、II_Y、III_Y表示Y的等产量曲线，凸向右上角原点O_Y。左右两纵轴分别表示生产X、Y所需要的劳动力L，上下两横轴分别表示生产X、Y所需要的资本K。商品X、Y的等产量曲线分别相切于n_1、n_2、n_3，将n_1、n_2、n_3连接起来，得到契约曲线$O_An_1n_2n_3O_B$。$O_An_1n_2n_3O_B$上的各点，均是X、Y的等产量曲线的切点。在各个切点上，X、Y的技术替代率都相等，这就意味着契约曲线上的任何一点都满足生产效率条件，契约曲线的轨迹就是帕累托最优轨迹，曲线上的交换都是最大满足的生产、最富有效率的生产。

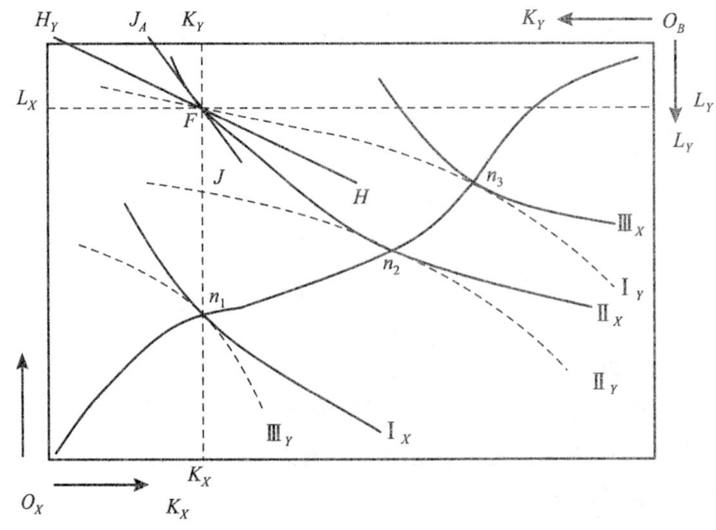

附图1－3　生产效率条件：技术替代率相等

在契约曲线 $O_An_1n_2n_3O_B$ 外的任何一点，由于 X、Y 的技术替代率不同，从而都不满足生产效率条件。例如，在 F 点，如果沿着 $Ⅰ_Y$ 重新分配生产要素 K、L，那么在切点 n_3 上，Y 的产量没有发生变化，但 X 的产量从 $Ⅱ_X$ 增加到了 $Ⅲ_X$；如果沿着 $Ⅱ_X$ 重新分配两种要素，那么在切点 n_2 上，X 的产量没有发生变化，但 Y 的产量从 $Ⅰ_Y$ 增加到了 $Ⅱ_Y$。此后，要素 K、L 在生产商品 X、Y 中分配的任何改变都会至少引起一种产品产量的下降。

（2）产品转换率条件。

附图 1－3 中，契约曲线 $O_An_1n_2n_3O_B$ 反映了生产者 C 所生产商品 X 和 Y 的等产量曲线切点的变化轨迹，在每一个切点上，如果不减少一种商品的产量，则没有办法增加另一种商品的产量。将 n_1、n_2、n_3 等切点及其对应的商品 X 的产量和商品 Y 的产量，在一个坐标系中画出来，可以得到 X 和 Y 的生产可能性曲线（见附图 1－4）。由于这一曲线是转换而来，所以也称之为转换曲线。

考察附图 1－4（a）中的 n_2 点，如果要增加 ΔX_2 的产量，则必须减少 ΔY_2 的产量作为代价。因此，$\Delta Y_2/\Delta X_2$ 代表了 X 和 Y 之间在 n_2 点的转换比例即产品转换率。同样，在 n_1、n_3 等点也存在各自对应的产品转换率 $\Delta Y_1/\Delta X_1$、$\Delta Y_3/\Delta X_3$ 等。C 的产品转换率可用 RPT_C 表示。

附图 1－4（b）表示了生产者 D 的生产可能性曲线和产品转换率，含义与 C 相同。D 的产品转换率可用 RPT_D 表示。

当 $RPT_C = RPT_D$ 时，整个经济中的生产达到了帕累托最优状态。因为，如果 RPT_1 不等于 RPT_2 时，则表示可以增加一种商品的产量而不用减少另外一种商品的产量。例如，设 $RPT_C = 3$，而 $RPT_D = 2$，这表明，对生产者 C 而言，每增加 1 单位 X 则需要减少 3 单位 Y，或者要增加 3 单位 Y，就必须减少 1 单位 X；对生

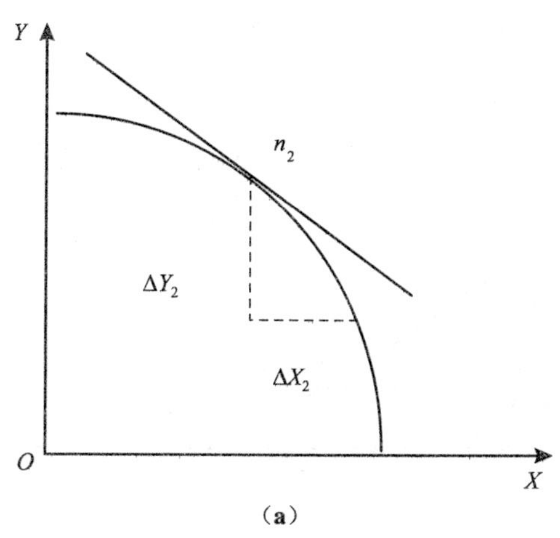

（a）

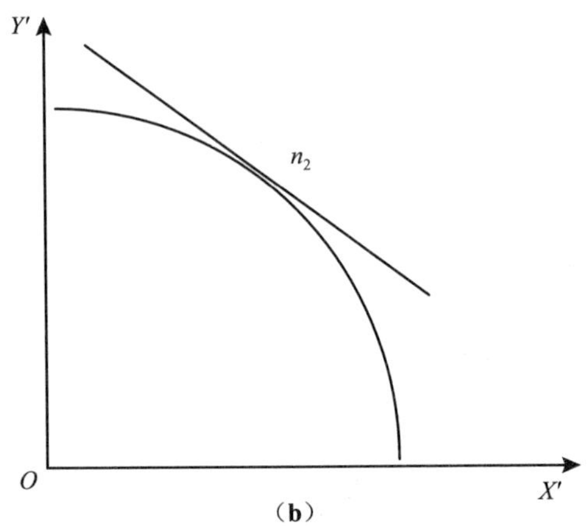

（b）

附图 1－4　转换曲线和产品转换率

产者 D 而言，每增加 1 单位 X 则需要减少 2 单位 Y，或者要增加 2 单位 Y，就必须减少 1 单位 X。这样，在整个经济中，可以令生产者 C 多生产 3 单位 Y，而少生产 1 单位 X。然后将增产的 3 个 Y 中的 2 个让渡给 D，并令 D 少生产 2 单位 Y，多生产 1 单位 X。再将 D 多生产的 1 单位 X 让渡给 C。如此来看，C 和 D 所生产的 X 数量不变，但 Y 的产量却增加 1 单位，此时，生产必然处于非帕累托最优状态。

(3) 边际产品条件。

边际产品条件是指如果任意两个生产者生产同一种商品时，每一种要素的边际产品均相等，即 $MP_1 = MP_2$，此时，生产处于帕累托最优状态。因为如果不同生产者之间的同一要素边际产品不相等，那么对于整个经济，可以通过降低边际产品较少的生产者的产量，而增加边际产品较多的生产者的产量，后者所增加的产量除弥补前者即降低产量生产者的损失外，还有剩余，这就表明生产没有达到帕累托标准。

3. 交换和生产的总体效率条件

交换与生产分别达到帕累托标准，并不意味着整个经济体系处于有效率状态。符合交换效率条件，只是表明经济中消费是最有效率的；符合生产效率条件，只是表明经济中有效率地使用劳动和资本生产商品。要使整个经济体系达到帕累托最优状态，福利经济学认为，需要具备一定的条件，使交换和生产同时到达帕累托最优状态，这一条件就是：任何两种商品的产品转换率等于它们的商品替代率，可以公式表示为：

$$RPT_{XY} = RCS_{XY}$$

达到该条件时，经济社会所有的生产者在最优状态下生产的商品恰好能够满足所有消费者在最优帕累托状态下的需要。我们可以通过将埃奇沃思盒状图与产品转换曲线图进行叠加来对此加以说明（见附图1－5）。

附图1－5中的FF'曲线是产品转换曲线，在FF'上任意选择一点V，以V点所决定的商品X的产量x和商品Y的产量y为横轴和纵轴，做出埃奇沃思盒状图，表示X、Y在消费者A、B之间的分配。条件$RPT_{XY}=RCS_{XY}$实质上就是产品转换曲线斜率等于无差异曲线的斜率。观察图1－5，通过FF'上V点的切线，平行于通过无差异曲线II_A与II_B的切点m_2的切线，即V点的产品转换率等于m_2点的商品替代率，此时，消费者A、B关于商品X、Y的分配比例为：A消费x_1、y_1，B消费$(x-x_1)$、$(y-y_1)$。

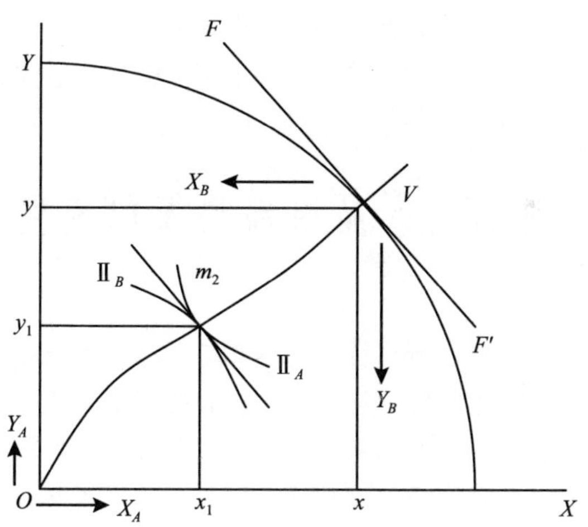

附图1－5　交换和生产的总体效率条件

如果商品替代率不等于产品转换率，那么就存在一个消费者效用的增加可以建立在另一个消费者效用不减少基础之上的可能性，这是不符合帕累托最优状态的，所以，要达到帕累托标准，就必须使$RPT_{XY}=RCS_{XY}$。

附录2.1　萨缪尔森对私人产品与公共产品区别的模型论证

萨缪尔森用严格的数学公式表述了私人产品与公共产品的区别。对于私人产

品来说，

$$X_j = \sum_{i=0}^{I} x_j^i \qquad (j=1, \cdots, J) \tag{2.1}$$

在式（2.1）中，上标表示消费者个人，总共有I个人；下标表示私人产品的种类，总共有J种私人产品。该公式所表达的经济含义是指，对某j种私人产品的消费总量X_j等于所有I个消费者所拥有或消费的该私人产品数量的总和。因此，对于消费者来说，私人产品是完全可分的。

对于公共产品来说，

$$X_k = x_k^i \qquad (i=1, \cdots, I;\ k=J+1, \cdots, J+K) \tag{2.2}$$

在式（2.2）中，上标表示消费者个人，总共有I个人；下标表示公共产品的种类，总共有K种公共产品。该公式所表达的经济含义是指，对某k种公共产品的消费总量X_k等于某个消费者i所拥有或消费的该公共产品的数量。因此，对于消费者来说，公共产品对于不同的个人是可以共同享有的，不可分割的。

附录2.2　对私人产品局部均衡的模型论证

对纯私人产品进行局部均衡分析（见附图2－1），假设市场中只有两个消费者A和B，D_A和D_B分别是他们对某种私人产品的需求曲线。两个消费者需求曲线的不同，反映了他们之间不同的收入和/或对该私人产品的不同偏好。在私人产品市场中，由于消费者是价格的接受者，因此，要得出私人产品的市场需求曲线D，只需要把在一定价格下个人需求的数量进行加总，即把每个人的需求曲线进行横向加总：私人产品市场需求$D=D_A+D_B$。个人需求曲线的任意一点表明，在其他条件不变的情况下，他愿意在某一价格上消费多少该产品；市场需求曲线的任意一点表明，在其他条件不变的情况下，对该私人产品的某一既定价格时，所有消费者所愿意消费的该产品的总量。现给定市场供给曲线S，那么，均衡价格就位于市场需求与供给相等的那一点上，此时，消费者个人A的需求为OQ_A，消费者个人B的需求为OQ_B，市场需求为：

$$OQ = OQ_A + OQ_B$$

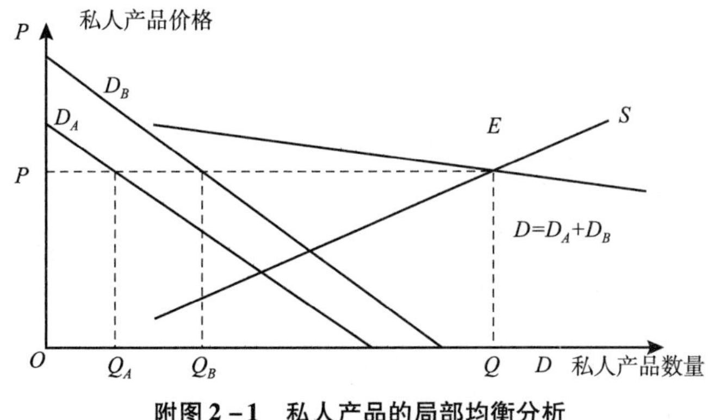

附图 2-1 私人产品的局部均衡分析

附录 2.3 对萨缪尔森均衡的模型论证

分析萨缪尔森均衡即公共产品局部均衡（见附图 2-2），特别要注意的是，公共产品的局部均衡与私人产品局部均衡分析方法的不同之处。这里，仍然假设只有两个消费者 A 和 B，D_A 和 D_B 分别是他们对某种公共产品的需求曲线。两个消费者需求曲线的不同，也反映了他们之间不同的收入和/或对该公共产品的不同偏好。但是，在公共产品市场中，消费者不再是价格的接受者，而是公共产品数量的接受者，因此，要得出公共产品的市场需求曲线 D，只需要把在一定数量下的个人支付意愿即价格进行加总，即把每个人的需求曲线进行纵向加总：公共产品市场需求 $D=D_A+D_B$。个人需求曲线的任意一点表明，在其他条件不变的情况下，他愿意在某公共产品既定的数量上愿意支付多少价格；市场需求曲线的任意一点表明，在其他条件不变的情况下，对该公共产品的某一既定数量上，所有消费者所愿意支付的价格的总和。萨缪尔森把这些需求曲线称为虚拟需求曲线，原因是要画出这些需求曲线，必须假设每个消费者都能准确地说出他为公共产品的产出所愿意支付的成本。也就是说，在这样的公共产品分析中，是不存在任何“搭便车”者或者投机行为的，而实际上是不可能的。假定公共产品的供给是给定的，附图 2-2 中用曲线 S 表示。公共产品的均衡水平位于供给曲线和总需求曲线的交点上，即产出为 OQ。给定这一产出水平，假定消费者 A 愿意为该公共产品支付的价格为 OP_A，消费者 B 愿意为该公共产品支付的价格为 OP_B，公共产品 OQ 的总支付为 OP，则 $OP=OP_A+OP_B$。

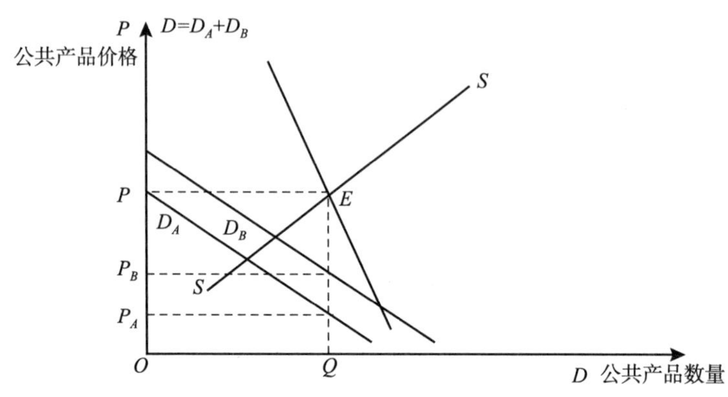

附图2-2　公共产品的局部均衡分析

附录2.4　对私人产品和公共产品局部均衡分析的模型论证

从私人产品和公共产品的局部均衡分析中可以看出，附图2-1和附图2-2供给曲线 S 实际上是额外提供一个单位产品所增加的成本，即产品的际成本，我们可以把私人产品和公共产品的定价规则表示为：

在私人产品中，$OP_A = OP_B = OP = MC$

由此可见，在私人产品的任意一种产出水平下，每个消费者都是价格的接受者，人人都面临着同样的市场价格，这一价格即等于边际成本。因此，私人产品的有效定价原则为价格等于边际成本。

在公共产品中，$OP_A + OP_B = OP = MC$

由此可见，公共产品的每个消费者都是产量的接受者，在任意公共产品产出水平下，每个消费者愿意为该公共产品支付的价格都是不同的，即每个人都有其个性化价格。因此，纯公共产品的有效定价原则是消费者愿意支付价格的总和等于边际成本。

附录2.5 对公共产品一般均衡分析的模型论证

公共产品的局部均衡分析仅限于单个公共产品的情况。与此不同的是，公共产品的一般均衡分析则放弃了保持其他条件不变的假定，对有若干公共产品和若干私人产品同时存在的均衡情况进行分析。

与私人产品一般均衡分析的方法相类似，这里也采用存在两个消费者和两种商品的情况对私人产品和公共产品的帕累托最佳供给条件进行分析。首先需做出一些假设：

(1) 只存在两种商品可供最终消费：私人产品 X 和公共产品 G；

(2) 只有两个消费者 A 和 B，且他们的收入和偏好既定；

(3) 生产可能性组合既定。

根据私人产品和公共产品的不同特点，有以下两个数学表达式：

$$X_A + X_B = X \tag{2.3}$$

$$G_A + G_B = G \tag{2.4}$$

在式 (2.3) 中，X_A、X_B 分别表示消费者 A 和 B 对私人产品 X 的需求量；在式 (2.4) 中，G_A、G_B 分别表示消费者 A 和 B 对公共产品 G 的需求量。

消费者 A 对私人产品 X 和公共产品 G 的无差异曲线用附图2－3 (a) 表示；消费者 B 对私人产品 X 和公共产品 G 的无差异曲线用附图2－3 (b) 表示；附图2－3 (c) 表示的是生产可能性曲线。

首先选定消费者 B 一定的效用水平，如附图2－3 (b) 中无差异曲线 B_2B_2 所表示的效用水平。当消费者 B 的效用水平为既定时，我们用生产可能性曲线所表示的公共产品和私人产品的组合产量纵向减去消费者 B 一定消费水平 B_2B_2 所表示的公共产品和私人产品的组合消费量，即可得到消费者 A 的消费可能性曲线。为什么纵向相减？是因为消费者 B 消费了的私人产品，消费者 A 不能再消费了，因此，消费者 A 所能消费的私人产品只能是生产可能性曲线在纵轴上的私人产品产量与消费者 B 既定的无差异曲线 B_2B_2 在纵轴上的私人产品消费量的差额；同时，消费者 A 和消费者 B 对公共产品的消费并不冲突，他们共同地消费生产可能性曲线在横轴上的公共产品的产量。

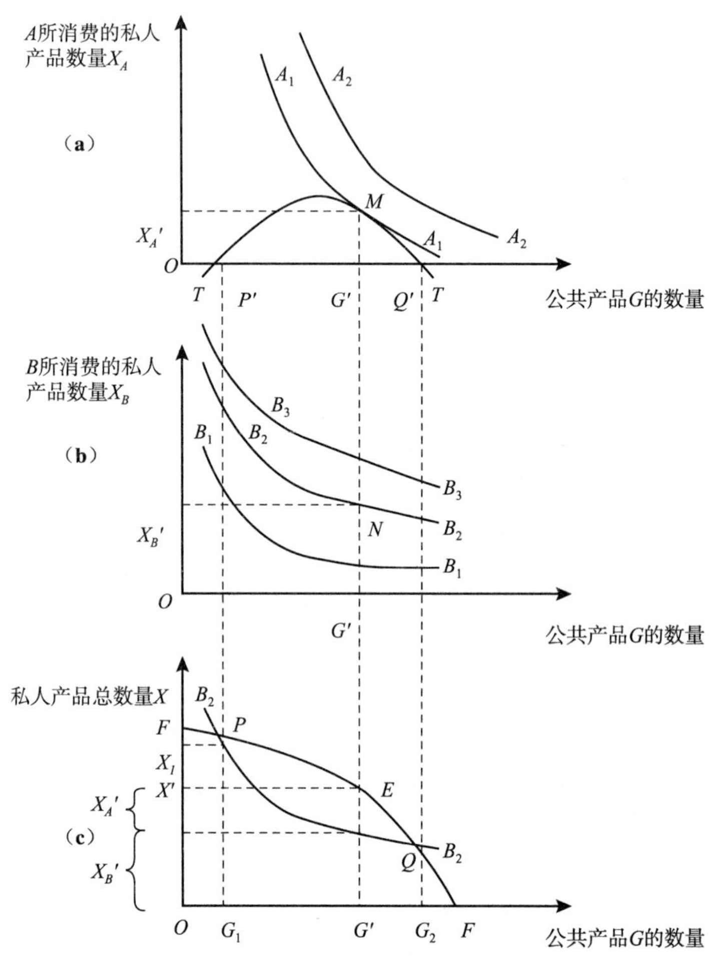

附图 2－3　公共产品的一般均衡分析

我们可以用几何图形表达以上的分析思路。首先将附图 2－3（b）中消费者 *B* 既定的无差异曲线 B_2B_2 平移到附图 2－3（c）中，附图 2－3（c）中生产可能性曲线 *FF* 与无差异曲线 B_2B_2 纵向相减，即可得到附图 2－3（a）中消费者 *A* 的消费可能性曲线 *TT*。在附图 2－3（c）中的 *P* 点，由于所生产的所有私人产品都被消费者 *B* 消费殆尽，所以，消费者 *A* 的消费组合中便不包含任何私人产品，但是，他仍然可以与消费者 *B* 共同消费所生产的公共产品 G_1，这样便可以在附图 2－3（a）中的消费者 *A* 消费可能性曲线 *TT* 上得到 *P′*。在 *P′* 点上，消费者 *A* 消费零单位私人产品和 G_1 单位公共产品。附图 2－3（a）中的 *Q′* 点也可以用相同的方法得到。在 *Q′* 点上，消费者 *A* 也消费零单位私人产品，但可以消费 G_2 单位公共产品。对于附图2－3（a）中的点M（这一点是任意的，它取决于N点的选择），消费者A所消费的私人产品X'_A，实际上也是附图2－3（c）中E点所表示的生产可能性曲线的私人产品产量OX与附图2－3（b）中N消费者B已消费了的私人产品X'_B的差额，同时，消费者A与消费者B共同消费公共产品G'。附图2－3（a）中TT曲线中的其他点也可以用同样的方法得到。因此，在消费者B得到满足后，消费可能性曲线TT可以唯一地确定，就是可供消费者A消费的公共产品和私人产品的组合。

在既定消费者B无差异曲线B_2B_2的任意一点所表示的私人产品和公共产品消费组合，消费者A的消费可能性曲线TT都有一点与之相对应。同样，在附图2－3（a）中，消费者A有许多条无差异曲线，如A_1A_1、A_2A_2等，仅当其中一条无差异曲线（附图2－3（a）中所示A_1A_1）与TT曲线相切时，在切点M，消费者A才能够达到了效用最大化（应当注意：点M并不是TT曲线的最大值）。附图2－3（b）的N点和附图2－3（a）的M点所表示的产品组合，必定是公共产品和私人产品的帕累托最佳组合。此时，消费者B消费X'_B单位的私人产品和G'单位的公共产品；消费者A消费X'_A单位的私人产品和G'单位的公共产品。

由于消费者A的消费可能性曲线TT是生产可能性曲线FF与消费者B无差异曲线B_2B_2纵向相减得出的，并且曲线FF和B_2B_2都是连续可微的，因此，在G的任何一点上，TT曲线的斜率都等于FF曲线的斜率与B_2B_2曲线斜率之差。有：

曲线FF斜率＝曲线TT斜率＋B_2B_2曲线斜率

在帕累托最佳配置条件下，曲线TT与A_1A_1相切，因此，两者的斜率相等，曲线A_1A_1斜率＝曲线TT斜率。故有：

曲线FF斜率＝曲线A_1A_1斜率＋B_2B_2曲线斜率

上式可表示为：

$$MRT = MRS^A + MRS^B \tag{2.5}$$

在式（2.5）中，MRS^A和MRS^B分别是消费者A和消费者B对公共产品G和私人产品X的边际替代率，MRT为公共产品G和私人产品X的边际转换率。

或者，可以用更精确的数学表达式表示为：

$$\frac{U_G^A}{U_X^A} + \frac{U_G^B}{U_X^B} = \frac{F_G}{F_X} \tag{2.6}$$

因此，可以得到两个消费者、一种私人产品和一种公共产品的一般均衡：对于不同的消费者，公共产品有效供给的条件为边际替代率之和等于其边际转换率。这个条件又称为萨缪尔森条件。

以上只是帕累托最佳配置的一种特殊状态，即在消费者B选定了无差异曲线

B_2B_2 的基础上，可以获得的私人产品和公共产品在两个消费者之间的最佳分配。如果选定消费者 B 其他消费水平上的无差异曲线，据此可得出消费者 A 相应的消费可能性曲线，从而可以得出其相应的帕累托最佳配置点 M_1、M_2、M_3 和 M_4 等（见附图2－4）。

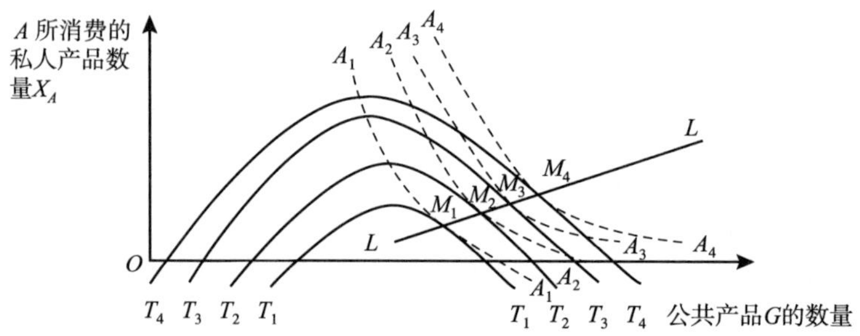

附图2－4　消费者的序数效用指数

将这些帕累托最佳配置点连接起来，就是附图2－4中的轨迹 LL。与之相对应的是，也给出了消费者 A 的序数效用指数（如附图2－4中的 A_1A_1、A_2A_2、A_3A_3、A_4A_4）。同时，由于消费者 A 的任何一条消费可能性曲线 TT，都是在消费者 B 既定的无差异曲线基础上确定的，因此，对于消费者 A 任何一个最佳配置点 M_1、M_2、M_3 和 M_4，假如消费者 B 也有最佳配置点 N_1、N_2、N_3 和 N_4 与之相对应，从而也给出了消费者 B 的序数效用指数。因此，轨迹 LL 上的所有序数效用指数点都表示了在不同水平上消费者 A 和 B 的最优产品分配和最大的效用组合。我们可以把消费者 A 和 B 的序数效用指数点放在同一个坐标系中转化为效用面，形成所有帕累托最佳配置点的效用可能性轨迹，这个轨迹被称为帕累托可能性曲线，用 UU 表示，U_A 和 U_B 分别为消费者 A 和 B 的序数效用可能性指数（见附图2－5）。

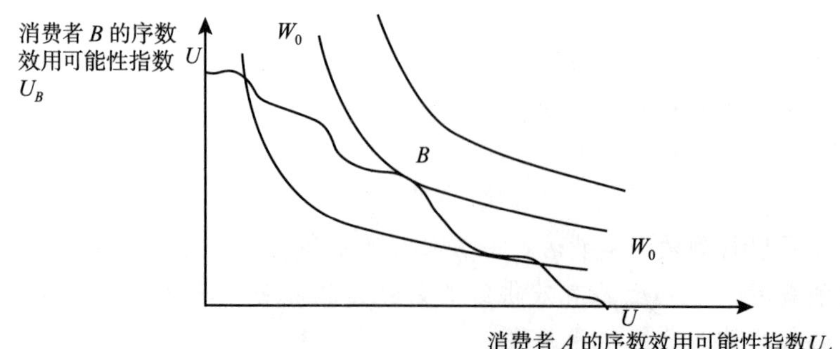

附图2－5　社会公共产品均衡

在帕累托可能性曲线上的所有最佳配置点中，要找出从社会角度来看最佳的产品组合，我们需利用萨缪尔森和伯格逊的社会福利函数。社会福利函数是社会中每个消费者个人福利函数某种方式的加总，是各消费者个人效用函数的函数，它反映了社会对可供选择的帕累托最佳配置的集体偏好。在不同的个人效用水平及其相应组合下，可以形成社会福利的无差异曲线。其中有一条无差异曲线 W_0W_0 与帕累托可能性曲线 UU 相切于 B 点，这就是社会选择的最理想状态，形成了从整个社会来看的私人产品和公共产品的最佳组合以及私人产品在消费者 A 和 B 之间的分配。同时，它还可以确定公共产品、私人产品及生产要素的一组有效价格，也确定了消费者 A 和消费者 B 的最佳福利分配。

以上是对有两个消费者和两种产品的公共产品的均衡分析。在具有许多消费者、多种公共产品和私人产品的情况下，这些分析仍然是有效的，公共产品有效供给的条件仍然是边际替代率的总和等于边际转换率，即有如下数学表达式：

$$\sum_{i=1}^{n} MRS_{GX}^{i} = MRT_{GX} \tag{2.7}$$

其中，消费者 $i=1$，…，n；任意一组商品 G、X。

若把私人产品货币化，就可用有效价格表示公共产品供应的均衡条件。有：

$$\frac{P_G^1}{P_X^1} + \cdots + \frac{P_G^i}{P_X^i} + \cdots + \frac{P_G^n}{P_X^n} = MRT \tag{2.8}$$

由于边际替代率反映的是个人通过公共产品的边际增量而获得边际效用的增加，由于人人都消费公共产品，因此，必须把个人的边际效用全部加总。公共产品的边际增量产生的总效用的数量，是个人边际的总和。

由于 $P_X^1 =$，…，P_X^i，…，$= P_X^n = P_X$。现假设 $P_X = 1$；则有：

$$P_G^1 + \cdots + P_G^i + \cdots + P_G^n = MC_G$$

也就是说，公共产品的帕累托最佳均衡，要求每个消费者附加边际成本的个人化价格。

附录 2.6　威克塞尔—林达尔均衡的模型论证

在威克塞尔—林达尔均衡中，如果用 h 表示消费者 A 承担的公共产品总成本份额，则消费者 B 承担的份额为 $1-h$。G 表示公共产品的产出。假设消费者 A 和 B 对公共产品 G 和私人产品 X 的效用函数分别为：

$$U_A = \Theta_A(X_A,\ G) \tag{2.9}$$

$$U_B = \Theta_B(X_B,\ G) \tag{2.10}$$

其中，X_A 和 X_B 和分别为消费者 A 和 B 的私人产品，G 为消费者 A 和 B 共同消费的公共产品。

消费者 A 和 B 在他们的预算约束内都最大化其效用，则有：

$$Y_A \geqslant pX_A + hG \tag{2.11}$$

$$Y_B \geqslant pX_B + (1-h)G \tag{2.12}$$

其中，Y_A 和 Y_B 分别为消费者 A 和 B 的收入，p 为私人产品的价格。如果只有 h 改变，公共产品产量 G 随 h 改变而改变，而其他变量保持不变。用纵轴代表消费者 A 和消费者 B 承担的公共产品支出份额，横轴代表公共产品产量。便可以得出消费者 A 以 h 为自变量、以 G 为因变量的需求曲线；以同样的方式可以得出消费者 B 以 h 为自变量、以 G 为因变量的需求曲线。不过，消费者 A 以 O_A 为原点，其对公共产品的需求曲线为 AA；消费者 B 以 O_B 为原点，其对公共产品的需求曲线为 BB。

如附图 2-6，如果消费者 A 承担税收份额为 h_1，消费者 A 愿意得到公共产品 G_1，而消费者 B 承担税收份额为 $1-h_1$，愿意得到公共产品 G_2，这样，两者之间就产生了分歧。由于双方具有相同的政治力量，谁也不能决定谁，因此，这个结果是不确定的。为此，又提出了另外一个税收份额，并通过消费者 A 和 B 的重新比较，决定一个新的产出水平，直到税收份额为 h^* 时才达到均衡，这就是威克

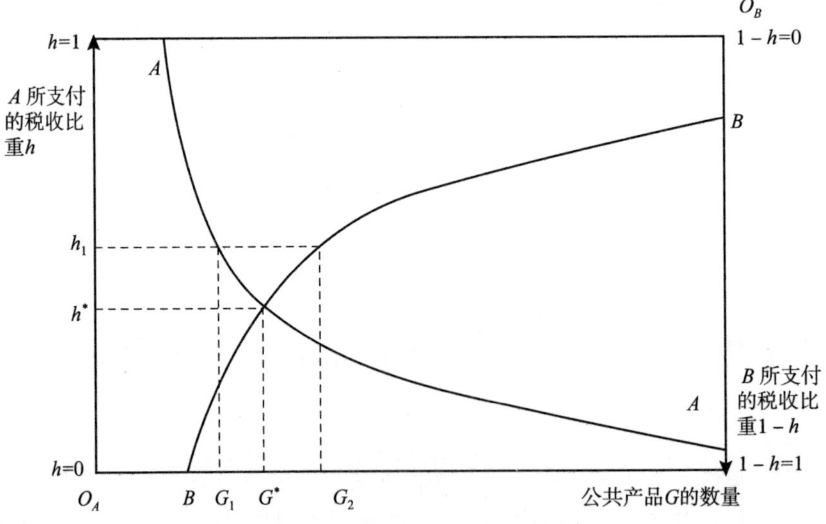

附图 2-6　威克塞尔—林达尔均衡

塞尔—林达尔均衡。这时，消费者 A 和 B 都同意公共产品的产出水平为 G^*，消费者 A 愿意承担的税收份额为 h^*，消费者 B 愿意承担的税收份额为 $1-h^*$。这是一个纳什均衡，它意味着任何一个人或一组人如果改变配置都将使状况变坏，从而将阻止这种结果的发生。因此，威克塞尔—林达尔均衡是帕累托最佳配置。

附录 2.7　对拥挤性公共产品的模型论证

对于一个拥挤性公共产品，假定所有消费者都有相同的偏好，并且平均承担该产品的成本。S 表示该公共产品的消费者数量，TB 表示人均收益，PC 表示每个消费者的承担的平均成本（如附图 2－7）。假如某一拥挤性公共产品为既定，随着消费者规模 S 的增加，由于产生了拥挤成本，消费者的人均收益 TB 也受到影响，即人均收益的减少为 TB 曲线的斜率，斜率为负值。同时，消费者需承担的平均成本也将降低，即人均成本的降低为 PC 曲线的斜率。由于 $PC=C/S$，对于一给定的拥挤性公共产品的数量，C 为常数，所以，PC 曲线为一双曲线，因此，PC 曲线的斜率也为负值。

如果用 MB 表示随消费者数量增加每个消费者的边际收益，则有：

$$MB=\frac{\partial(TB)}{\partial S} \tag{2.13}$$

式（2.13）的经济含义是，随着消费者人数的增加，在该公共产品一定的情况下，由于增加了拥挤成本，并且拥挤成本由每个消费者承担，故消费者的边际收益递减，即 MB 为负数，在附图 2－7 中也可以看到 TB 曲线的切线是向下倾斜的。

随着消费者人数增加还产生另一个结果，即每个消费者需要承担的人均成本降低，如果用 MC 表示随消费者数量增加每个消费者的边际成本，由于 $PC=C/S$，则有：

$$MC=\frac{\partial(PC)}{\partial S}=\frac{\partial\left(\frac{C}{S}\right)}{\partial S}=-\frac{C}{S^2} \tag{2.14}$$

如果随着消费者人数的增加，边际收益的减少正好等于边际人均成本的减少，则拥挤性公共产品达到最佳消费者规模。此时，可表达为：$MB=MC$，即：

$$\frac{\partial(TB)}{\partial S}=-\frac{C}{S^2} \tag{2.15}$$

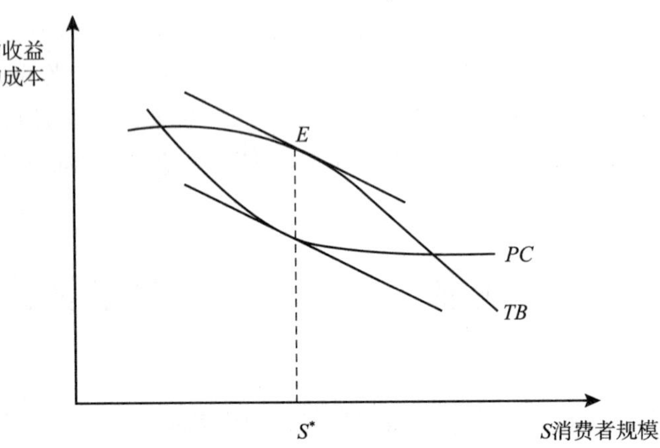

附图 2－7　拥挤性公共产品均衡

附图 2－7 表明，在均衡点 E，当增加最后一个消费者时，人均收益的减少即每个消费者拥挤成本的增加等于人均分摊成本的减少。这时，对于某一给定的拥挤性公共产品而言，消费者人数达到了最佳规模。

附录 2.8　对一般混合性公共产品的模型论证

混合产品既具有公共产品的特征，又具有私人产品的特征。消费者在消费混合产品时，既消费公共产品，也消费私人产品。因此，在分析混合产品均衡时，可以分别分析公共产品和私人产品的需求函数，然后用某种方式把他们叠加起来。

假设有消费者 A 和 B 各自消费混合产品 Q。附图 2－8（a）对混合产品中的私人产品部分进行分析，D_X^A 和 D_X^B 分别表示 A 和 B 在消费混合产品过程中对私人产品部分的需求曲线，将两者横向相加，即可求得两个消费者对私人产品部分的需求曲线 D_X^{A+B}。附图 2－8（b）对混合产品中的公共产品部分进行分析，D_G^A 和 D_G^B 分别表示 A 和 B 在消费混合产品过程中对公共产品部分的需求曲线，将两者纵向相加，即可求得两个消费者对公共产品部分的需求曲线 D_G^{A+B}。如附图 2－8（c），在以上分析的基础上，对混合产品的总需求进行分析。通过将混合产品中的两个消费者对私人产品部分的需求曲线 D_X^{A+B} 和对公共产品部分的需求曲线 D_G^{A+B} 纵向相加，便可得出对混合产品的总需求曲线 D_Q^{A+B}。如果边际成本曲线 MC 给定，则其与混合产品需求曲线的焦点 E 为均衡点，此时，均衡产出为 Q^*，均衡价格为

P^*，$P^*=P_X+r$，P^*由混合产品中私人产品部分市场价格P_X和消费者对公共产品部分的支付意愿r组成。

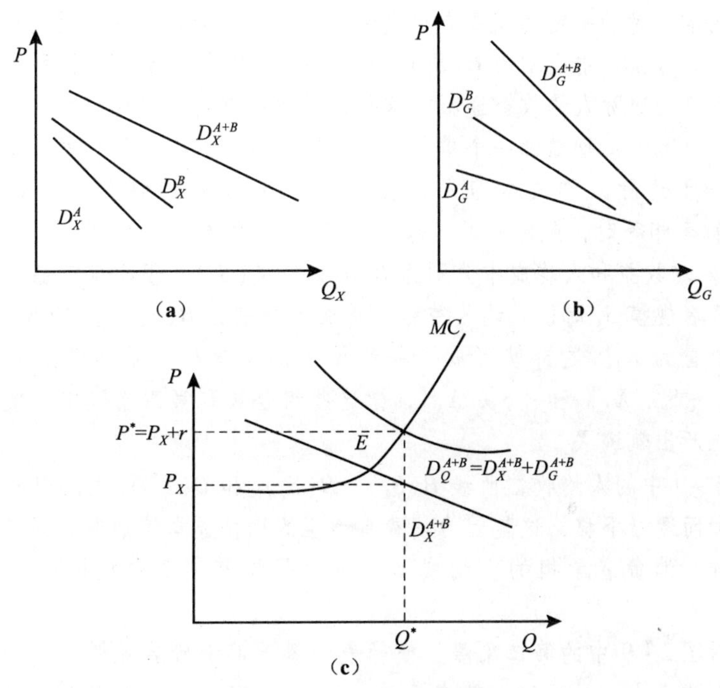

附图2-8　混合产品均衡

以上分析的是混合产品的局部均衡。由于萨缪尔森一般均衡条件包含了私人产品的帕累托最优配置，因此，纯公共产品一般均衡的萨缪尔森条件对混合产品也是成立的，即公共产品最后供应单位产品的边际收益之和等于边际成本时的产量为最佳供给产量。

附录2.9　对布坎南俱乐部产品均衡的模型论证

布坎南模型包含这样的假设：俱乐部排除非会员时无需成本；俱乐部内所有会员具有平等的地位；俱乐部每个会员分摊相同的成本并获得相同的收益。对于任何一个俱乐部成员，假设其个人i的效用函数为：

$$U^i=\max U^i(Y^i,\ X,\ S),\ i=1,\ \cdots,\ S \tag{2.16}$$

其中，Y^i 为消费者 i 对私人产品的消费，X 为俱乐部产品，S 为消费者的规模。

如附图2－9中第一象限所示，横轴表示俱乐部产出数量，纵轴表示人均收益或人均成本。对于一定的消费者规模为 S_1，随着俱乐部产品数量的增加，则人均收益为 $B(S_1)$，人均成本为 $C(S_1)$。如附图2－9中的曲线形状所表明的，俱乐部产品数量的边际人均收益递减，这是由于边际效用递减规律所致；而俱乐部规模不变的情况下，每增加一个单位俱乐部产品时，边际人均成本不变。当边际人均收益等于边际人均成本即人均收益曲线 $B(S_1)$ 的斜率和人均成本曲线 $C(S_1)$ 的斜率相等时，此时的俱乐部产品 X_1 为最佳数量。同理，当消费者规模为 S_2 时，人均收益和人均成本分别为 $B(S_2)$ 和 $C(S_2)$，俱乐部产品最佳数量为 X_2；当消费者规模 S_3 时，人均收益和人均成本分别为 $B(S_3)$ 和 $C(S_3)$，俱乐部产品最佳数量为 X_3。这样就形成了一组俱乐部规模和俱乐部产出的最佳组合［S_1，X_1］、［S_2，X_2］和［S_3，X_3］，把这些组合放到第四象限中，便可得到俱乐部的最佳产出轨迹 X_{opt}。

附图2－9中的人均收益曲线 $B(S_1)$、$B(S_2)$ 和 $B(S^*)$ 之所以随着消费者数量的增加而逐渐下移，这是因为消费者承担的拥挤成本随消费者规模的扩大而增大；同样，消费者承担的人均成本曲线也是随着消费者规模增大而逐渐下移的。

再看附图2－9中的第二象限，横轴表示俱乐部消费者规模，纵轴仍表示人均收益或人均成本。对于俱乐部产品的一定产出 X_1，人均收益为 $B(X_1)$，人均成本为 $C(X_1)$。如附图2－9中的曲线形状所示，人均收益 $B(X_1)$ 随俱乐部会员规模扩大到一定程度后逐渐递减，这是由于产生了拥挤成本，同时，对于俱乐部产出，俱乐部规模的扩大，人均成本 $C(X_1)$ 也逐步减少。当随着俱乐部会员规模的扩大，其边际人均收益等于边际人均成本即人均收益曲线 $B(X_1)$ 的斜率和人均成本曲线 $C(X_1)$ 的斜率相等时，这时的俱乐部会员规模为最佳规模 S'_1（这里与拥挤性产品最佳消费者规模的分析是相似的）。同理，当俱乐部产出为 X_2 时，人均收益和人均成本分别为 $B(X_2)$ 和 $C(X_2)$，最佳俱乐会员规模为 S'_2；当俱乐部产出为 X_3 时，人均收益和人均成本分别为 $B(X_3)$ 和 $C(X_3)$，最佳俱乐部会员规模为 S'_3。这样，就形成了一组俱乐部产出和俱乐部会员规模的最佳组合［X_1，S'_1］、［X_2，S'_2］和［X_3，S'_3］。把这些组合通过第三象限45°线映射到第四象限，便得到俱乐部的最佳会员规模轨迹 S_{opt}。

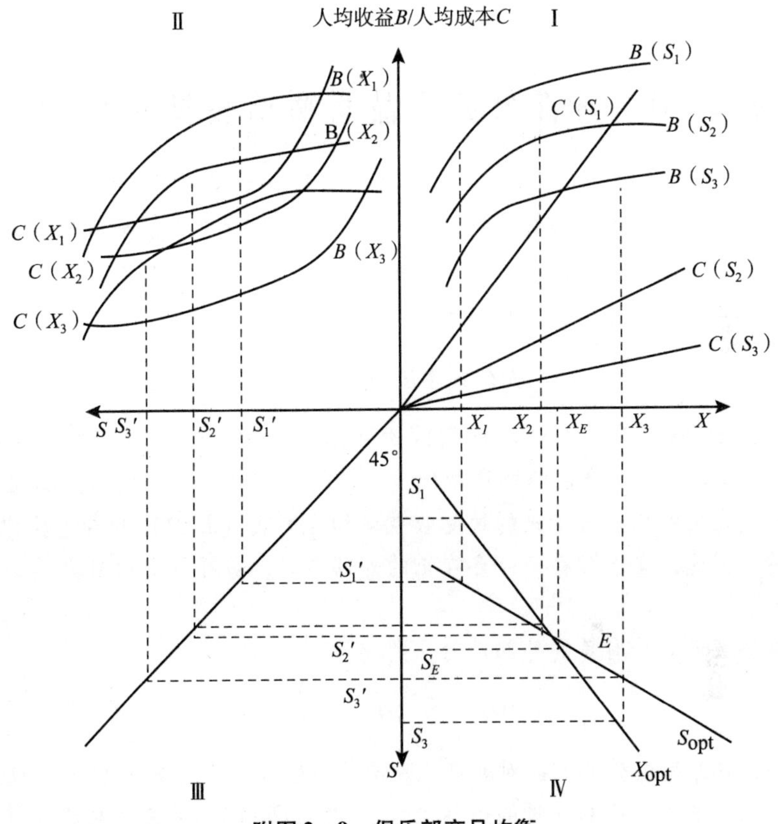

附图 2－9　俱乐部产品均衡

附图 2－9 中的人均收益曲线 $B(X_1)$、$B(X_2)$ 和 $B(X^*)$ 之所以在俱乐部超过一定的会员规模后逐渐向下倾斜，这是因为消费者承担的拥挤成本随俱乐部会员规模的扩大而增大；同样，消费者承担的人均成本曲线也是随着俱乐部会员规模的扩大而向下倾斜的。

在第四象限中，当最佳产出轨迹 X_{opt} 与最佳会员规模轨迹 S_{opt} 相交时，其交点 E 就是俱乐部的一般最佳规模，决定了俱乐部的最佳产出 X_E 和最佳会员规模 S_E。

附录2.10 对准公共产品均衡的模型论证

准公共产品的社会边际收益和社会边际成本，与私人产品的边际收益和边际成本不一致。在准公共产品的分析中，适用以下的萨缪尔森条件：

当准公共产品存在正的外部性时，有：

$$MC = MB_A + \sum_{j=0}^{h} MB_j \tag{2.17}$$

其中，MC 指 A 获得该公共产品的边际私人成本，MB_A 指 A 的边际私人收益，MB_j 则是该准公共产品给非产权所有人 j 带来的额外边际收益。该准公共产品给包括 A 在内的所有人带来的边际收益之和，即式（2.17）的右边被称为边际社会收益。因此，当准公共产品存在正的外部性时，边际社会收益大于边际私人收益。

当准公共产品具有负的外部性时，则有：

$$MC + \sum_{j=0}^{h} MD_j = MB_A \tag{2.18}$$

其中，MD_j 是该公共产品对非产权所有人 j 带来的额外边际成本。包括 A 在内的所有人为该公共产品支付的边际成本，即式（2.18）的左边被称为社会的边际成本。因此，当准公共产品存在负的外部性时，边际社会成本大于边际私人成本。

附录3.0 中间投票人定理的数理论证

正式提出中间投票人定理的，是A. 唐斯（A. Downs）。他在1957年出版的《民主的经济理论》（AnEconomic Theory of Democracy）中指出：如果在一个多数决策模型中，个人偏好都是单峰型的，则反映中间投票人意愿的那种政策会最终获胜，因为选择核政策会使一个团体的福利损失最小。我们可以用附图3－1进一步说明中间投票人定理。

假定有5个人，他们对于公共产品如“警察保护”的需求曲线分别为 D_1、D_2、D_3、D_4、D_5 所示，每个人都面临 OP 高的“警察保护”这一公共产品的价格。在既定价格水平 OP 上，个人 1 最偏好的“警察保护”数量为 OQ_1，个人 2 最偏好的“警察保护”数量为 OQ_2，个人 3 最偏好的“警察保护”数量为 OQ_3、个人 4 最偏好的“警察保护”数量为 OQ_4、个人 5 最偏好的“警察保护”数量为 OQ_5。为了决定多高水平的“警察保护”程度由政府提供，让以上 5 人在 OQ_1、OQ_2、OQ_3、OQ_4、OQ_5 之间投票选择一个。

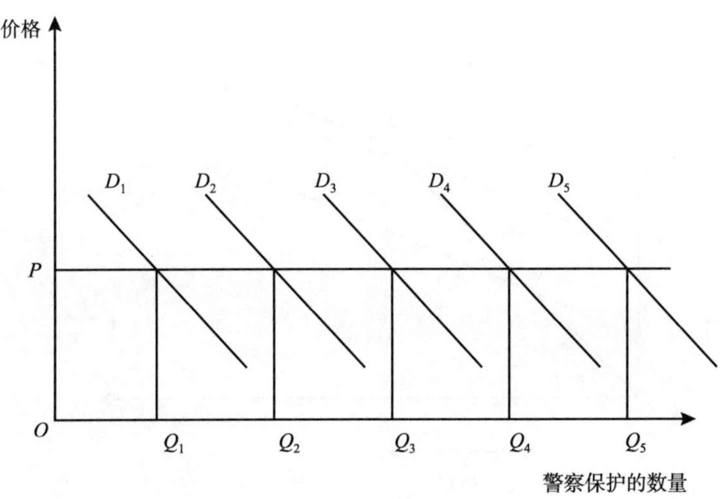

附图 3－1 中间投票人定理示意图

从附图 3－1 中可以看出个人 3、4、5 所偏好的水平均在 OQ_1、OQ_2 的右端，这意味着产出量 OQ_3、OQ_4、OQ_5 将胜过 OQ_1、OQ_2，而个人 1、2、3 所偏好的水平均在 OQ_4、OQ_5 的左端，这说明 OQ_1、OQ_2、OQ_3 将胜过 OQ_4、OQ_5。将以上两方面结合起来，显而易见，处于中间水平的 OQ_3 将取胜，因此个人 3 就是中间投票人。

附录 8.1 对扩张性财政政策的模型论证

如附图 8－1 所示，若社会边际消费倾向为 2/3，则政府支出增加 100 亿美元，可导致国民收入增加 300 亿美元。

在附图 8－1 中，横轴和纵轴仍分别代表国民收入和总支出。最初，$C+I+G$ 线与 45°线的交点 E 所决定的国民收入水平 OA，低于充分就业的水平 OF，经济

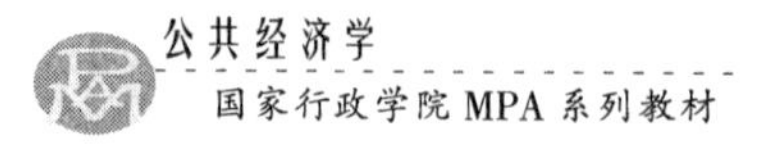

正处于衰退之中。在这种情况下，假定政府为此执行扩张性的财政政策，增加政府支出100亿美元（以ΔG表示），使均衡点由E移至E'，从而引起国民收入增加300亿美元，达到了充分就业的水平OF。

如附图8－2所示，假定社会边际消费倾向为2/3，则减少政府税收100亿美元，可导致国民收入增加200亿美元。

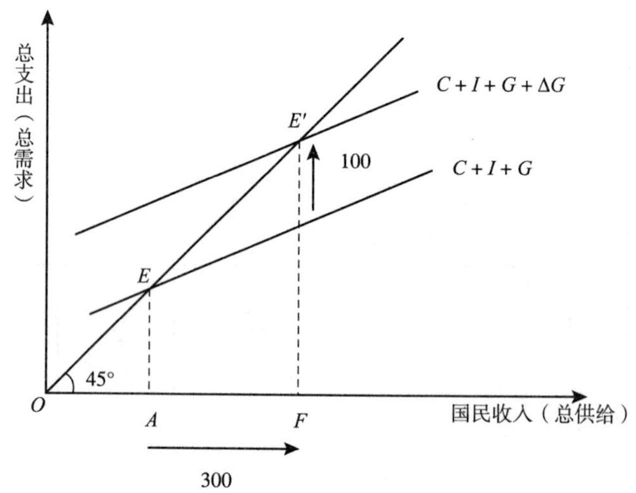

附图8－1　扩张性的政府支出

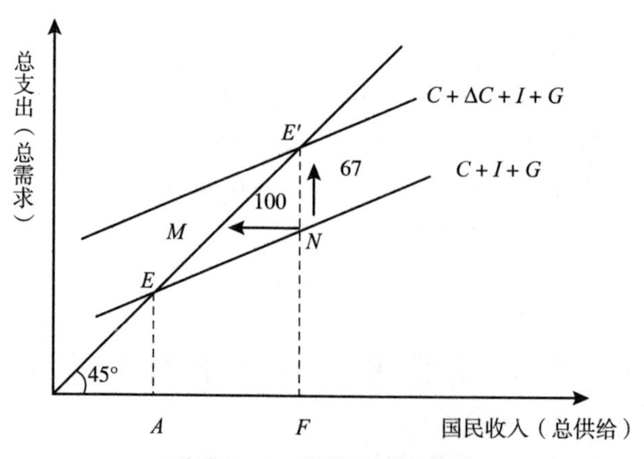

附图8－2　扩张性政府税收

在附图8－2中，$C+I+G$线与45°线原来的交点为E，这一点所决定的国民收入水平OA低于充分就业的水平OF，经济正处于衰退时期。为此，政府执行扩张性的财政政策，减少政府税收100亿美元（以MN表示），导致私人消费支出增加67亿美元（以C表示），从而使均衡点由E移至E'，引起国民收入增加200亿美元，达到了充分就业水平OF。

附录8.2　对紧缩性财政政策的模型论证

如附图8－3所示，若社会边际消费倾向为2/3，则政府支出减少100亿美元，可导致国民收入减少300亿美元。

在附图8－3中，$C+I+G$线与45°线原来的交点为E，这一点所决定的国民收入水平OA高于充分就业的水平OF，经济正处于通货膨胀之中。为此，政府执行紧缩性的财政政策，减少政府支出100亿美元（以$-\Delta G$表示），使均衡点由E移至E'，造成国民收入减少300亿美元，恢复到充分就业水平OF，压缩了社会总需求，达到了紧缩性的政府支出抑制通货膨胀的目的。

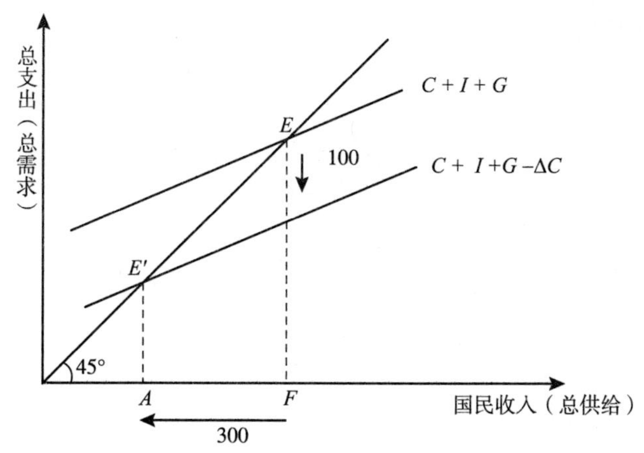

附图8－3　紧缩性政府支出

如附图8－4所示，如果边际消费倾向为2/3，则增加政府税收100亿美元，可导致国民收入减少200亿美元。

在附图8－4中，$C+I+G$线与45°线原来的交点为E，这一点所决定的国民收入水平OA高于充分就业的水平OF，经济正处于通货膨胀时期。为此，政府执行紧缩性的财政政策，增加政府税收100亿美元（以MN表示），造成私人消费减少67亿美元（以$-\Delta C$表示），使均衡点由E移至E'，从而促使国民收入减少200亿美元，恢复到充分就业水平OF，压缩了社会总需求，抑制了通货膨胀的势头。

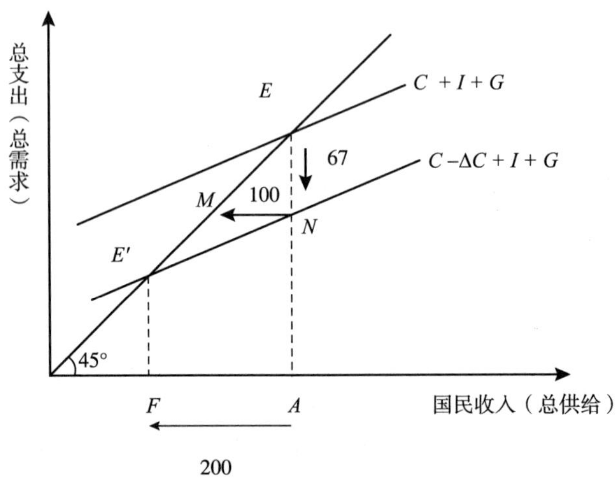

附图8-4　紧缩性政府税收

参考文献

［1］韩康．公共经济理论与实践［M］．北京：中国工商出版社，2007.

［2］韩康．中国公共经济的改革与发展——中国公共经济研究报告2009［M］．北京：经济科学出版社，2009.

［3］韩康．政府管理案例［M］．北京：国家行政学院出版社，2006.

［4］韩康．政府管理案例［M］．北京：中国人民大学出版社，2008.

［5］樊勇明，杜莉．公共经济学［M］．上海：复旦大学出版社，2008.

［6］高培勇．公共部门经济学［M］．北京：中国人民大学出版社，2004.

［7］郭庆旺等．公共经济学大辞典［M］．北京：经济科学出版社，1999.

［8］郭庆旺，赵志耘．公共经济学［M］．北京：高等教育出版社，2006.

［9］洪银兴．公共经济学导论［M］．北京：经济科学出版社，2003.

［10］黄恒学．公共经济学［M］．北京：北京大学出版社，2005.

［11］蒋洪．公共经济学［M］．上海：上海财经大学出版社，2006.

［12］马胜杰，夏杰长．公共经济学［M］．北京：中国财政经济出版社，2003.

［13］杨灿明，李景明．公共部门经济学［M］．北京：经济科学出版社，2003.

［14］杨志勇，张馨．公共经济学［M］．北京：清华大学出版社，2008.

［15］朱柏铭．公共经济学理论与应用［M］．北京：高等教育出版社，2002.

［16］阿兰·J. 奥尔巴克，马丁·费尔德斯坦．公共经济学手册［M］．北京：经济科学出版社，2004.

［17］阿耶·L. 希尔曼．公共财政与公共政策［M］．北京：中国社会科学出版社，2006.

［18］安东尼·B. 阿特金森，约瑟夫·E. 斯蒂格利茨．公共经济学［M］．上海：上海三联书店，上海人民出版社，1994.

［19］彼德·M. 杰克逊，C. V. 布朗．公共部门经济学［M］．北京：中国人民大学出版社，2000.

［20］彼德·M. 杰克逊．公共部门经济学前沿问题［M］．北京：中国税务出版社，2000.

[21] 拉本德拉·贾．现代公共经济学［M］．北京：中国青年出版社，2005.

[22] 约翰·伊特韦尔等．新帕尔格雷夫经济学大辞典［M］．北京：经济科学出版社，1996.

[23] 约瑟夫·E. 斯蒂格利茨．公共部门经济学［M］．北京：中国人民大学出版社，2005.

[24] 斯蒂芬·贝利．公共部门经济学：理论、政策和实践［M］．北京：中国税务出版社，2005.

[25] 斯蒂芬·贝利．地方政府经济学：理论与实践［M］．北京：北京大学出版社，2006.

[26] 维托·坦齐，卢德格尔·舒克内希特．20世纪的公共支出［M］．北京：商务印书馆，2005.

[27] Bruce N. *Public Finance and the Amercian Economy*, Addison-Wesley, Longman, Inc. 2001.

[28] David N. Hyman, *Public Finance*: A Contemporary Application of Theory to Policy, The Dryden Press, 1990.

[29] Earl R. Rolph, George F. Break, *Public Finance*, The Ronald Press Company, 1981.

[30] Richard. A. Musgrave, *Public Finance in Theory and Practice*, McGraw-Hill, 1984.

[31] Stiglitz J. E. *The Effects of Income, Wealth and Capital gains Taxation on Risk Taking*, Quarterly Journal of Economics 83, 1969.

[32] Stiglitz J. E. *Economics of the Public Sector*, W. W. Norton&Company, Inc, 2000.

[33] Taylor. *Economics of Public Finance*, The Macmillan, 1984.

[34] Tiebout C. *A Pure Theory of Local Expenditures*, Journal of Political Economy 64, 1956.

后　　记

本书是在较长时间里进行教学实践与研究的产物。

7 年前第一次成书，是韩康教授拟定思路、结构、提纲，由李江涛、张治栋、孙志强、黄威和樊继达五位博士共同起草，再由韩康教授统改而成。本书在中央党校和一些高校试用后曾多次重印。几年前，国家工商总局选定本书作为重点培训教材，但希望针对政府公务员的对象能够更加通俗一些，为此，韩康教授进行了初次修改，之后重新出版。

随着教学与研究的深入，这次我们又对原书稿进行了重要改写。现在呈现给读者的新书有如下特点：(1) 采取案例领先原则，每章开篇都有两个说明该章主题的典型案例；(2) 尽量让读者了解考察公共经济问题的经典方法与工具，以便于同国际接轨；(3) 易读和深读相结合，所有必要的数理分析公式都作为附录放在全书最后，看则有助加深理解，不看也没有关系；(4) 实证考察中尽可能增加中国公共经济问题的内容；(5) 把对 2008 年国际金融危机的思考与认识写进相应的章节中。

作者始终认为，在当前中国，政府管理经济行为的改进，最重要的是理念和认识方法的进步，本书力图体现这一主旨。

这次改写由韩康教授拟定全书结构，并执笔导言和前三章，其他章的改写由樊继达博士执笔，全书由韩康教授统改。

本书是进修 MBA 学位的系列教材之一。本书的最终目标，是写成一本能使每一位学位进修者都感到好读、好学、好用，并能激发积极思维的教科书。

2010 年 5 月